한국어 구문 연구

유형론적 접근

한국어 구문 연구 유형론적 접근

초판 인쇄 2023년 5월 4일
초판 발행 2023년 5월 18일

지은이　　목정수
펴낸이　　박찬익
편집　　　강지영
책임편집　권효진
펴낸곳　　㈜박이정　　　　| **주소** 경기도 하남시 조정대로45 미사센텀비즈 8층 F827호
전화　　　031) 792-1195　| **팩스** 02) 928-4683
홈페이지　www.pjbook.com　| **이메일** pijbook@naver.com
등록　　　2014년 8월 22일 제2020-000029호
ISBN　　　979-11-5848-887-1 (93710)
책값　　　25,000원

* 이 저서는 2019년도 서울시립대학교 기초·보호학문 및 융복합 분야 R&D 기반조성사업에 의하여 지원되었음.

한국어 구문 연구

유형론적 접근

목정수 지음

박이정

프롤로그

사람이 어떤 길을 가든지 누구나 몇 번의 깨달음이란 것이 올 수 있다. 내가 일반언어학, 로망스어학, 국어학이란 여정을 걷는 동안 제일 확신에 찬 깨달음은 94년쯤 찾아왔다. 루마니아 부카레스트대학에서 국비유학 생활을 하던 때였다. 프랑스어와 루마니아어의 기능동사 구문 연구로 학위논문을 준비하면서 라틴어와 로망스제어를 의식적으로 비교하기도 하고 다른 한 편으로 한국어 문법과 무의식적으로 비교가 이루어지던 차에, 문득 한국어 조사 '이/가'가 주격 표지(nominative case marker)가 될 수 없다는 생각이 들었다. 더 정확히는 '이/가'를 주격조사라는 타이틀로는 한국어의 관련 현상을 총체적으로나 정합적으로 설명하기 어려우며 새로운 인식의 전환이 필요하다는 생각이 들었다.

그래서 조사의 분포를 조사해 보아도 그렇고 유형론적인 차원에서 한국어의 조사를 총체적으로 비교해 보아도 한국어 조사 '이/가'는 격조사 계열(=격 패러다임) 또는 후치사 부류에 속할 수 없다는 것을 입증하게 되었다. '가, 를, 도, 는, (의)'는 기본적으로 동일 부류(class)에 속하는 성원들이고 이 부류 안에서 상호 대립(opposition)을 통하여 그리고 동적 체계 내에서의 위치(position)에 의하여 각자의 문법적 차원의 잠재 의미(potential meaning)를 갖는다는 생각이었다. 그리고 이 부류의 조사는 담화의 흐름, 요즘 용어를 빌려 말하자면, 정보 구조(information structure)의 흐름을 조정하는 역할을 하는 문법소로서 '한정사(determiner)'—후치 관사로서의 역할을 담당하는 한정사 조사—로 기술되어야 한다는 생각이 뇌리를 스치고 지나갔다. 그 느낌이 너무나도 강했다. 지금 이 순간까지도 전혀 약화됨 없이 유지되고 있는 걸로 봐서 아마도 죽을 때까지 지속될 것 같다. 최초로 찾아온 시적 영감(poetic inspiration)을 어찌 잊을 수 있겠는가!

　이론적으로도 온갖 문제를 재반성해 보고 재검증해 보았다. 만약에 조사 '이/가'가 주격 표지라면 한국어에 나타나는 다음과 같은 현상들은 매우 이상한 것으로 볼 수밖에 없다. 첫째, 인구어든 알타이어든 어떤 언어에서 동일한 격을 취하고 동일 기능을 하는 성분이 두 개 이상 잇따라 나와서 통합 관계(syntagmatic relation)를 이룬다는 것은 있을 수 없는데, 한국어에는 소위 이중 주어 구문이 자연스럽게 쓰이고 있다. '코끼리가 코가 길다며?', '철수는 동생이 셋이다', '나는 네가 싫어.' 등에서 주격 조사가 두 개 나타난 성분이 둘이라고 이들을 모두 주어라 보면, 그 성분의 계열 관계와 통합 관계가 설명이 되기 어렵다. 이 기괴한 현상의 설명을 위해 변형, 서술절 등 많은 논리가 개발되었지만, 필자는 이러한 설명은 미봉책에 그칠 수밖에 없다고 생각했다. 둘째, 조사 '이/가'가 명사의 곡용형을 결정하는 주격 표지라면, 즉 '명사 + 이/가'가 격 패러다임의 한 성원으로서 형태론적 구성 (morphological construction)을 이루는 것이라면, 이 조사가 실현되지 않은 성분은 비문법적이라야 하는데, 실제가 그렇지 않다. '나 너 좋아해.', '너 춥니?', '걔 아직 이해 못 했나 봐.' 등이 아주 자연스러운 문법적 문장이 될 뿐만 아니라 밑줄 친 성분이 주어 성분으로(만) 해석이 된다. 기이한 현상이 아닌데, '이/가'를 주격 표지로 봤기 때문에 기이하게 보일 뿐이다. 셋째, 조사 '이/가'는 다른 '을/를, 도, 는'과 마찬가지로 서술어의 논항 성분 이외의 부가어 성분에도 자유롭게 결합할 수 있는 데 반하여, 후치사 부류로 분류되는 이른바 부사격조사 '에, 에게, 에서, 로, 와/과, 처럼, 만큼' 등은 절대로 이러한 용법을 가질 수 없다. '껌이 떨어지지가 않네!', '도대체가 무슨 소린지 알 수가 없어.', '나흘을 굶었더니 피골이 상접하더라구!' 등등. 넷째, 한국어를 배우는 외국인 학습자들이 제일 구분하기 어려운 것이 조사 '이/가'와 '은/는'의 구분 문제이고, 동시에 국어학에서조차도 주격 표지 '이/가'와 주제 표지(topic marker) '은/는'의 비교 연구가 수를 헤아릴 수 없을 정도로 많이 이루어졌다. 만약에 조사 '이/가'와 '은/는'이 각각 격조사와 보조사로 그 문법적 지위가 다른 것이라면 이러한 현상은 있을 수 없는 것이고 이러한 비교는 해서는 안 될 행위가 된다. 이는 간접적으로 '이/가'는 주격 표지가 그 본질이 아니라는 것을 증명한다.

따라서 조사 '이/가'의 이러한 행태는 종합적으로 보면, 격의 개념으로는 설명할 수 없고, 비한정성(indefiniteness)과도 관련되며 동시에 성분의 정보적 지위를 조정하는 역할이 그 핵심이라는 설명이 최선의 시각이 될 수 있다. 통합 관계를 이루는 여러 성분에 동일한 문법소가 출현하는 것으로는 인구어의 관사, 소유대명사, 지시사 등 한정사(determiner) 부류밖에 없다. 문법소의 하나인 격형태나, 전치사 혹은 후치사 같은 부치사(adposition)는 동일 계열 요소가 통합 관계를 구성할 수 없다. 예를 들어 'I played on the ground in the park'가 정문이라면 'play'와 'on the ground'의 관계와 'play'와 'in the park'의 관계는 동일하게 맺어질 수 없다. 'play'와 '[on the [ground in the park]]'의 관계가 성립되어야만 문법적인 구성이 된다. '철수는 버스 타고 학교에 갔다'나 '철수는 자전거로 학교에 갔다'에서 '버스 타고'와 '자전거로'는 계열 관계를 이루는 성분이다. 따라서 '*철수는 버스 타고 자전거로 학교에 갔다'나 '*철수는 자전거로 버스 타고 학교에 갔다'는 비문이 된다. 계열 관계에 놓이는 '이/가'와 '은/는'이 통합 관계를 이룰 수 없는 것과 같은 이치이다. '*공원이는', '*공원은이'. '철수는 정말로 버스로 학교에 갈 거란다'가 정문이 되는 것은 '정말로'와 '버스로'가 계열 관계에 놓이는 성분이 아니기 때문이다.

이렇듯, 조사 '이/가'를 격조사 계열이 아닌 조사 '은/는'과의 짝을 이루어 담화의 흐름을 조정하는, 즉 정보 구조의 민감성을 조정하는 요소라는 것을 확신하면서 한국어 문법의 모든 질서를 새롭게 짤 필요성을 느꼈다. 한국어 구문 연구에서 이른바 '격조사 교체(alternation)'로 보던 것도 엄밀한 의미에서 교체 관계로 볼 수 없다는 점을 입증했다. '학교에 가다'와 '학교를 가다'의 비교를 다음과 같은 명사구 확장 구조를 통해 표상하게 되면 그 교체 관계를 명징하게 보여줄 수 있다. [학교-에-$\emptyset_2$ 가다] vs. [학교-$\emptyset_1$-를 가다]. 즉 명사구 '우리 학교'에 바로 붙는 조사 '이/가'의 구조는 항상 [우리 학교 -$\emptyset_1$-가]의 구조가 되는 것이다. 이를 일반화하면 [NP-$\emptyset_1$-가]가 된다. '우리 학교에는'과 '우리 학교가'를 명사구 확장 구조로 나타내면 각각 다음 과 같다.

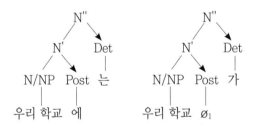

이렇게 조사의 구조를 일대 변혁하여 새로운 구조로 파악하면 조사와 관련된 현상을 일사불란하게 풀어낼 수 있게 된다. 이것이 본서 〈한국어 구문 연구〉의 기본 초석이 되었다.

다른 한 편, 한국어에는 빼놓을 수 없는 부동의 사실로 어말어미가 문장의 필수 요소로 쓰인다는 것과 다양한 어말어미가 발달되어 있다는 것에 주목해야 한다. 우리는 어말어미를 분포에 입각하여 '-니?, -어, -나? -지, -게?, -습니까?, -습니다, -을래, -을게' 등의 단일형 직설법(indicative mood) 어미, '-(는)다, -(느)냐, -자, -(으)라, -(으)려'의 인용·접속법(subjunctive mood) 어미, '-음, -기, -은, -을, -어/게/지/고/나/다'의 준명사법(quasi-nominal mood) 어미로 분류했다. 그밖에 '-(으)면, -(으)니까, -어서, -(으)며, -(으)면서, -을지라도, -거니와' 등등의 연결어미를 가지고 어말어미의 체계를 구성하였다. 따라서 '-는다며?, -느냐더군, -자면서, -라니까, -려거든 …' 등의 복합형 어미는 공통적으로 인용·접속법 어미에 다른 기본 어미가 결합한 형식이라는 점을 밝혔다. 이렇듯, 어말어미는 통사 단위로서 문장 유형, 화청자 관계, 인칭성 등의 다기능(multi-function) 요소로 쓰인다는 점에서 교착적 성격과 굴절적 성격을 동시에 갖는다고 보았다. 이로 말미암아 성분의 생략, 복원이 자유롭게 일어난다. 따라서 이렇게 어미와 관련된 성분 복원이 한국어 구문 분석에 적극적으로 반영되어야 한다. 본서 〈한국어 구문 연구〉는 이러한 것을 밑바탕에 깔고 있다. 따라서 '어휴, 무서워 죽겠다!'는 서술어 '무섭다'의 논항 NP1으로 1인칭 대명사 '나'가 복원된 구문 [(나) 무섭다]로 파악되고, '뱀이 너무 무서우시대요.'도 [NP1 무섭다]의 한 자리 서술어 구문이 아니라 경험주 논항 '할아버지(께서)는'이 복원된 [NP1-(은) NP2-(가) 무섭다]의 두 자리 서술어 구문으로서 심리 구문의 실현체로 분석된다.

따라서 한국어의 [NP1-(은) NP2-(가) V-어미]로 표상되는 구문의 정체를 밝히는 작업이 한국어 구문 연구에서 핵심적인 문제로 제기된다. 왜냐하면 이러한 구문에 대한 다양한 논의가 이루어졌음에도 불구하고 통일된 시각이 정립되지 않았을 뿐만 아니라, 그동안 학교문법 체제에서는 이러한 [NP1-(은) NP2-(가) V-어미] 구문이 서술절을 안은 복문으로 분석되어 기본 문형에 포함되지도 않았고, 문법에서 기본 문형에 대한 교육 단원에서도 전혀 기술과 언급이 이루어지지 않는 상태가 돼 버렸기 때문이다.

본서는 [NP1-(은) NP2-(가) V-어미] 구문이 [NP1-(은) NP2-(를) V-어미] 구문과 쌍을 이루어 '타동 구문(transitive construction)'의 연속체를 이룬다는 것을 밝히려는 시도이다. 이른바 '약성 타동 구문'에서 '강성 타동 구문'에 이르는 연속체를 구성하는 것이다. 이중 주어 구문, 소유 구문, 심리 구문, 가능 피동 구문이 모두 이 약성 타동 구문 유형에 속하고 전통적으로 보어 구문이라 한 것도 여기에 통합된다. 이와 대비되는 존재 구문, 기술 구문, 전형적 피동 구문은 자동 구문(intransitive construction)의 하위 유형으로 분류된다. 결과적으로 한국어의 타동 구문은 두 가지의 하위 유형으로 나뉘는데, 이를 정렬 유형론(typology of alignment)에 반영하여 쪼개진 목적어(split-O) 패턴을 추가하는 성과를 이루었다.

이밖에 한국어의 '비인칭 구문'을 통해 '날씨 표현(meteorological expression)'의 구조를 새롭게 파악하였다. 관련지어 '기능동사 구문'을 별도의 장으로 기술하여 각 기능동사 구문의 성격에 따라 논항이 어떤 구문의 유형으로 실현되고 있는지를 면밀히 제시하였다.

이상에서 밝힌 바와 같이 언어학의 기본 원리로 돌아가서 본격적으로 한국어의 현상을 새롭게 살피고 설명하고자 시도한 지 어언 20여 년이 지나가고 있다. 결론으로 현 시점에서 우리가 확신할 수 있는 것은 한국어의 기본 문형에 [NP1-(은) NP2-(가) V-어미] 구문이 반드시 포함되어야 한다는 것이다. 본서는 이를 주로 유형론적 연구 성과와 일반언어학적 기본 원리를 총동원하여 객관적으로 증명해 보이고자 노력하였다. 이 성과가 더 널리 알려져서 국어 교육이나 한국어 교육에도 적극 반영되었으면 하는 바람을 가져 본다.

문법사 전공자 이현희(李賢熙) 선생이 〈中世國語 構文硏究〉를 1994년에 펴냈으니 그때로부터 이제 거의 30년이나 지났다. 이 시점에서 본서 〈한국어 구문 연구〉가 나온 셈이니만큼 이에 큰 의미를 부여할 수 있을 듯하다. 이현희 선생과 필자는 서로 방법론과 기본 입장이 다르긴 하지만, 구문 연구라는 유사한 주제를 가지고 중세국어와 현대국어를 대상으로 일구어낸 연구란 점에서 비교 대상이 되기에 충분한 가치가 있어 보인다. 또한 한국어 구문의 변화 과정을 추적하는 데도 두 저서가 큰 도움을 줄 수 있으리라 생각한다.

　끝으로 본서를 멋진 모양으로 출간해 주신 박이정출판사의 박찬익 사장님과 권효진 편집장님께 감사의 인사를 드린다. 아울러 본서의 초고를 꼼꼼히 읽고 작고 큰 오탈자를 골라내고 더 멋진 모습으로 변신시키는 데 큰 역할을 한 서울시립대 국문과 박사과정 조서희 선생께 고마운 마음을 전한다. 그리고 서울대 언어학과 박사과정 강민하 군도 마지막 교열에 힘을 보태 주었다. 감사의 뜻을 전한다.

2023년 3월 1일
배봉산 기슭 연구실에서

목정수 적음

차 례

3. 이중 주어 구문

4. 소유 구문

5. 심리 구문

6. 가능 피동 구문

7. 비인칭 구문

8. 기능동사 구문

1. 국문법 새로 보기

1.1. 서론

본서의 목적은 언어유형론과 정신역학론의 관점에서 한국어의 기본 구문들을 연구하여 새로운 모습의 문법 담론을 창출하는 데 있다. 이를 위해 자동 구문, 타동 구문, 이중 주어 구문[1], 소유 구문, 심리 구문, 가능 피동 구문, 비인칭 구문, 기능동사 구문을 유형론적 성과를 토대로 재검토하고 새로운 한국어 구문 분석 방법론을 제안하려고 한다.

현재 한국어 문법을 대표하는 표준문법은 지난 한 세기를 지나오며 서구의 전통문법, 구조주의 문법, 기술문법, 변형생성문법의 빛을 받았다. 또한 근현대 일본어 문법으로부터 직간접적으로 강력하게 영향을 받으며 형성되어 왔다. 우리는 이렇게 조직된 현재의 표준문법이 한국어의 모습을 제대로 포착하고 있는지에 의문을 제기할 것이다. 이는 표준문법에 반영된 한국어의 모습이 유형론적 연구의 대상이 되기에 아직 부적절한 면이 많기 때문이다. 이에 우리는 한국어가 유형론적 비교 연구 대상으로서 알맞게 수용되어 언어학의 발전에 기여할 수 있도록 문법 기술의 방향을 가다듬어 나아갈 것이다.

---

[1] 소위 '이중 주어 구문'을 '타동 구문'의 틀에서 다루는 것이 본서가 가지는 차별점이다. '코끼리는 코가 길다'류나 '나는 호랑이가 무섭다'류는 '가형 목적어'—생성문법학자들의 'nominative object'와 유사함—를 요구하는 두 자리 서술어의 구문으로 파악된다.

학교문법, 표준문법을 위시한 기존 체계에 어떤 문제점이 있는지를 정확히 진단하지 않으면 유형론적 관점에서 한국어 구문 연구를 온전히 수행할 수 없다. 이러한 작업이 종국에는 한국어 통사론의 핵심을 드러내고 새로운 방향을 제시해 줄 것으로 기대한다. 따라서 우리는 기존의 국어학 논의로부터 정립된 학교문법이나 표준문법을 중심으로[2] 여기에서 통용되는 용어와 이론적 근거가 일반성과 보편성을 획득하고 있는지를 철저히 검토하는 것으로 논의를 시작하겠다.

1.1.1. 연구 방법론

우리가 제시하는 새로운 문법 담론은 전통적 구문 연구와 다음과 같은 점에서 차별화된다. 첫째로 유형론적 연구 방법론의 도입이다. 한국어 또는 한국어 문법을 유형론적 연구 대상으로 삼기 위해서는 먼저 한국어 문법의 기본 단위들에 대한 정밀함과 일관됨이 담보된 객관적 기술이 선행되어야 한다. 유형론적 연구는 기본적으로 개념에서 출발하여 기호로 나아가는 '명의론/표현론(onomasiology)적 접근'을 채택하고 있지만, 이러한 연구가 자의적으로 흐르지 않으려면 기술 범주의 분류가 정치하게 이루어져 있어야 한다. 현재 표준문법이나 학교문법으로 통칭되는 국문법서에는 '형태소', '단어', '어근', '어간', '어기', '어절', '접사', '접어', '구', '절', '활용어미', '교착소' 등의 언어 단위들이 혼란스럽게 등장한다. 그러니 이들을 분류하기 위한

---

2   본고에서는 허웅(1983), 남기심 · 고영근(1993), 이관규(2004), 고영근 · 구본관(2018), 유현경 외(2019) 등을 중점적으로 검토한다.

일정한 기준을 세우지 않으면 언제든지 한국어가 자의적인 유형론적 비교 대상으로 전락할 위험에 처할 것이다. 이를 방지하기 위해, 우리는 블룸필드 처럼 '최소 자립 형식(minimum free form)'이라는 기준에 바탕을 둔 '단어' 개념을 폐기하기를 제안한다.[3] 우리는 지금부터 '단어'를 통사 단위, 즉 우리의 심성 어휘집에 저장되는 단위이자 기억의 대상이 되는 단위로 정의하고자 한다.

블룸필드는 단어의 정의에 '자립성'을 매우 중요한 기준으로 제시했는데, 이는 희랍어나 라틴어 같은 전형적인 굴절어에는 쉽게 적용할 수 있다. 그러나 굴절어로서의 성격을 많이 상실한 영어나 프랑스어 등에는 잘 적용되지 않는다. 예를 들어, 영어의 관사나 전치사는 블룸필드의 '최소 자립 형식'의 기준에 따르면 단어로 보기 어렵다. 그러나 이들은 어엿한 단어로서 표제어로 사전에 등재되어 있을 뿐만 아니라 품사 단위로도 설정되어 있다. 한국어의 비자립 형식인 조사나 어미도 분명한 통사 단위로 기능하므로 단어로서의 자격을 갖는 것으로 볼 수 있다. 요컨대, 통사 단위로서의 단어들이 결합한 구성은 실시간으로 이루어지므로 기억의 대상이 아니다. 이러한 단어들의 결합체는 한 번 쓰였다가 사라진다는 점에서 '통사적 구성'을 이루게 된다.

또한 문법의 두 부문인 형태론과 통사론의 경계를 이루는 어휘 요소와

---

3 블룸필드가 단어의 정의에 대해 기술한 부분을 인용한다. "A free form which consists entirely of two or more lesser free forms, as, for instance, *poor John* or *John ran away* or *yes, sir*, is a phrase. A free form which is not a phrase is a word. A word, then, is a free form which does not consist entirely of (two or more) lesser free forms; in brief, a word is a minimum free form. (Bloomfield 1933: 178)
  블룸필드는 이어서 다음과 같이 통사적 구성을 정의한다. "Syntactic constructions, then, are constructions in which none of the immediate constituents is a bound form. (Bloomfield 1933: 184)

문법 요소의 품사적 분류를 정리함으로써 한국어 문법의 기본 틀을 재구성하고 이를 기반으로 한국어 구문들의 특성을 때로는 보편적으로, 때로는 특수하게 설명하려고 한다. 먼저, 어휘 요소에 대한 품사 분류를 수행하여 명사, 동사, 형용사, 부사 등의 범주를 재정립하고 기존의 관형사 범주를 폐기한다. 이어 문법 요소에 대해서도 동일한 작업을 수행하여 접어(clitic) 단위로서의 조사와 어미에 대한 분류를 품사론에서 다시 조정한다. 그리고 후치사류 조사, 한정사류 조사 등 명사적 차원의 문법 요소를 재분류함과 동시에 시제, 상, 양태, 존대, 서법, 인칭 어미류를 일정한 분포 기준으로 재분류한다. 이를 통해 부치사(adposition) 유형론, TAM 유형론, 인칭 유형론 등의 세계 유형론 연구에 한국어가 합법적으로 참여할 수 있는 기반을 마련하고자 한다.

그리고 여기서 더 나아가 새로 정립한 형태론과 통사론을 아우르는 한국어 문법이 서구어 기반의 통사론과 담화·화용론의 구분이나 그 접면/계면(interface)에서 발생하는 담화 구조 및 정보 구조와 어떠한 연관을 가지는지를 탐색할 것이다. 그리하여 한국어 문법의 고유 영역을 어떻게 설정해야 하는지, 문법의 경계를 넘어서는 담화 차원에서 다루어야 할 부분이 무엇인지를 고민하면서 한국어 문법의 영역을 확정할 수 있는 언어모델을 마련하고자 한다.

본서가 두 번째 연구 방법론으로 채택하고 있는 것은 기욤(Guillaume)의 정신역학론적 모델(modèle psychomécanique)이다. 정신역학론은 문장의 생성과 산출에 관여하는 형태론 차원, 통사론 차원, 담화·화용론 차원의 동적 과정을 명시적으로 나타내는 언어이론이다. 언어활동을 '화자의 동적 심리/인지 과정(dynamic psychic/cognitive process)'으로 파악하려고 시도한 프랑스의 독창적 언어학자인 기욤은 소쉬르(Saussure)의 '랑가주 = 랑그 + 빠롤'이라는 정적인 공식에 '심리작용 시간(temps opératif)'이라는 요인을 개입시켜 '랑가주

= 랑그에서 빠롤**4**로의 적분'이라는 동적인 공식으로 전환시켰다. 즉, 기욤은 심리작용 시간을 도입하여 소쉬르의 이원 모델을 일원 모델로 통합하고자 했다. 이러한 정신역학론은 구조주의를 후기구조주의로 추동하는 데 주도적 역할을 했으며, 이후의 인지언어학의 발전에 큰 영향을 주었다.

정신역학론에서는 언어를 구성하는 정신역학체(psychomécanisme)를 찾아내고 모든 언어 현상을 움직임 또는 벡터 형태로 설명한다.**5** 기욤은 이 공식을 다음과 같은 그림으로 제시하고 있다(Guillaume 1973: 64-72).

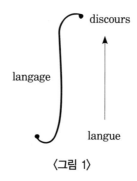

〈그림 1〉

---

4 기욤은 소쉬르가 제시한 '빠롤(parole)'이 음성적인 것에만 한정된다고 지적하면서, 문자적인 차원을 포괄하려면 '디스꾸르(discours)' 개념을 사용해야 한다고 보았다. 이후 기욤의 모델에서는 '랑그-빠롤'의 짝이 '랑그-디스꾸르'의 짝으로 바뀌어 사용된다.

5 정신역학론에서 사용하는 도식은 근원적 이원 장력(tenseur binaire radical)이라 불린다. 이 도식은 아래와 같이 나타낼 수 있다.

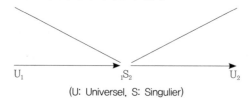

(U: Universel, S: Singulier)

이 모델에 따르면 랑그의 영역은 형태론의 영역이 되고 디스꾸르의 영역은 통사론의 영역이 된다. 이를 세분해 그리면 아래와 같다(Guillaume 1971: 25).

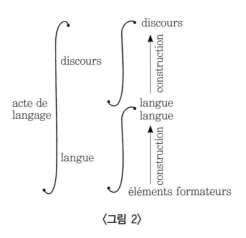

〈그림 2〉

기욤은 이 모델을 활용하여 굴절적 성격이 강한 라틴어와 교착적 성격이 강한 프랑스어의 유형론적 차이를 〈그림 3〉과 같이 표상했다(Guillaume 1971: 21). 프랑스어에서는 라틴어의 곡용 어미(declension ending)가 사라지면서 전치사 및 관사와 같은 접어적(clitic) 통사 단위가 발달하였다. 활용 어미(conjugation ending) 또한 라틴어에서 프랑스어로 발달하는 과정에서 거의 없어지면서 결과적으로 '약세형 대명사'라는 접어적 통사 단위가 발달하였다. 이를 고려한다면, 어째서 라틴어의 랑그의 영역이 상대적으로 프랑스어의 랑그의 영역보다 넓은지 금방 이해할 것이다.

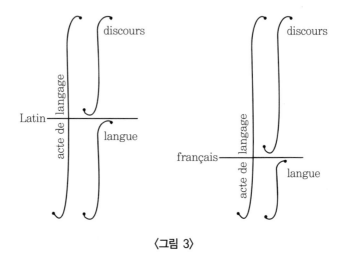

〈그림 3〉

본서에서는 이러한 모델을 적극 활용하여, 랑그에서 디스꾸르로 이행하는 과정에서 조사 또는 어미와 같은 한국어 문법 요소들이 관여하는 영역과 위치를 정확하게 설정함으로써 한국어 형태론과 통사론의 진면모를 체계적으로 밝히고자 한다. 이는 통사 단위로 기능하는 조사 및 어미를 중심으로 한국어 통사론을 펼친다는 뜻이며, 그러한 문법 요소들의 보편적 특성을 사실대로 보여준다는 뜻이다.

1.1.2. 연구 목적

본서는 이러한 언어유형론의 근본에 내재된 문제를 상기하면서, 유형론적 관점에서 이루어진 한국어 구문의 특성에 관한 연구를 재검토하고 진정한 한국어 구문의 특성이 무엇인지 파악하고자 한다.[6] 이를 위해 지금까지

'구문 유형론'이란 이름으로 진행된 유형론적 성과를 참조하여(연재훈 2011, 2021), 한국어 구문의 특성을 연구하고 제시한 선행 논의들이 과연 한국어를 있는 그대로 잘 기술하고 있는지, 한국어가 그러한 유형론적 특성에 부합하는지, 그러한 방식의 한국어 문법 기술이 타당한지를 검토하고자 한다. 종국에는 언어유형론적 타당성이 결여된 한국어 구문에 관한 논의를 바로잡고, 이를 세계 언어유형론 학계에 환류(feedback)하고자 한다.[7] 이러한 논의를 통해 개별언어학으로서의 국어학과 일반언어학으로서의 언어유형론이 공생할 수 있는 길을 열고 국어학적 논의를 더 정밀하게 만듦과 동시에 언어유형론의 발전에 시너지를 더할 수 있을 것이다.

언어유형론과 정신역학론의 방법론을 동원하여 한국어 구문을 새롭게 연구하는 우리의 작업은 지금까지 한국어의 유형론적 특성으로 알려진 여러 개별 사실들을 꼼꼼하게 재검토하도록 만드는 촉진제 역할을 할 것이다. 또한 우리의 논의는 이후에 이러한 유형론적 특성들이 어떻게 유기적으로 연결되는지 설명할 수 있도록 만들어 줄 것이다. 본서의 의의는 이렇게 한국어의 유형론적 특성들에 관여하는 문법 요소를 그물망과 같이 전체적인 시각에서 유기적으로 설명할 수 있게 된다는 점에서 찾을 수 있다. 또한 언어유형론의 관점을 새로운 방법론으로 받아들이고 한국어를 일방적으로 교착어로 규정하

---

6   본서에서는 서술어의 특성과 서술어의 논항 구조를 중심으로 한 구문(construction)에 대해서 집중적으로 논의하였다. 따라서 어휘 유형론, 품사 유형론, 조어법 유형론, 국부적인 'TAM' 유형론, '관계절' 유형론, '절 연계(clause linkage)' 유형론 등은 논의 대상에서 제외하겠다.

7   본론에서 본격적으로 논의되겠지만, 본고의 중심적 논의는 조사 '이/가'가 붙더라도 주어가 아닌 목적어 성분으로 해석되는 구문이 한국어 기본문형의 한 축을 형성한다는 것에 모아질 것이다. 이러한 한국어 타동문의 특징을 제시하여 정렬 유형론이 더 세분화되어야 함을 제안한다. 한국어학계의 중요한 쟁점들을 있는 그대로 잘 풀어보고, 그 결과로서 정렬 유형론의 정교화 작업에도 영향을 끼칠 수 있다는 것을 보여줄 것이다.

려는 기존 시각을 넘어서서 교착어적 성격과 굴절어적 성격, 그리고 고립어적 성격의 면면을 종합적으로 고려함으로써 한국어의 보편성과 특수성을 드러내고자 하는 시도도 본서가 가지는 또 하나의 커다란 의의가 될 것이다.[8]

1.2. 한국어의 문장 구조

한국어 구문을 연구하는 데 가장 난점이 되는 부분은 '주어(subject)' 설정이다(정인상 1990, 목정수 2013d, 2016a). 왜냐하면 한국어 문법을 기술하고 설명할 때 '주어'와 '주제어/화제(topic)'를 혼동하기 때문이다. 심지어는 한국어에 주어가 존재하는지에 대한 논의가 지속되고 있다(박철우 2014). 그만큼 한국어의 주어 문제에는 특히 이른바 '이중 주어 구문'과 관련한 여러 쟁점이 착종(錯綜)되어 있고, 아직도 상당 부분이 미해결된 상태이다. 그리고 이러한 착종 국면의 배후에는 격조사와 통사적 기능의 일대일 대응성 문제[9], 통사론적 분석과

---

8 한국어의 유형론적 특징에 대해서는 따로 2장에서 비판적으로 검토하겠다.

9 이는 주어를 표지하는 주격조사 '이/가'와 보어를 표지하는 보격조사 '이/가'를 설정하는 것처럼 통사적 기능과 격조사의 일대일 대응 관계를 바탕으로 정립된 학교문법/표준문법의 시각을 말한다. 그러나 이러한 시각을 견지한다면, 주제어를 문장 성분으로 설정하고 이의 연장선상에서 주제격조사 '이/가'를 또 따로 구분해야 할 것이다. 또한 목적어에 해당하는 것으로 판명되는 성분에 나타난 '이/가'가 통합된다면 목적격조사 '이/가'를 다시 구분해야 한다는 문제가 추가로 생긴다. 마찬가지로 비논항이나 부사어, 또는 부사어에 해당하는 활용형(=부사형연결어미)에 붙는 '이/가'를 보조사로 떼어낸다면, 결과적으로 최대 5개의 '이/가'가 분할배열(dégroupement) 되는 셈이다. 본서에서는 '이/가'를 이렇게 보지 않고 '은/는'과 더불어 하나의 계열체를 형성하는 한정사류로 봄으로써 이러한 문제에서 벗어날 것이다. 이는 '이/가'의 본질이 서술어와 논항의 관계를 맺어주는 후치사로서의 역할이 아니라는 인식에서 출발한 것이다. 다음 〈그림 5〉의 한국어 조사 체계를 참고할 것. 이에 대해선 뒤에서 다시 논의할 예정이다.

담화·화용론적 분석의 접면/계면(interface) 현상과 관련된 층위의 문제, 주어와 주제어의 구분 문제 등 매우 까다로운 논란거리들이 뒤엉켜 있다. 이들 문제가 말끔히 정리되지 않은 채로 학교문법/표준문법이 규범으로서 교육되고 있는 것이다.

전통적으로 문장 분석의 기본 단위는 이른바 '필수 성분'이라 불리는 주어(subject), 목적어(object), 서술어(predicate)였다. 기존에는 이러한 성분들의 결합체를 일차적으로 '주부-술부' 관계로 IC(직접성분) 분석을 하고, 술부를 다시 '목적어-서술어' 관계나 '보어-서술어' 관계로 IC 분석을 했다. 그러나 담화구조나 정보 구조에 대한 논의들에서 '화제(topic)-평언(comment)', '테마(thema)-레마(rhema)', '초점(focus)-전제(presupposition)' 등의 분절 구조가 제안되면서[10] 주어와 주제어/화제어가 때론 겹치기도 하고 때론 구분/분리되기도 하는 등 다양한 양상의 논란이 전개되고 있다.

우리는 한국어의 기본 문장을 일차적으로 '주술 구조'와 '목술 구조'로 파악할 수 있다는 입장과 그 위의 차원에서 정보 구조가 덧씌워질 수 있다는 입장을 취한다. 그렇다면 한국어의 문장을 두 차원으로 나누어 볼 필요가 있다. 먼저 살펴 볼 차원은 서술어 논항 구조(=자릿수=항가=결합가valency)의 차원이다. 이는 기본 어순, 비논항(=부가어adjunct)의 실현을 돕는 후치사(=부사격조사)를 중심으로 한 명제(proposition) 구성에 바탕을 두고 이루어지는 통사적 차원을 말한다. 전통적인 표준문법에서는 이 명제 구조 또는 논항 구조에 대한 연구를 통사론의 핵심으로 보았다.

다음으로 살펴 볼 차원은 서술어를 완성시켜 주는 종결어미의 실현—화청자 관계와 문장 유형, 서법이 동시에 표현됨—과 더불어 정보 구조 차원에서

---

10 'topic-comment'의 분절 구조에 대한 논의의 역사적 전개는 박철우(2021)를 참조하라.

주어, 목적어, 부가어 등의 성분들을 주제화시키는 기제나 이와 연관된 성분들의 초점화 기제, 그리고 이에 따른 성분들의 순서 조정(=어순)의 기제에 의해 최종적으로 문장이 완성되는 과정을 설명하는 차원이다. 그리고 전자보다 후자에 대한 연구가 한국어 문법, 다시 말하자면 통사론 연구에서 더 중요하게 다루어져야 한다. 이러한 주장은 목정수(2014, 2019)에서 이미 제시된 바가 있다. 한국어 문법의 틀이 주어 등의 문장 성분을 명시적으로 드러내지 않는 수많은 '실제 문장들'을 정확하게 포착하기 위해서는 한국어 통사론 연구가 이른바 논항 구조(argument structure)의 차원을 넘어서 어미의 특성을 적극 반영한 인칭 구조(person structure)의 차원으로까지 올라서야 할 것이다. 이러한 관점을 바탕에 둔 한국어의 기본 문장 구조는 다음과 같은 그림으로 제시할 수 있다.

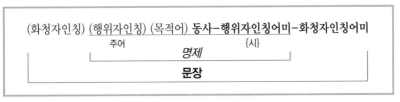

〈그림 4〉 한국어의 문장 구조 (목정수 2014: 50)

그런데 여기서 문장을 구성해 나가는 디스꾸르 차원에서 정보 구조와 관련이 있는 논항과 부가어의 현동화(actualisation) 작용, 즉 주제화나 초점화 과정에 관여하는 요소가 한정사[11] {가, 를, 도, 는, 이나, 이라도}로 제한된다는 사실에 주목해야 한다(목정수 2018b). 그 이유는 한국어 조사 체계 속에서

---

11 '가, 를, 도, 는' 등의 '한정사(determiner/delimiter)'는 기본적으로 '후치 관사'를 의미한다. 경우에 따라서는 전통적인 '조사'라는 용어를 살리기 위해 '한정조사'라고 칭하기도 할 것이다(목정수 2022a 참조).

찾을 수 있다.

우선 전반적인 한국어 조사 체계는 다음과 같이 입체적으로 구성할 수 있다. 이때 '입체적'이라 함은 랑그에서 디스꾸르로 전이되면서 문장을 완성해 나갈 때 각 부류의 조사―후치사 부류와 한정사 부류―가 작동되는 층위가 다르다는 것을 의미한다. 이러한 층위의 다름은 〈그림 5〉와 같다.

랑그 차원 (덩어리격)	디스꾸르 차원(분석격)과 문법관계표지(=후치사)		디스꾸르 차원의 한정사
《학교》	학교 (내부적으로 열려 분화된 격)	$-\varnothing_1$	$-\varnothing_2$
	학교 (내부적으로 닫히는 격)	-에/-에게/-한테/-께 -께서 -에서 -에다(가) -(으)로 -(으)로서 -(으)로써 -와/과; -하고; -(이)랑	-이/가 -을/를 -도 -은/는 -의 -(이)나 -(이)라도 -(이)나마
		-처럼; -같이 -만큼; -만치 -대로 -보다 -부터 -까지 -치고	
		-에 대해/관해(서) -에 의해(서) -(을) 위해(서) -(을) 따라(서) -(을) 타고(서)	
		양화·질화사(-만/뿐, -조차, -마저)	

〈그림 5〉 한국어 조사 체계의 기본 골격

이러한 분류 체계에 의거하여 다음과 같은 두 문장의 의미 차이뿐만 아니라 정보 구조의 차이 또한 쉽게 설명할 수 있다.

(1) 가. 옛날에 어느 마을에 (한) 호랑이-가/*는/*?ø 살고 있었어요.
　　　〈제시/신정보 기능의 '이/가'〉
　　나. (그) 호랑이-는/*가/*?ø 마음씨가 고약했대요.
　　　〈전방조응/구정보 기능의 '은/는'〉

(2) 가. 이게 나라냐? 〈수사의문문으로 읽힐 가능성이 높음〉
　　나. 이건 어떤 나라야? 〈일반의문문으로 읽힐 가능성이 높음〉

1.3. 기본 문형의 형태론과 통사론적 과정

한국어 형태론과 통사론의 영역 설정 및 통사 단위 설정 문제에서 핵심이 되는 지점은 '명사(구)'와 '조사'라고 불리는 문법소들의 결합을 형태론적 구성(morphological construction)으로 볼 것인가 통사론적 구성(syntactic construction)으로 볼 것인가 하는 것이다. '공원에서는'이라는 구성을 예로 든다면, 명사와 조사 사이에 수식어 등의 다른 요소가 개입할 수 없으며 블룸필드(Bloomfield)처럼 이들의 결합 구성 전체가 최소 자립 형식(minimum free form)을 이룬다는 종합적 관점에서는 '공원에서는'을 하나의 단어로 볼 것이다. 즉 '공원에서는'을 형태론적 구성으로 본 것인데, 박철우(2018)가 대표적이다.[12]

12　'이/가'와 '을/를'이 형태론적 구성 단위인 격어미/격조사가 될 수 없는 것은 분명하다. 그러나 이 둘을 격어미/격조사로 보는 시각이 우세하여 고착화 단계에 이르게 된 것은 인구어의 격 패러다임과 곡용어미에 대한 이해의 부족뿐만 아니라 그 곡용 패러다임의 틀에 한국어의 '이/가와

그러나 우리는 '공원'과 '에서'의 결합이나 '에서'와 '는'의 결합 모두 랑그의 기본 단위로 심성 어휘부의 등재 단위가 될 수 없고 각각이 개별 통사 단위(=통사원자, 접어)로[13] 기능한다는 분석적 입장을 취할 것이다. 즉 '공원에서는'을 통사적 구성으로 본 것인데, 우순조(1997, 2022), 최성호(2009, 2012, 2013), 최근의 목정수(2019, 2020)가 대표적으로 이러한 관점을 보인다.

기욤의 단어 생성 과정과 문장 생성 과정 도식에 따르면, 종합주의적 입장은 다음 〈그림 6〉의 (2)처럼 상대적으로 넓은 랑그 영역과 좁은 디스꾸르 영역을 설정하는 셈이고, 우리의 분석주의적 입장은 (1)처럼 좁은 랑그 영역과 넓은 디스꾸르 영역을 설정하는 셈이 된다. 이는 〈그림 3〉에서 제시한 라틴어와 프랑스어의 차이에 비견할 수 있다.

(1) acte de langage $\left\{\begin{array}{l} \text{construction} \\ \text{de} \\ \text{langue} \\ \text{(au minimum)} \end{array}\right.$ $+$ $\begin{array}{l} \text{construction} \\ \text{de} \\ \text{discours} \\ \text{(au maximum)} \end{array}$

et

(2) acte de langage $\left\{\begin{array}{l} \text{construction} \\ \text{de} \\ \text{langue} \\ \text{(au maximum)} \end{array}\right.$ $+$ $\begin{array}{l} \text{construction} \\ \text{de} \\ \text{discours} \\ \text{(au minimum)} \end{array}$

〈그림 6〉

'을/를'을 투영하여 차원이 다른 '에서', '에게', '로' 등을 끼워 맞춰 그 지위를 규정하려 했던 데 그 이유가 있을 것이다. 달리 말하자면, 한국어의 '이/가'와 '을/를'의 위상을 설정하기 위해 우리가 방법론적 절차로서 당연히 따져봤어야 할 '분포 분석' 없이 굴절어의 문법 틀을 막연히 원용/활용/오용하고 있다고 진단할 수 있다.

13 '통사원자'에 대해서는 박진호(1994)를, '접어'에 대해서는 Chae(2020)를 참조하라.
한편 우순조(2022)에서는 Disciullo and Williams(1987: 46-77)의 '통사원자(syntactic atom)'에 대해 '원자'와 '분자'의 차이를 들어 '원자'라는 용어가 부적합한 측면이 있다고 비판하고 있다. 그러나 우리는 용어가 어떻든 간에 통사 단위를 뜻한다는 선에서만 이들 용어를 받아들이기로 한다. 통사원자든, 접어든, 단어든 'syntactic unit'으로서 본다는 것이 중요하고, 특히 이들과 다른 통사 단위들의 결합은 'syntactic construction'이 된다는 것이 더 중요하다.

우리는 분석주의에 입각하여 조사와 어미를 기본 통사 단위로 보므로, 문장의 구성 절차를 다음과 같이 몇 단계로 나눌 것이다. 먼저, 서술어의 논항 구조를 바탕으로 이루어지는 명제 차원의 기본 구조에 대해서 논의해 보자. 이를 (3)과 같이 표상할 수 있다.

(3) [민수-ø₁ (공원-에서) 김밥-ø₁ 먹-] 'eat (x, y, (at z))', x=민수, y=김밥, z=공원

    (i) 명제 차원 (형태·통사론): 랑그의 문턱을 넘은 직후, 디스꾸르의 영역 진입의 초기 단계

(3)에서 디스꾸르의 문턱을 넘기 전에 '민수', '공원', '김밥' 같은 어휘들의 생성과 저장이라는 작업이 이루어지고 '에서', '가', '는' 같은 문법요소들이 사용을 기다리고 있는 단계가 형태론, 즉 랑그의 영역이다. 이때 부가어 성분 '공원에서'의 '공원'은 동사 '먹-'과 관련해서 직접 문법관계를 맺지 못하므로 다음 단계로 넘어가 디스꾸르의 영역에서 후치사 '에서'에 의해 '먹-'과의 문법관계를 맺게 된다. 반면에 '먹-'의 논항인 '민수'와 '김밥'은 어순과 그들의 어휘의미 자질 [+행위자/유정성], [+피행위자/무정성]에 의해 조사 없이도 동사 '먹-'과 문법적 관계를 맺을 수 있다. 이에 따라 '민수'는 주어로, '김밥'은 목적어로 해석된다. 따라서 '공원'과 '에서'의 결합, '민수'와 'ø₁'의 결합, '김밥'과 'ø₁'의 결합은 형태론적 구성(morphological construction)이 아닌 통사적 구성(syntactic construction)이라 할 수 있다. 그리고 전술한 일련의 과정은 랑그 영역에서 디스꾸르 영역으로 넘어가는 초기 단계에서 이루어지는 작업이라 할 수 있다.[14]

'공원에서'라는 결합 단위는 라틴어의 명사 곡용형처럼 랑그의 기본 단위

가 될 수 없다. '공원에서'는 '공원'과 '공원' 외부의 요소인 후치사(=부사격조사)라는 문법요소와의 결합이므로, 그 결합 과정이 형태론의 영역 밖에서 이루어진다고 보아야 한다. 랑그의 끝점을 넘어 디스꾸르의 영역으로 진입한 것이다. 격조사와 명사의 결합을 인구어의 문법에서 설정된 곡용 패러다임(declension)을 빌려 '준굴곡'이라 하거나(허웅 1983) 조사의 위상 정립 또는 분류 작업 없이 그들의 결합 단위를 하나의 단어라 보는 소위 '종합적 관점'에서는 '공원이, 공원을, 공원으로, 공원과, 공원에서, 공원에서는, 공원에서만이…' 등의 구성체가 랑그의 영역에 존재한다고 주장한다. 그러나 이는 한국어의 실제 언어 현실과는 너무나 동떨어진 기술이다. 여기에서 논하는 '에서'와 명사(구)의 결합 또한 랑그 영역에서 이루어지는 현상인 형태론적 구성으로 볼 수 없다. '에서'와는 다르게 한 차원 위의 담화 구조나 정보 구조 차원에서 다루어야만 하는 '이/가' 및 '은/는'과 명사(구)의 결합 단계는 더더욱 형태론적 구성으로 볼 수 없다. '이/가'나 '은/는'과의 결합은 두말할 나위 없이 형태론의 영역을 훨씬 뛰어넘은 디스꾸르의 차원의 '나중' 단계에서 이루어지는 현상이다.[15]

---

14 복합어(합성어와 파생어)는 랑그에서 디스꾸르로의 이행 이전에 랑그의 영역 안에서 이루어지는 형태론적 절차이다. 이때 해당 복합어의 구성도 그 긴밀도나 생산력의 기준을 통해 그 단어형성 과정의 깊이를 알 수 있다. 예를 들어, 파생어 '지붕'은 '집-웅'으로 분석할 수 있는데, '-웅' 같은 접사는 생산력이 매우 축소되어 있고 공시적 분석 대상이 되기도 어려울 정도이므로 랑그 영역의 가장 깊은 곳에서 이루어졌다고 볼 수 있다. 반면 상대적으로 생산력이 강한 '-질'과 같은 접사는 랑그 영역의 표면에까지 다다를 정도의, 마치 통사적 구성에 버금가는 것처럼 보이는 단어형성법을 보여준다. (예: 용두질, 분탕질, 걸레질, 망치질, 도둑질, 사랑질, 전화질…) 이처럼 언어를 기본적으로 '움직임(에네르게이아)'으로 보는 기욤의 정신역학론적 입장에서는 단어의 형성을 이미 그 과정이 끝난 결과로서만 받아들이는 게 아니라 진행 중인 과정으로 볼 수 있고, 그 과정의 심연시간에서도 깊이를 구분하여 그 단어형성 작용이 이루어지는 영역을 시간적 선후관계로 표상할 수 있다.

15 전통문법이나 학교문법, 그리고 논항 구조에 입각하여 문장을 분석하고자 하는 임홍빈(2007)류의

따라서, 앞서 (3)에서 제시한 우리의 기본 명제 구조 [민수-$\emptyset_1$ (공원-에서) 김밥-$\emptyset_1$ 먹-]은, 여기에 종결어미가 붙고 주어 논항과 목적어 논항, 그리고 부가어 성분을 바라보는 화자의 시각이 한정조사로 반영되면서 디스꾸르 영역의 끝점에 도달해서야 (4)와 같은 문장의 형태로 완성된다. 우리는 이 차원을 앞의 (i) 명제 차원에 대비하여 다음과 같이 표상할 수 있다.

(4) 가. [민수는 공원에서 김밥을 먹는다.];
　　　'eat (x=민수는, y=김밥을, z=공원에서)'
　　나. [민수가 공원에서 김밥을 먹는 이유는 뭘까?];
　　　'eat (x=민수가, y=김밥을, z=공원에서)'
　　다. [민수도 공원에서 김밥은 먹고 싶지 않대.];
　　　'¬ want to eat (x=민수도, y=김밥은, z=공원에서)']
　　라. [민수, 공원에서는 절대 김밥 먹지 않지.];
　　　'¬ eat (x=민수$\emptyset_1$, y=김밥$\emptyset_1$, z=공원에서는)'
　　　⋮

(ii) 문장 차원 (통사·담화·화용론): 디스꾸르의 영역에서 시작하여 끝점까지 실행됨, 정보 구조 전달 욕구에 의해 통제됨.

전술하였듯이 논항 '민수', '김밥'과 한정조사의 결합 구성 '민수가', '민수는', '민수도' 등과 '김밥을', '김밥도', '김밥은' 등은 분명히 랑그의 영역을 벗어나 디스꾸르의 세계에서 전개되는 통사적 구성이다. 그리고 (4라)에서 보듯, 주로 구어체에서 나타나는 '민수$\emptyset_1$', '김밥$\emptyset_1$'과 같이 조사가 없는 형

문법관에서는 '이/가'를 주격 조사로, '은/는'을 화제 표지로 보고 있다. 즉, '이/가'를 형태론적 구성 단위로, '은/는'을 담화론적 구성 단위로 취급하고 있다. 이후 우리는 이러한 입장에 비판을 전개할 것이다.

태가 문장에도 나타날 수 있다. 물론 '민수$\emptyset_1$', '김밥$\emptyset_1$'은 랑그 영역의 '민수'나 '김밥'과 표면상으로는 그 형태가 동일하지만, 이는 랑그 차원의 '민수'와 '김밥'이 디스꾸르 차원에서 '민수$\emptyset_1$', '김밥$\emptyset_1$'이라는 성분으로 실현된 것이다. 따라서 이 둘은 서로 실현 층위가 다르다. 종합적 관점을 채택한 진영에서는 이러한 현상을 두고 이들이 원래 '민수가, 민수를, 민수도, 민수는, 김밥을, 김밥은, 김밥도'라는 랑그의 단위로 라틴어의 명사 곡용형처럼 선재(先在)하고 있다가 현실적으로 디스꾸르 차원의 문장으로 실현되면서 탈락되어 '민수$\emptyset_1$', '김밥$\emptyset_1$' 같은 맨명사(bare noun) 꼴이 된다고 주장하기도 한다. 그러나 이는 과정의 선후를 뒤바꿔 기술한 것이다. 무표항에 표지가 붙어 유표항이 된다는 것은 자명한 이치다. 랑그와 디스꾸르의 영역은 각각 '먼저(avant)'와 '나중(après)'의 관계에 있는 것이다.

통사 단위의 결합이 이루어지며 문장이 구성될 때, 정보 구조에 민감한 '이/가'와 '은/는'의 선택, 그리고 화자의 우주시(temps d'univers)에 대한 기본 서법(mode) 체계의 실현, 그리고 문장 유형과 관련된 요소(종결어미)의 실현과 화자와 청자의 관계를 표시하는 요소의 실현이 필수적으로 일어난다(목정수 2014, 2015, 2016). 이러한 과정은 한국어에서는 문법의 영역(형태·**통사론**)에서 이루어진다고 볼 수 있지만, 영어 같은 인구어와는 달리 담화·화용론 영역에서 이루어지는 현상도 포함된다. 따라서 한국어 문법의 영역은 **통사·담화·화용론**의 접면/계면(interface)으로 그 층위를 정리할 수 있다(목정수 2014, 목정수·문경진 2020).

1.4. 언어유형론의 근본적인 문제

한국어의 특성을 파악하기 위해 유형론적 논의를 참고하는 것은 바람직할 뿐만 아니라 필수적이다. 한국어의 특수성과 보편성은 다른 언어들과의 관계 속에서만 논할 수 있기 때문이다(목정수 2013). 가령, 유형론 학계에서 그간 연구한 희귀 속성들을 참조하면 /l/과 /r/이 합류하는 것이 특별한 현상인지(한국어처럼), /l/과 /r/이 구분되는 것이 특별한 현상인지 객관적으로 밝힐 수 있다.[16] 이렇게 한 언어로 국한해서는 도저히 알 수 없는 특성들은 다른 언어들과의 대조/비교를 통하여 알 수 있다. 또한 세계 언어를 두고 이루어지는 유형론적 논의를 참고하면, 무심코 지나치던 한국어의 언어 현상도 관찰의 대상으로 포착할 수 있고 어떤 문법 범주로 처리해야 할지 막막했던 문법 현상도 해명의 빛을 받을 수 있게 된다(박진호 2015b). 이러한 점이 바로 언어유형론이 개별언어학에 주는 순기능이다.

그러나 언어유형론이 항상 만능일 수는 없다. 자칫하면 언어유형론의 논의에 함몰되어 한국어 현상 자체를 왜곡해서 바라보는 우를 범할 위험성이 존재한다. 언어유형론은 다음과 같은 근본적인 문제를 안고 있다. 먼저, 엄밀한 유형론적 작업이 이루어지려면 비교 대상의 언어를 같은 시각에서 기술한 기술문법(=참조문법)이 존재해야 한다. 그러한 전제 조건이 충족된 상태에서 유형론적 작업을 하는 것이 가장 이상적이겠지만, 이는 현실적으로는 매우 어렵다. 언어마다 문법의 기술 방식이 다르고 전통적으로 다른

---

16 전통적인 유형론은 유럽어 중심으로 이루어졌다. 그래서 유럽의 대표적 언어이자 국제 통용어인 영어를 중심으로 영어에서의 현상을 일반적인 것으로, 그와 다른 현상을 특수한 것으로 치부하는 경향이 있었다. 그러나 최근의 유형론적 성과는 인식의 전환을 가져왔다. 松本克己(마쓰모토)(2007)의 연구에 따르면, "일본어는 특수한 언어가 아니고, 오히려 영어가 특수한 언어"이다.

용어를 사용해왔으며, 일관된 용어와 일관된 시각으로 기술된 참조문법이 그리 많지 않은 것이 현 상황이다. 따라서 각자 다른 시각에서 상이한 용어로 기술된 문법을 활용할 수밖에 없는 상황에서 온전한 언어유형론을 세우기 위해서는 언어들 간의 비교 대상이 평등한 시각에서 설정된 것인가를 끊임없이 검토하고 입증해야만 한다. 같은 용어로 기술되었다고 해도 실제 내용물이 등가의 대응 관계가 아니라면 비교 대상으로 삼을 때 신중에 신중을 기해야 한다. 다른 문법 용어로 기술되었다 하더라도 다른 용어 속에 감추어진 체계적인 대응성이 찾아진다면 그것을 적극적인 비교 대상으로 삼아야 한다. 예를 들어, 한국어의 지시관형사 '그'와 영어의 정관사 'the'를 가지고 '한정사 유형론(typology of determiners)'을 펼친다면 전자의 우를 범하게 되는 것이다. 반대로 한국어의 조사 '가, 를, 도, 는, 이나, 이라도, (의)'와 영어의 한정사(determiner) 'a, the'나 'any, some' 등을 비교하여 '한정사 유형론'을 펼친다면 후자의 적극적인 성과를 이루게 되는 것이라 할 수 있다.

그린버그(Greenberg)는 자신의 어순 유형론 연구에서 SOV 언어와 SVO 언어의 명사(피수식어)와 형용사(수식어)의 상대적 위치, 전치사/후치사와의 상관관계를 밝히는 논의를 펼쳤는데, 이러한 작업은 바로 '주어'와 '목적어'에 대한 정의가 이루어졌다는 것을 전제한다. 그러나 강창석(2008, 2011), 최성호(2012, 2013)의 논의에서 제기하듯이, 한국어의 '주어' 문제는 '화제/주제어'와 엉켜 있으므로 단순하게 볼 수 없다. 한국어의 '목적어' 또한 조사 '을/를' 기준 하나로는 풀리지 않는 복잡한 문제를 가지고 있다.

이에 더해 '후치사'라는 용어도 한국어 문법에서 일관되게 정의된 명칭이 아니므로, 이러한 어순과 전치사/후치사의 상관관계를 논의할 때 한국어가 자의적으로 오·남용될 위험성이 있다(목정수 2022a). 비근한 예를 들자면, 국어학자들 사이에서 용어가 정반대로 사용되는 경우를 볼 수 있다. 홍윤표

(1969)는 '은/는'을 후치사로, '만'을 첨사로 기술하고 있고, 임동훈(2004)은 '은/는'을 첨사로, '만'을 후치사로 기술하고 있다. 이러한 상황에서 유형론 학계가 전치사와 후치사 및 환치사(circumposition)를 포괄하는 '부치사 유형론(typology of adpositions)' 워크숍을 개최한다면, 한국어의 어떤 문법소를 거기에 출연시킬 것인지의 문제가 반드시 따라오게 된다. 부치사 유형론 논의에서 한국어의 보조사 '은/는' 또는 보조사 '만'을 타갈로그어의 화제 표지(topic marker/article) 'ang', 영어의 초점 양화사 'only', 전치사 'in, with', 격조사 '이/가, 을/를, 에게, 에서, 으로, 와/과' 등과 함께 비교하는 장면을 상상해 보면, 그러한 유형론적 논의를 통해 나오는 결과가 어떨지는 충분히 예상할 수 있으리라.[17] 문법 요소 사이의 관계 설정이 애초에 잘못되면 언어유형론 탐구의 결과는 진실에서 멀어질 수밖에 없다. 자의적(arbitrary)인 비교가 앞서거나 판을 치면 비교의 성과가 무의미해질 수밖에 없다.

이러한 이유로 언어유형론에서는 '비교 개념(comparative concept)' 등을 적절히 설정하고 그것이 각각의 개별언어에서 어떻게 표현되는지를 따져 그 표현 방식에 따라 언어의 보편성과 특수성을 도출해 내는 '명의론/표현론(onomasiology)'의 관점을 따른다(Haspelmath 2010). '의미지도(semantic map)'의

---

17 이런 '예상치 못한 상황'은 '형용사 유형론(typology of adjectives)'에서 실제로 일어났다(목정수 2002, 2008). Dixon & Aikhenvald(2004) 등의 형용사 유형론 논의에서 한국어의 '크다/작다, 좋다/싫다' 등의 어휘요소들만 '형용사 유형론' 논의에 포함되고, 한국어 전통 문법에서 '관형사'로 분류된 것들은 논의에서 제외되었다. 반면 유형론적으로 한국어와 매우 유사한 일본어의 'verby adjective(동사성 형용사)'로 기술된 'i-계 형용사'와 'nouny adjective(명사성 형용사)'로 기술된 소위 형용동사 또는 'na-계 형용사'는 형용사 유형론 논의에서 당당하게 언급된다. 한국어 문법만의 고유 명칭 '관형사' 때문에 관형사로 분류된 것들이 '형용사 유형론'의 레이더에 걸리지 않게 된 것이다. 이런 우를 범하지 않기 위해서는 용어 자체에 함몰되지 않고 그 용어 이면에 깔려 있는 보편 개념을 인식하는 눈이 필요한 것이다. 이는 명의론적/표현론적 접근법(onomasiological approach)의 유형론을 보완하는 방법론상의 필수 요소라고 할 수 있다.

개념이 그렇고, 각종 구문 유형론의 방법 또한 이에 입각해 이루어진다(박진호 2012). 그러므로 언어유형론이 취하는 관점이나 접근 방식의 한계를 극복하기 위해서는 더욱 근본적으로는 'semasiology(기호론/해석론)'의 관점에서 철저히 한 언어의 형식과 의미의 관계를 정치하게 기술하여 비교 대상이 자의적이지 않고 비교 가치가 충분한 기술 범주(descriptive category)라는 것을 입증하는 보완 작업이 늘 필요하다. 이를 위해 개별 언어에 대한 문법 기술이 객관적인 기준, 즉 분포(distribution)에 입각하여 정합적으로 이루어졌는지를 선제적으로 검토해야 할 것이다(목정수 2013, 2020).

2. 한국어의 유형론적 특성

2.1. 서론

　본격적으로 한국어 구문들에 대한 유형론적 논의를 펼치기 전에, 논의의 토대를 굳건히 다지고 재정비할 필요가 있다. 본 장에서는 그동안 한국어의 유형론적 특성으로 널리 제시되어 온 것들을 살펴보되, 우리의 관점에서 수용할 수 있는 것과 비판적으로 새롭게 인식해야 할 것을 구분해서 한국어의 유형론적 특성을 종합적으로 그리고 유기적으로 일관되게 파악해 볼 것이다.

2.2. 교착어로서의 한국어

　전통적인 유형론에서 견지하는 세계의 언어 유형 분류인 굴절어, 교착어, 고립어, (포합어)의 구분에 조금이라도 영향을 받은 국문법서에서는 한국어를 교착어라 단언한다. 대표적인 예를 몇 개 들어 보면 다음과 같다.

　　(1) 가. "한국어는 교착어이다."(최형용 2013).
　　　　나. "문법요소인 조사와 어미가[18] 발달되어 있다."(장소원 2011).

18　한국어의 조사는 때로는 굴절어의 곡용어미에 비교되기도 하지만 교착어로서의 한국어를 강조하

그러나 이렇게 한국어를 교착어로 보는 시각이 전제되어 있음에도 불구하고, 실제 한국어 문법에서는 '곡용'이라든가 '격'변화라든가 '활용'어미 등 굴절어의 문법 기술에서 나온 개념이나 용어가 그대로 사용되고 있다(우순조 1997). 한국어 조사의 문법적 위상을 정할 때에도 마찬가지이다. 대개 한국어 조사의 기능 분류는 인구어 고전어의 곡용 패러다임을 기반에 두고 있기 때문에 조사를 형태론적 구성에 참여하는 요소로 파악한다. 실제로도 한국어 표준문법으로 널리 인정받는 고영근·구본관(2018), 남기심·고영근·유현경·최형용(2019)의 목차를 보면 이러한 시각이 그대로 반영되어 있음을 알 수 있다. 이들 논의는 형태론 부문에서 조사와 어미의 분류나 체언과 조사 및 용언과 어미의 결합을 다루고 통사론 부문에서 문장 성분의 분류나 성분과 성분의 결합 과정을 통한 단문의 구성, 단문과 단문의 결합을 통한 복문 구성에 대해 다루는 체제로 되어 있다.

그런데 한국어에서 풍부하게 발달한 조사는 그 수의성을 고려하면 이러한 체제로 기술되는 것을 이해할 수 있다 하더라도, 어미가 문장 구성의 필수적 통사 단위로서 참여하는 방식이 통사론의 영역에서 충분히 소화되지 못하고 단지 형태론의 영역에서 동사/용언의 활용으로 처리되는 현실은 분명히 짚고 넘어가야 한다. 여기서 우리는 표준문법의 통사적 단위에 대한 명확한 기준이 제시되지 않았다는 사실과, 이와 연계되어 일반언어학적 개념과 다소 거리가 있는 '어절'이라는 불명확한 비언어학적 개념이 '성분' 개념과 때로는 비슷하게 때로는 달리 사용되고 있다는 사실을 포착해야 한다. 우리는 이를 정확하게 지적하여 한국어의 조사가 '교착소'라는 통사 단위이

___

는 입장에서는 '체언 교착소'로 명명되어야 한다고 주장하기도 하였다. 어미도 마찬가지로 굴절어의 활용어미에 비교되기도 하지만 교착어로서의 한국어를 강조하는 입장에서는 '용언 교착소'로 명명되어야 한다고 주장하기도 하였다(허웅 1983, 임홍빈 1997).

며 굴절어가 아닌 고립어적 성격의 언어에 나타나는 문법기능소 단위로 파악해야 한다는 것을 강조하고자 한다. 더불어 어미 또한 통사적 구나 명제 단위에 결합하는 통사적 단위이면서 선행 용언의 어간에 필수적으로 의존하는 활용어미로서의 성격을 동시에 갖는 언어학적 단위임을 분명히 인식해야 한다. 이 두 가지 기본 사실이 가려진 채로는 한국어에 대한 온전한 유형론적 연구나 비교가 어려울 것이다.

한편 언어유형론 내적으로도 전체 유형론(whole typology)에서 부분 유형론(partial typology)으로 패러다임이 전환되었고, 그 과정에서 많은 발전과 인식의 변화가 있었다. 대표적으로, 세상의 언어가 모두 하이브리드(hybrid) 성격을 갖는다는 인식이 싹텄다. 어떠한 언어도 고립어, 교착어, 굴절어, 포합어라는 한 유형에 딱 떨어질 수 없다(Rivas 2004, Dixon 1997, 2010). 개별 언어는 각 언어 유형의 성격을 상대적으로 많이 또는 적게 가지고 있다고 하는 것이 더 현실적일 것이다. 이런 관점에서 보면, 한국어를 무조건 '교착어'로 획일화하는 것은 적절하지 않다(임홍빈 1997, 최형용 2013). 조사가 보여주는 문법적 성격은 분명 한국어의 교착어적 성격을 잘 보여주지만, 종결어미가 보여주는 문장유형, 서법, 상대존대/대우법의 다기능적인 모습은 교착어적 성격에 더해 굴절어적 성격 또한 일부 공유하는 것으로 인정해야 한다(최성호 2013, 목정수 2015, 2016, 2020, 우순조 2022).

2.2.1. 한국어 형태론과 통사론의 영역 구분 문제

먼저, 한국어 통사론이 성립하기 위해서는 통사론의 기본 단위인 단어에 대한 입장이 정리되어야 한다. 그러나 학교문법이나 표준문법을 보면 일관성이 결여되어 있다. 구체적으로 말하면, 학교문법이나 표준문법은 품사 구분 단계에서 문법요소이자 구속형태소인 조사들을 독립된 하나의 품사로 설정하고 있으면서도 명사와 조사의 결합을 통사론이 아닌 단어의 내부 구조를 논하는 형태론의 영역에서 다루고 있다(고영근·구본관, 2018). 조사의 분류 또한 체계적으로 이루어지지 않았다(임동훈 2004, 목정수 2018a 참조). 격조사, 보조사, 접속조사 등으로 분류된 각각의 조사가 명사와 결합한 형식은 '최소 자립 형식'이라는 블룸필드(Bloomfield)의 정의에 이끌려 통사적 차원과 음운론적 차원이 혼효된 '어절'이라는 다소 의심스러운 개념으로 고착되었다.[19] 동시에 굴절어와 교착어의 유형론적 특성을 적극 고려하지 못한 상태에서 서구 고전어에서 형성된 곡용(declension)과 활용(conjugation) 패러다임을 한국어 조사와 어미에 무비판적으로 적용하는 한계를 드러내기도 했다(임홍빈 1997, 우순조 1997).

대표적으로 허웅(1983)의 예를 보자. 허웅(1983)은 미국 기술문법의 방법론에 기초를 두고 이후 생성문법의 틀을 일부 받아들여 한국어 문법을 기술하고자 시도한 문법서이다. 그는 한국어에 문법형태소가 특히 발달한 점을 고려하여 한국어의 문법 기술이 형태론을 중심으로 이루어져야 한다고 주장하였다. 그러나 그는 기본적으로는 굴절어 중심의 서구 전통문법 틀을 그대로 수용하였고, 결국 그 전통문법의 틀에 갇혔다. 이로 인해 그는 조사의 지위를 설정하기 위해 '준굴곡'이라는 개념을 무리하게 도입하게 된다. 허웅(1983)의 '준굴곡' 개념은 격조사에만 적용할 수 있을 텐데, 한국어는 그 격조사를 일정한 숫자로 제한하기 어렵다. 또한 보조사로 분류되는 조사가 다수 존재하며, 일정한 원리로 결합하는 수많은 복합 형식 조사들이 있다.

---

19 이 '어절'을 통사적 구성의 한 단위로서 기능하는 '성분(constituent)'과 혼동해서도 안 될 것이다.

이러한 현실적인 문제로 인해, 체언과 이들 조사의 결합을 과연 준굴곡 개념으로 포괄할 수 있느냐 하는 근본적인 의문이 지속적으로 제기될 수밖에 없다.[20]

허웅(1983:184-188)은 '그 꽃이 매우 아름답다'라는 예시를 들어 [그 꽃이]의 구조를 '그'와 '꽃이'의 결합으로, 이들의 결합을 '통어론적 짜임새'로[21], '꽃이'를 '형태적 짜임새'라[22] 지칭한다. '꽃이'라는 형식이 '자유형식 + 구속형식'의 결합체이자, 이것이 블룸필드가 정의한 '최소 자립 형식(minimum free form)'으로서 하나의 단어를 이룬다고 보고 있는 것이다. 허웅(1983)에서 '준굴곡법'과 같은 어색한 용어를 부득이 쓴 것은 이러한 이유에 기인한다. 이는 한국어의 통사 단위에 대한 엄격한 시각이 미처 정립되지 못했음을 드러내는 사례라고 할 수 있다.[23]

---

20 이들 조사와 체언과의 결합이 가능할 뿐만 아니라 후치사 부류를 제외한 '가, 를, 도, 는' 등과 용언의 활용형이나 부사어와도 결합도 가능하므로, 이를 더욱 '준굴곡'이라 부를 수 없다.

21 허웅(1983: 186)은 블룸필드의 통사적 구성에 대한 정의를 차용하여, 어떤 자립형식을 직접성분으로 쪼갬으로써 얻어지는 언어형식이 모두 자립형식일 때에, 그 큰 언어형식을 '통어적 짜임새'로, 통어적 짜임새의 됨됨이와 그 짜여지는 과정에서 생겨나는 문제들을 연구하는 부문을 '통어론'으로 정의한다.

22 허웅(1983: 186)은 마찬가지로 블룸필드의 '단어' 정의에 의거하여 형태론적 구성을 다음과 같이 정의한다. 그에 의하면 '꽃-이'와 '아름답-다'는 두 형태소로 된 하나의 말마디인데, 그는 이러한 한 말마디의 짜임새(자립형식 + 구속형식, 구속형식 + 구속형식)는 '형태적 짜임새'로 부른다. 또 그 짜임새와 그 때에 나타나는 '-이', '-다'와 같은 구속 형식의 뜻을 연구하는 부문을 '형태론'으로 부른다.

23 최근에 박철우(2018)가 '체언 + 조사' 구성을 단어로 보는 종합적 단어관을 새롭게 주창하였다. 그는 학교문법의 절충적 단어관(조사만 단어로 규정), 주시경 류의 분석적 단어관(조사와 어미를 단어로 규정)을 동시에 비판하면서 종합적 단어관(조사와 어미를 비단어로 규정)의 전개 가능성을 타진하고 있다. 그는 블룸필드가 제시한 단어의 기준인 '최소 자립 형식'에 철저히 의존하면서 종합적 단어관이야말로 한국어 통사론 전개에서 최상의 모델로 자리매김할 수 있다고 강력하게 주장하였다. 필자가 이해한 바가 맞다면, 그는 체언에 체언의 성분어미인 격조사와 담화어미인 보조사가 결합된 '체언 + 조사', '체언 + 격조사 + 보조사' 구성이 하나의 형태론적 구성, 즉

한국어의 조사는 굴절 요소로 보기 어렵다. 한국어의 조사는 교착적 성격의 문법요소로서 형태와 의미가 일대일 대응관계를 이룬다. 조사 하나하나가 단독으로 그의 숙주(host)인 체언 요소에 붙어서 문법 관념이 표현된다. 이처럼 조사는 체언과 분리되어 독자적으로 존재한다.[24] 이는 심성 어휘론(mental lexicon) 관점에서 보더라도 마찬가지이며, 체언과 조사는 어휘부에 독립적으로 등재되어 있다.[25] 그러나 만약 한국어의 '체언 + 조사'를 (준)굴절형으로 본다면 수식의 통사적 관계를 설명하기 어렵다. 예를 들어, '아름다운 사람과 (놀다)'에서 관형어 '아름다운'은 '사람'을 수식한다고 해야 한다. '사람과' 전체를 수식한다고 보면 결과적으로 관형어가 부사어를 수식하는 꼴이 된다. 허웅(1983)에서 '아름다운'이란 관형어가 '사람과'를 수식한다고

단어를 이룬다고 보고 있다. 그리고 이것이 한 개의 단어이기 때문에 한국어에서 이러한 성분이 곧 단어와 같은 자격을 갖는다고 본다. 그렇다면, 그의 논의를 충실하게 따라간다는 가정 하에서 우리는 자연스럽게 어떤 문제와 마주치게 될 것이다. 예를 들어, 프랑스어의 'à l'homme'나 'aux hommes' 등의 구성도 박철우(2018)가 의존하는 '최소자립형식' 기준에 따르면 모두 하나의 단어(형)이다. 이 구성은 음운론적으로 하나의 운율 단위로서 성분을 구성하지만, 하나의 단어로 취급할 수는 없기에 모순이 발생한다. 박철우(2018)는 이러한 문제에 대한 명확하게 문제를 제기하거나 언급하지 않기 때문에 이런 문제에 대해 어떻게 대응할지 알 수는 없다. 그러나 이러한 모순은 굴절어의 곡용이나 활용을 중심으로 한 '최소 자립 형식'의 기준을 교착어로서의 성격이 강한 한국어의 조사와 어미에 적용하면서, 그리고 굴절어적 성격을 거의 상실한 고립어와 교착적 성격을 함께 가지고 있는 프랑스어와 같은 서구어 전반을 미처 고려하지 못하면서 생긴 결과라고 진단할 수 있겠다.

24 권재일(2012)은 '체언'과 '조사'의 결합을 '결합과정'으로 부르고 성분과 성분의 결합을 '통합과정'으로 불러, 전자를 형태론에서 후자를 통사론에서 다루고 있는 듯하다. 그러나 우리는 체언과 조사의 결합체를 굴절어의 '곡용형'에서 보이는 단어형과 같은 형태론적 구성으로 보지 않는다.

25 '자립성'과 '의존성'은 통사 단위를 설정하는 본질적인 기준이 될 수 없다. 프랑스어의 전치사나 관사는 자립적으로 발화가 불가능한, 음운론적으로 의존적인 문법요소이지만 통사적 단위로서 당당하게 기능한다. 영어의 전치사는 소위 '좌초 현상'도 허용하나 그것이 단어로 설정될 수 있는 이유는 '자립성' 때문이 아니라 후행하는 명사(구)와 자율적이고 무한한 통사적 관계를 형성하기 때문이다.

본 것은 기본적으로 최소 자립 형식에 의거하여 '사람과'를 최소 자립 형식의 단어이자 (준)굴곡형으로 보려 했기 때문이다. 이로써 수식어 '아름다운'이 '사람과'란 말마디를 꾸며준다고 말할 수밖에 없는 딜레마에 빠지고 만 것이다.[26]

또한 '공원이/공원에서(는)' 같은 단위는 소위 '어절'이라 불리며 통사의 기본 단위로 설정되기도 했다(고영근·구본관 2018, 유현경 외 2019). 이 '어절'이란 것은 대개 문장 성분과 일치하기도 하고 한 단위로서 기능을 하긴. 하지만, 그 자체가 통사론의 기본 단위가 될 수 없음은 분명하다. '공원에서', '공원이', '공원을', '공원으로는', '공원만으로도' 등이 곡용 패러다임을 형성하여 기억의 단위가 된다는 것은 직관적으로나 상식적으로 받아들이기 힘들다. 굴절어에서 곡용 형태의 단어형이 랑그의 기본 단위로서 통사론에 참여하는 것과 혼동해서는 안 되는 것이다.

여기서 굴절어인 라틴어를 예시로 들어 굴절어의 곡용 형태를 잠깐 살펴보기로 하자. '격(case)'이란 서술어와 논항의 문법 관계를 표시하는 문법 범주를 의미한다. 그리고 명사는 서술어와 문법 관계를 맺으며 문장 내에서 실현되기 위해선 자신의 역할에 맞는 일정한 형식을 갖추어야 한다. 그 실현 형식을 체계화한 것이 라틴어의 곡용표와 같은 것이다.

---

26 '아름다운 사람에 대하여 (이야기하다)'라는 구성에서도 직접성분 분석은 운율적으로는 [아름다운 사람에]와 [대하여]로 나눌 수 있지만, 통사적으로는 [아름다운 사람]과 [-에 대하여]로 나누는 것이 타당하다. 이는 [-에 대하여]가 복합후치사로서 하나의 독립된 단위로 파악될 수 있기 때문이다. 이 [-에 대하여]는 영어의 'with regard to'나 'notwithstanding' 같은 복합전치사에 대응시킬 수 있을 것이다.

(2) 가. 라틴어 제2곡용 남성 명사 'dominus, dominī'

	dominus, dominī master m.			
	Singular		Plural	
Nominative	dominus	—us	dominī	—ī
Vocative	domine	—e	dominī	—ī
Accusative	dominum	—um	dominōs	—ōs
Genitive	dominī	—ī	dominōrum	—ōrum
Dative	dominō	—ō	dominīs	—īs
Ablative	dominō	—ō	dominīs	—īs

나. 라틴어 제3곡용 여성 명사 'nox, noctes'

	nox, noctes night f.			
	Singular		Plural	
Nominative	nox	—ø	noctēs	—ēs
Genitive	noctis	—is	noctium	—ium
Dative	noctī	—ī	noctibus	—ibus
Accusative	noctem	—em	noctēs	—ēs
Ablative	nocte	—e	noctibus	—ibus

다. 라틴어 제1곡용 여성 명사 'rosa, rosae'

	rosa, rosae rose f.			
	Singular		Plural	
Nominative	rosa	—a	rosae	—ae
Genitive	rosae	—ae	rosārum	—rum
Dative	rosae	—ae	rosīs	—īs
Accusative	rosam	—am	rosās	—ās
Ablative	rosā	—ā	rosīs	—īs

이러한 곡용표에 나타나 있는 형식들은 해당 언어에서 모두 명사 상태의 실현형이고 기억의 대상이다. 즉, 이 형식들은 어간과 곡용어미의 두 단위로 나타나지 않으며 한 단어의 곡용형으로 랑그의 기본 단위가 된다. 이는 곡용형 자체가 통사 단위로 기능한다는 뜻이다.

이러한 사실을 염두에 둔다면, 결론적으로 한국어의 조사들은 라틴어의 격 곡용어미에 대응되는 요소로 보기보다는 굴절어의 성격을 벗어버린 프랑스어의 전치사나 관사와 같은 문법요소에 대응된다고 보아야 한다. 라틴어의 곡용어미는 초기에는 문법적 기능을 담당했지만, 점차 그 쓰임이 다하면서 자신의 기능을 어순이나 전치사에게 넘겨주었다. 라틴어의 곡용어미(désinence)는 어간에서 분리되어 독립적인 통사 단위를 이루지 못한다. 따라서 라틴어에서는 어간과 격어미가 융합된 형태가 바로 랑그(langue)의 단위가 된다. 그에 비해 이에 준하는 기능을 수행하는 프랑스어의 전치사와 관사는 독립적인 통사 단위가 된다. 따라서 프랑스어의 '관사 + 명사'나 '전치사 + 관사 + 명사'는 담화(discours)의 단위로서 형태론적 구성(morphological construction)이 아니라 통사적 구성(syntactic construction)이 된다.[27] 즉, 굴절어적 곡용 어미가 사라지면서 교착어나 고립어적 성격으로 바뀐 프랑스어나 영어 같은 언어에서의 'dans le parc'나 'in the park' 같은 언어 형식은 단어형으로 볼 수 없다. 따라서 한국어의 '공원에서'는 준굴곡법의 단어형이 아니라 명사 '공원'과 통사 단위의 자격을 갖는 조사 '에서'의 결합인 통사적 구성으로 봐야 한다. 달리 말하자면, 이러한 성분들은 통사적 절차를 통해서 이루어진 통사적 구성으로 내적 구조를 형성한다고 보아야 한다.

더욱이 조사는 명사뿐만 아니라 명사구와도 결합할 수 있다. 국어학계 역

---

27 Guillaume(1973) 참조.

시 '통사적 접사'라는 개념으로 이를 포착하려고 일부 시도하였다(고창수 1992, 시정곤 1994, 임홍빈 1979). 그러나 이를 나타내기 위한 단위로 이미 '접어(clitic)'가 존재한다. 전술한 시도들은 단지 조사가 통사 단위임을 보여주는 것에 다름 아니다. 영어에서 'in the national park'의 'in'이 'the national park' 와 결합하고 'the'가 'national park'라는 명사구와 결합하는 것과 같은 이치이다. 그렇다고 영어에서 'in'이나 'the'를 '통사적 접(두)사'라고 하지 않는다. 따라서 '통사적 접사'라는 용어에 그리 현혹될 필요는 없을 것이다. 영어나 프랑스어에서는 명사나 명사구에 관사와 전치사가 붙어 어떻게 확장되어 나가는가를 파악하는 것이 중요하듯이,[28] 한국어에서는 명사(구)와 조사의 결합 구조에서 명사구 자체의 양적 확장보다는 명사(구) 자체가 어떻게 조사의 교착을 통해 문법적으로 확장되어 가는가를 포착하느냐가 더 중요한 문제이다.

다음 그림은 프랑스어의 부정관사 'une'가 형용사 'grosse'와 인접해 있지만, 실질적으로는 'grosse voiture rouge qui bloquait l'entrée du garage'라는 명사구가 'grosse voiture' 〉 'grosse voiture rouge' 〉 'grosse voiture rouge qui bloquait l'entrée du garage'의 단계를 거쳐 구성되고, 그렇게 구성된 전체가 부정관사 'une'와 결합한다는 사실을 시각적으로 보여준다. 한국어 명사구 구성 '설악산에 있는 거대한 국립 공원은'의 구조 역시 이와 같은 프랑스어의 명사구 확장 구조와 비슷하게 생각할 수 있을 것이다. 다음 (3가)와 (3나)를 비교해 보라.

---

28 구조적으로 전치사는 관사와 명사의 결합체와 결합하나 전치사와 관사가 형태적으로 통합되는 현상 역시 많이 나타난다. 프랑스어의 'au/aux (à + le/les)'나 'du/des (de + le/les)'나 포르투갈어의 'no/na' (em + o/a: ex. na escola(=학교에서(는)) 등이 그러한 예시이다.

(3) 가. 프랑스어의 명사구 확장 구조

support de forme   apport de matière

나. 한국어의 명사구 확장 구조

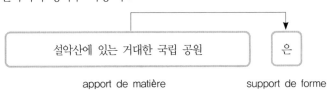

apport de matière   support de forme

    문제는 한국어에서 '새 책으로'나 '새 책으로는'의 구조를 어떤 결점(node)
으로 규정해야 하는지다. 이미 국어학계도 이러한 문제를 격조사의 핵으로
서의 기능 여부에 대한 논쟁으로 전개한 바가 있었다. 임동훈(1991), 한정한
(2003), 임동훈(2008) 등으로 이어진 논의가 이를 잘 보여준다. 그러나 필자
가 보기에 이러한 논의는 생성문법의 투사(projection)와 'X-bar' 이론에 입
각한 핵성(headness) 문제에 기반을 두고 있는데, 핵을 '어휘적 핵'과 '문법적
핵'으로 구분해서 보는 시각이 결여되었다는 한계를 노정하고 있다고 하겠
다. 따라서 우리는 영미권의 Corbett et al.(1993)을 참조하되, 기욤의 '걸
림관계(incidence)' 이론과 품사 체계에 대한 논의를 원용하여 동적 모델로서
의 나무그림을 제안하고자 한다. 그리고 다음 그림 (4)에서 물음표(?)로 표
시된 결점을 어떻게 표상할 것인가의 핵심 문제를 풀어 볼 것이다.

(4)

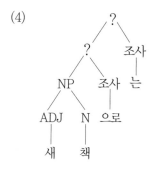

2.2.2. 한국어 조사구의 표상 방법

한국어 조사 체계를 구축하기 위해선 한국어와 순서는 다르지만 유사한 유형으로 변모한 영어나 프랑스어에서의 명사구 쓰임을 먼저 조사할 필요가 있다. 한국어의 구조와 비교 및 대응시킬 토대를 마련하려면 이 작업이 반드시 선행되어야 한다.

기욤의 정신역학론에서는 프랑스어를 비롯한 인구어의 명사라는 단어를 고정된 실체가 아니라, 통사론의 단계로 넘어가기 이전에 이미 형태론의 영역에서 잠재적으로 '어휘생성(idéogénèse)'과 '형태생성(morphogénèse)' 절차를 거치는 요소로 파악한다.

(5) $U_1 \xrightarrow{\text{어휘생성}} {}_1S_2 \xrightarrow{\text{형태생성}} U_2$

$$\uparrow \quad \uparrow \quad \uparrow \quad \uparrow$$
성   수   격   인칭

따라서 명사 분석은 문법요소—성(genre), 수(nombre), 격(cas), 외연성(extensité), 인칭(personne)—의 분포를 중심으로 하되, 그 요소들이 실현되는 과정의 시간차를 기반으로 삼는다. 이러한 기욤의 분석은 동적 절차를 따라 진행되며, 이는 현대 생성문법에서 제시하는 'NP 분석'이나 'DP 분석'과는 기본적으로 궤를 달리한다. 우리는 기존의 NP 분석과 차별화된, 이러한 DP 분석 및 PP 분석을 기본적으로 받아들일 것이다. 그리고 이를 동적 모델로 전환하여 명사 확장 구조를 어떻게 일반화할 수 있을지를 보이고자 한다.

전통적으로 명사는 (6)과 같은 확장 구조를 갖는 것으로 상정되었고, 다음과 같은 나무그림으로 표상되었다.

(6)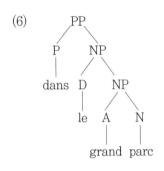

그러나 위의 전통적인 나무그림에는 몇 가지 문제점이 존재한다. 첫째, 이 나무그림에는 형태와 의미의 중심이 일관되게 적용되지 않고 있다. 위의 그림은 형용사와 관사를 동일 차원에서 명사를 수식하는 수식어로 파악하고 있다. 그러나 형용사와 관사는 '개방성/어휘성'과 '폐쇄성/문법성'의 대립적인 성격에 의해 완전히 구분되는 별개의 단어 부류(word class)이다. 기욤은 형용사를 명사의 어휘적 의미와 관련된 내포/외연에 영향을 주는 수의적 성분인 질료적 한정사(déterminant matériel)로 보고, 관사를 결과명사 외연의 적용영역을 한정하는 형식적 한정사(déterminant formel)로 보아 이 둘을 명료하게 구분한다. 둘째, 첫 번째 문제의 연장선에서, 위의 그림은 관사와 명사의 관계 및 전치사와 명사구의 관계를 이질적으로 표상한다. 명사를 중심으로 보더라도 관사와 전치사는 문법적 관계를 실현한다는 점에서 형상(forme)과 질료(matière)의 관계로 환원된다. 그러나 위의 그림에서는 한 차원에서 질료(=명사)를 중심으로 NP 범주가 되고, 다른 차원에서 형상(=전치사)을 중심으로 PP 범주가 된다. 이어지는 문제로, 문장 성분의 차원에서 주어, 직접목적어, 간접목적어와 같은 통사적 기능은 똑같이 문장 내에서 실현된 표층의 '담화적 사실(fait de discours)'임에도 불구하고 주어나 목적어의 최대 투사는 NP로, 간접목적어나 처소어 등은 PP로 최대 투사되고 있다. 표면에 집착하고 그 과정에 숨어 있는 시간의 흐름인 언어의 실현과정을 놓치면 랑그 차원의 명사 자체와 담화 차원에서 실현된 명사를 단지 두 형태가 같아 보인다는 이유로 동일 선상에 놓고 파악하는 우를 범하게 되는 것이다.[29]

이상과 같은 전통적 나무그림의 문제점을 극복함과 동시에 기욤의 시간성을 고려하여 필자가 제안하는 나무그림이 다음 (7)이다. 먼저, 어휘(=의미) 중심에서 문법(=형태) 중심으로의 일관성을 유지하기 위해 화살표로 걸림관계(incidence)의 방향을 표시한다.[30] 그리고 명사의 랑그에서 담화로의 이행(=실현) 과정이 두 차원에 걸쳐 이루어진다는 점을 확실하게 표현하기 위해 바(')의 개수로 표시하며, 이때 바의 수는 명사의 질적 변화를 의미한

---

29 실제로 위의 그림과 달리 직접목적어가 PP의 형태로 나타나는 경우가 있다. 이렇게 [전치사+(대)명사]로 실현되는 전치사 동반 목적어 구문에 대해서는 Joly(1987), 목정수(1996, 2013b)를 참조하라. 스페인어의 'Te quiero a ti', 'Espero a mis padres'나 루마니아어의 'Te iubesc pe tine' 등이 대표적인 예시이다.

30 화살표는 어휘요소와 문법요소의 결합에서 그 핵이 문법요소에 있음을 보여주기 위한 장치이다. 어휘요소와 어휘요소의 결합은 핵을 이루는 한 어휘요소에 다른 한 어휘요소가 첨가되어 양적 합이 이루어지기 때문에 화살표 없이 표시된다.

(7)

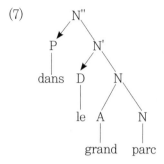

다. 이때 생성문법의 PP나 DP를 사용하지 않고 N의 범주를 유지하면서 바의 수와 화살표로 표시하는 이유는 이러한 최대 구조가 여전히 명사 차원에서 이루어짐을 분명히 보여주기 위함이다.[31] 이러한 표상에선 명사에 첨가되는 형용사는 그 수에 관계없이 명사(N)의 자격(=형상)을 바꾸지 못하므로, 양적 변화만 가져오지 질적 변화를 일으키지는 못한다. 즉, 'parc'나 'grand parc'나 'grand parc national'나 'grand parc national qui se trouve à Paris'나 모두 동일한 성질을 가진다.[32]

---

[31] 이러한 우리의 표상 방식은 박철우(2018)처럼 '최소자립형식'에 입각한 단어 정의로 어휘 요소들만 단어/품사의 대상으로 삼으며, 의존적 문법 요소를 독립된 하나의 단어로 보지 않고 어휘의 종속물로 다루려는 관점의 직관과 논리를 상당 부분 수용할 수 있을 것이다. 핵선행 언어인 프랑스어에서 PP는 N″로, DP는 N′로, N(P)는 N으로 표상하듯이, 핵후행 언어인 한국어의 N(P)는 N으로, PP는 N′로, DP는 N″로 표상할 수 있다. 이러한 표상 방식은 어휘 핵은 명사가, 문법 핵은 조사가 맡아서 통사적 구성, 즉 성분을 이루는 것을 잘 보여준다.

[32] 프랑스어에서 명사구의 문법적 확장이 단어 바깥으로 외적으로 펼쳐지는 양상을 이와 같이 보여 주었듯이, 단어 내부에 문법적 확장을 포함하는 굴절어의 곡용어미는 다음과 같이 표시할 수 있다. 라틴어의 명사는 어근과 제일 가깝게 위치하여 어근의 어휘적 성격에 많이 지배되는 성(genre)과 수(nombre)의 어미가 결합하고 이후에 그에 따른 격(cas) 어미가 붙는 형태가 형태론 구성의 마지막 단계에서 완성된다. 그리고 그 곡용형태가 그대로 통사적 차원에서 실현된다. 물론 이 과정이 하나의 어미에서 통합적으로(synaptically) 이루어지기 때문에 (1가, 나)처럼 단어 내부 아래에 한 층위만(N^{-1})설정해도 된다. 전치사가 필요할 경우 전치사와

이러한 구조에 입각하여 문장에서 실현되는 명사(구)의 내적 구조는 다음과 같이 일정하게 분석할 수 있다.[33] 다음 (8)에 제시된 명사구의 확장 구조를 구조적으로 분석하면 아래의 (9)와 같다.

(8) 가. Il y a un grand parc à New York.

　　나. Je vais aller aux États Unis en avion.

　　다. Paul, il est mon ami.

(9) 가. Il y a [$\emptyset_1$ un grand parc] [à $\emptyset_2$ New York].

　　나. Je vais aller [aux États Unis] [en $\emptyset_2$ avion].

　　다. [$\emptyset_1$ $\emptyset_2$ Paul], il est [$\emptyset_1$ mon ami].

위의 (9)의 분석틀을 통해, 일정한 통사적 기능을 가지는 프랑스어의 [un grand parc], [aux États Unis], [en avion], [Paul] 등의 성분이 그 구조가 전부 다른 것처럼 보이지만 모두 랑그에서 담화로 옮아가는 통사적 과정을 거친 것이며 이들을 동일한 명사구 확장 구조 틀로 일관되게 분석할 수 있음을 알 수 있다. 이러한 성분을 하나의 단어 또는 형태론적 구성으로

함께 통사적 성분을 구성하는 차원으로 N' 층위를 설정하면 된다.

(1) 가. 　나.

[33] 이러한 점에서, 우리의 명사구 확장 구조의 표상 방식은 생성문법에서의 DP 분석으로의 발전 과정과 유사하다고 볼 수 있다. 이는 생성문법의 엑스바 도식을 참조하되, 기욤의 동적 모델을 원용하여 새롭게 나무그림을 제시한 것으로 이해하면 좋을 것이다. 문제는 이 그림의 보편적 적용 가능성이다.

볼 수 없듯이, 우리는 동일한 논리로 한국어의 '체언 + 조사' 구성을 형태론적 구성의 단어가 아니라 체언과 조사의 엄연한 통사적 구성으로 이루어진 성분으로 보고자 한다.

상술한 프랑스어의 명사구 확장 분석 방법론을 한국어에 동일하게 적용하면 다음과 같다. 먼저 (10)과 같이 명사구의 확장 구조 [N→N'(= N + Post)→N''(= N' + Det)]를 표상하는 나무 그림을 그릴 수 있다(목정수 1998, 2003). (10)에서는 한국어의 명사구 확장이 프랑스어의 명사구 확장과 동일한 형상을 가진다는 점을 명시적으로 보여 주기 위해 두 나무 그림을 나란히 제시하겠다.**34**

---

34 여기에 더해 명사구에는 화자와 청자의 관계를 표시하는 '요'가 실현될 수 있으나, 이는 서술어의 어말어미 단계에서 필수적으로 실현되는 요소가 명사구로 복사되는 것으로 이해할 수 있겠다. 이러한 '요'를 수의적인 요소로 본다면 한국어 명사구의 확장 구조는 후치사와 한정사의 두 단계로 이루어진다고 보는 것이 가능해진다. 다음 예를 보면 쉽게 이해해진다. (1)과 (2) 모두에서 화청자 관계를 나타내는 표지 '요'가 표시된 위치에서 드러날 수 있고, 이러한 문장 역시 직관적으로 문법적인 문장으로 취급된다.
    (1) 공원에서는(요) 놀지 좀(요) 마세요.
    (2) 제가(요) 당신에게를(요) 기대고(요) 싶다니까요!
  그리고 '만', '마저', '조차' 등의 보조사—우리의 용어로는 질화사(qualifier)—는 명사구 확장 구조에서 양적 추가만 주도하며, 질적 변화를 가져오지 못한다. 즉, 선행 구조에 추가 (adjoining)될 뿐 범주의 성격을 바꾸지는 못한다. '만'은 양화사/질화사로서 명사구 확장 구조에 영향을 미치지 못하며 N 단계나 N' 단계에 첨가되는('유동하는(floating)') 특성을 갖는다. 또한 '만'은 '는, 도와 동일 위상의 보조사류가 아닐뿐더러, {가, 를, 도, 는, 의, 이나, 이라도} 같은 한정사 계열에 속하는 요소 또한 아니다. '만'의 문법적 위상에 대해서는 목정수 (1998, 2003)를 참조할 것. ex) [[빵으로]ₙ]만]ₙ', [[빵]ₙ만]ₙ]으로]ₙ', [[빵으로]ₙ']만]ₙ', [[[빵]ₙ만]ₙ]으로]ₙ']는]ₙ'' 등.

(10)

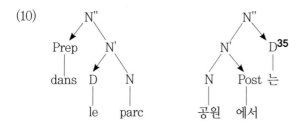

이러한 구조적 분석을 토대로, 앞서 제시한 '학교에 가다'와 '학교를 가다'의 구조는 다음과 같이 분석할 수 있다.

(11) 가. 학교에 가다 $\Rightarrow$ 학교$-$에$-$Ø$_2$ 가다

나. 학교에를 가다 $\Rightarrow$ 학교$-$에$-$를 가다

다. 학교에는 가다 $\Rightarrow$ 학교$-$에$-$는 가다

라. 학교 가다 $\Rightarrow$ 학교$-$Ø$_1$$-$Ø$_2$ 가다

마. 학교를 가다 $\Rightarrow$ 학교$-$Ø$_1$$-$를 가다[36]

---

35 이 그림에 표시되는 D(déterminant) 범주(=한정조사=관사)를 기존 한국어 문법에서 말하는 관형사 또는 한정사 '이, 그, 저'나 '한, 하나의' 등과 혼동해서는 안 된다. 이에 대한 자세한 내용은 목정수(1998, 2003) 등을 참조할 것.

36 목정수가 정립한 국어학 체계에서 '학교를'의 속 구조를 [학교$-$Ø$_1$$-$를]로 파악한 것은 중요한 의미를 가진다. 일차적으로, '학교에'와 '학교를'을 비교하면서 조사 '에'와 '를'의 교체(alternation)를 설정하고 논했던 논문들에 대해 해당 체계는 '에'와 '를'이 계열관계(paradigmatic relation)에 놓여 있지 않으므로 그러한 논의가 근본적인 문제점에서 자유로울 수 없음을 지적하였다.

분포적 사실에 대한 이와 같은 새로운 발견은 격조사로서의 '가1'/'를1'과 보조사로서의 '가2'/'를2'를 따로 설정할 필요가 없을 뿐만 아니라, '는', '도'와 더불어 '가'나 '를'의 본질이 격 표시 기능에 있는 것이 아니라는 점에 대한 인식으로 이어진다. 최종적으로 동일 부류에 속하는 {가, 를, 도, 는, 의}는 한정사(determiner)의 역할을 하는 담화적 기능 요소로 파악할 수 있다. 이는 '주어', '목적어'를 바라보는 시각에 변화를 가하고 한국어 통사 구조에 대한 새로운 인식을 심을 수 있을 것이다.

격조사 교체 현상에 대한 일반적인 논의에서는 '학교에 가다'와 '학교를 가다'를 비교한다. 그러나 이러한 비교에서는 '학교 가다'가 어느 조사의 생략인지 알 수 없다. 우리의 구조적 분석에 의하면, '학교 가다'는 '학교에 가다'의 '에'나 '학교를 가다'의 '를'이 생략된 것이 아니다. '학교 가다'는 '학교에 가다'에서 '에'라는 후치사 없이(=구조적으로 '$\varnothing_1$'에 의해) '학교'라는 성분이 서술어 '가다'와 직접 통사적 관계를 맺어 형성된 동사구 구성이 되는 것이다. 따라서 '학교 가다'는 '학교에 가다'와 일차적으로 ['$\varnothing_1$' vs. '에']의 대립을 이룬다. 이때 [학교-$\varnothing_1$ 가다] 구성은 타동 구성이 되고, [학교-에 가다] 구성은 [학교-로 가다] 구성 등과 같이 자동 구성이 된다. 그리고 전자의 타동 구성에 '를'이 추가되어도 타동 구성이 유지되고, 후자의 자동 구성에 '를'이 추가되어도 여전히 자동 구성이 유지된다. 이는 다음과 같이 타동 구성만 허용되는 '가다' 동사구 구성을 통해 입증할 수 있다. 일례로, '소풍 가다', '쇼핑 가다', '관람 가다' 등의 이동 목적어 구성에서는 구체적인 후치사 '에'나 '로'가 개입할 수 없다. 따라서 여기에 '을/를'이 결합되면 '소풍 가다'와 '*소풍에 가다'에서 보이는 문법성이 그대로 유지된다. '소풍 $\varnothing_1$ 가다'와 '소풍$\varnothing_1$을 가다'처럼 타동 구문만 가능한 것이다.

(12) 가. 소풍/쇼핑/관람 가다
　　　나. *소풍/쇼핑/관람-에 가다

(13) 가. 소풍/쇼핑/관람-을 가다
　　　나. *소풍/쇼핑/관람-에를 가다

이를 위의 (11)과 같은 도식으로 나타내면 다음과 같다.

(14) 가. *소풍에 가다 ⇒ *소풍$-$에$-$Ø$_2$ 가다

나. *소풍에를 가다 ⇒ *소풍$-$에$-$를 가다

다. *소풍에는 가다 ⇒ *소풍$-$에$-$는 가다

라. 소풍 가다 ⇒ 소풍$-$Ø$_1$$-$Ø$_2$ 가다

마. 소풍을 가다 ⇒ 소풍$-$Ø$_1$$-$을 가다

그간의 논의에선 한 문장에서 여러 개의 성분에 나타날 수 있는 '이/가'나 '을/를'과 관련된 현상을 두고 '이중 주어'나 '다중 목적어' 등의 현상으로 보았다. 그러나 인구어 등에는 격어미나 격표지가 중복해서 나타나는 현상이 없다. 이렇게 보면, 소위 '이중 주어'나 '다중 목적어' 등의 현상이 과연 격과 관련된 것인가 정보 구조와 관련된 것인가를 다시 생각해 볼 수 있다. 우리는 한 문장 내에서 조사 '이/가'나 '을/를'을 포함한 성분이 중복적으로 나타나는 현상이 격의 중출 현상과 무관한 정보 구조의 실현 문제라고 본다. 이러한 주장에 대한 주요 근거는 서술어와 해당 논항이 하나의 문법 관계만을 맺는다는 사실에서 찾을 수 있다. (15)와 같이 서술어와 관계되는 논항에 '이/가'가 붙을 뿐만 아니라 비논항에도 '이/가'가 붙을 수 있다는 사실은 '이/가'의 본질이 격어미나 격표지와는 거리가 다소 있음을 시사한다.

(15) 가. 민수가 고향이 생각이 나지가 않는가 보다.

나. 민수는 고향 생각이 나지 않나 봐.

다. 민수는 고향이 생각나지 않는대.

라. 민수 고향 생각 안 난대?

(16) 가. 도대체가 내 설명이 이해가 가지가 않는다고 이것을 공부하는 자가?

나. 언젠가는 너는 성공할 수는 있을지는 모르겠지만….

영어에서도 한 문장 내에 동일한 기능을 표시하는 전치사가 반복적으로 등장하는 경우는 없다. 같은 계열체의 성원이 통합 관계(syntagmatic relation)를 이룰 수는 없는 것이다. 영어에서 문장 성분에 반복해서 나타나는 문법 요소는 (17)과 (18)에서 확인할 수 있듯이 한정사류에 국한된다.

(17) 가. The cat went on a picnic to the park with the rats.
나. A cat came into the room with a pen in the mouth.

(18) 가. The ⋯ went on a ⋯ to the ⋯ with the ⋯
나. A ⋯ came into the ⋯ with a ⋯ in the ⋯

2.2.3. 한국어의 명사와 조사의 결합 구조

라틴어의 곡용 패러다임에 대응될 수 있는 번역형을 적절하게 고려하여 분류한 것이 일본어나 한국어 문법에서 사용하고 있는 소위 '격조사 부류'일 것이다. 그러나 한국어에서 '격조사'라고 하는 것은 인구어에서처럼 딱 짜여진 패러다임이 구성되기 어렵다. 격조사라고 불리는 요소들의 숫자 자체도 문제이거니와, 명사와 격조사는 붙여 쓰긴 하지만 각각 독립된 요소로 분석되는 요소들이다. 따라서 명사의 곡용 패러다임형으로서 격조사 체계를 세우는 것은 불가능하다.

그리고 한국어에서는 정보 구조로 인한 제약을 고려하지 않는다면 격조사 없이 문장을 실현해도 통사적인 문제가 발생하지 않지만,[37] 라틴어에서

---

37 물론 이때의 격조사는 소위 '구조격조사'라 부르는 '가, 를, 의'이며, 부사격조사 '로, 과, 에'

는 격어미 없이 문장이 실현될 수 없다.

(19) 가. <u>민수가</u> 밥만 잘 먹던데.
    나. <u>민수</u> 밥은 먹었대?

(20) 가. 네가 <u>그 밥을</u> 어떻게 다 먹을 수가 있어?
    나. 민수야, 밥 먹었어?

(21) 가. Dominus pascit me, et nihil mihi deerit.
        (주님은 나의 목자, 나는 아쉬울 것 없어라.)
    나. *Domin pascit me

(22) 가. Laudate Dominum. (주님을 찬양하라.)
    나. *Laudate Domin.

또한 격조사 부류로 설정된 요소 중에서 '가, 를, 의'는 나머지 부사격조사와 달리 보조사 '는, 도'와 그 문법적 분포 환경이 동일하다. 따라서 (23)과 (24)와 같은 문장이 제시되면, 여기에서 생략된 격조사가 무엇인지에 대한 문제가 부상한다.

(23) 가. 학교에 가다
    나. 학교 가다

(24) 가. 학교를 가다
    나. 학교 가다

등을 가리키는 것이 아니다. 소위 '구조격조사'인 '가, 를, 의'를 보조사 '는, 도'와 함께 묶어 격조사 부류에서 제외시킨 이유에 대해서는 목정수(1998, 2003, 2009, 2013) 등을 참조하라.

각 문장만 놓고 보면, (23)의 '학교 가다'는 부사격조사 '에'가 생략된 것으로, (24)의 '학교 가다'는 구조격조사 '를'이 생략된 것으로 보인다. 그런데 다음과 같은 문장을 비교한다면, 어떠한 격조사가 생략된 것으로 보아야 할까?

(25) 가. 학교에를 가지 않기로 했다.
　　　나. 학교에가 가고 싶지 않아서….
　　　다. 학교 안 가?

(25가, 나)에서의 '가'와 '를'을 격조사가 아니라 보조사라고 본다면, (25다)의 문장이 부사격조사 '에'가 생략된 문장으로 보일 수도 있다. 그러나 이는 다시 다음과 같은 문제에 부딪힌다. (25다)가 '학교에를 가다'에서 '에'가 생략된 문장이라면 '학교를 가다'는 '를' 때문에 보조사가 남아 있는 문장이 된다. (24가) '학교를 가다'의 '를'은 보조사인가, 격조사인가? 혹자는 이 '를'이 명사 바로 옆에 위치하고 있다는 이유를 들어 격조사라고 대답할지도 모른다. 그러나 이러한 분포에 기댄 답은 또 다른 문제를 불러일으킨다. '학교를 가다'의 '를'이 격조사이고 '학교에를 가다'의 '를'이 보조사(=비격조사)라고 하면, 똑같은 논리로 '학교에는 가지 마'의 '는'은 보조사가 되고 '학교는 가지 마'의 '는'은 격조사(=비보조사)가 될 텐데, 과연 그러한가? 문제가 국부적인 영역에 그치지 않고 문법 전반으로 일파만파 퍼져 나간다.

2.2.4. 어미의 확장 구조: 어미는 형태적 구성의 요소인가 통사적 구성의 요소인가?

'최소 자립 형식'에 입각하여 단어를 분석하면 프랑스어의 'aux hommes' 같은 전치사구 구성뿐만 아니라 'je t'aime' 같은 문장도 하나의 단어가 된다. 그러나 이들은 통사적 구성의 최대 단위인 문장 단위이며, 결코 단어가 될 수 없다. 이처럼 통사적 단위이지만 자립성이 없는 의존소인 접어(clitic)는 한국어의 조사나 어미와 같은 문법요소의 지위를 규명하는 데 적합한 단위가 될 수 있다고 생각된다. 즉, 조사나 어미가 관여하는 구성은 통사적 구성이다 (Dixon and Aikhenvald 2002).

학교문법에서 한국어의 문법요소인 조사와 어미 중에서 조사는 품사 체계에 편입되었고 어미는 배제되었다. 어떠한 연유로 '거북 두 마리 가, 긔여가오'(한국개화기교과서총서 4. 28쪽)와 같은 표기법에서 드러나듯이 조사는 품사 단위가 되었고, 어미는 그렇게 되지 못했는지를 탐구해보자.

자립성에 기반하는 단어의 관점에서 '어미'를 단어로 보는 것은 어색하다. 그러나 '어미'는 엄연한 통사 단위로 분석되어야 한다. 먼저 '그 친구가 미국으로 간 이유는 무엇일까?'라는 문장을 통해 단어와 성분의 차이를 살펴보자. 해당 문장을 이루는 단어들이 속하는 품사와 이른바 '어절'들이 기능하는 문장 성분을 표시하면 (26)과 같다.

(26) 그   친구 가 미국 으로 가 ㄴ 이유 는 무엇 이ー ㄹ까?
     관형사 명사 조사 명사 조사 동사 어미 명사 조사 대명사 계사 어미
     관형어 주어   부사어   관형어   주어   보어   서술어

만약 품사 층위만 고려하여 문장 내에서 결합하는 요소들 간의 관계를

기술한다면 '그 친구'에서 관형사 '그'가 명사 '친구'를 수식한다고 기술해야한다. 그렇다면 '간 이유'에 대해서는 어떤 기술이 가능한가? 관형사형 어미 '-ㄴ'이 명사 '이유'를 수식한다고 해야 하는가, 아니면 동사 '가-'가 명사 '이유'를 수식한다고 해야 하는가? 둘 다 만족스럽지 못하다. 관점을 바꾸어서 문장 성분만을 사용하여 문장 요소들 간의 관계를 기술한다면 만족스러운 결과를 얻을 수 있을까? 이러한 관점에서는 '그 친구가'에 대해 관형어 '그'가 주어 '친구가'를 수식한다고 해야 하고, '간 이유는'에 대해 관형어 '간'이 주어 '이유는'을 수식한다고 해야 한다. 그리고 앞에서도 지적하였듯이, '미국으로 간'의 부사어 '미국으로'가 관형어 '간'을 수식한다고 서술해야하는데, 이는 부사어가 관형어를 수식한다는 이상한 결론을 도출한다.

따라서 관형어 '그'가 명사 '친구'를 수식하고 관형어 '간'이 명사 '이유'를 수식하며 부사어 '미국으로'가 동사 '가-'를 수식하는 것으로 보는 것이 가장 바람직한 기술이다. 관형어 '그'가 수식하는 것은 '친구가'가 아니라 '친구'이다. 관형어 '간'이 수식하는 것은 '이유는'이 아니라 '이유'이다. 부사어 '미국으로'가 수식하는 것은 '간'이 아니라 '가-'이다. 그리고 문장 내 요소들 사이의 관계는 선행하는 문장 성분이 후행하는 품사와 통사적 관계를 맺는다는 방식으로 기술해야 한다. 따라서 관형사형 어미 '-은'은 선행 동사에 의존적이지만 '미국으로 가-' 구성 전체에 걸쳐 기능한다고 보아야 한다. 다르게 말하자면, 어미는 자립성 여부와 관계없이 통사적 단위로 파악되어야 한다(우순조 1997, 2022).

이런 점을 염두에 두고 다양한 형태의 어미가 가지는 통사적 지위를 하나하나 점검하는 것은 한국어 통사론 전개에 있어 매우 중요한 사항이 될 것이다.[38] 이와 관련된 문제를 몇 개 추려 보면 다음과 같다. 첫째, 동사의 실현을 돕는 어미의 단계를 명사의 실현 양상에 맞추어 몇 단계로 설정해야 하는

가? 즉, 선어말어미 '-시-', '-었-', '-겠-', '-더-' 등의 실현 표기 방안과 어말어미 '-(는)다', '-어', '-나', '-지' 등의 실현 표기 방안을 결정해야 한다. 둘째, 선어말어미와 견주어 보조동사 구성의 범위를 어디까지로 보아야 하는가? 이때 '-잖- 〈 -지 않-', '-고프- 〈 -고 싶-' 등과 '-어 버리-', '-고 말-' 등을 전체적으로 살펴야 진정한 의미의 선어말어미를 규정할 수 있고, 동시에 어말어미의 분류도 가능해진다.

이제 본격적으로 동사(구) 확장 구조가 어떻게 이루어지는지 살펴보자. 먼저 동사를 문법적으로 확장시키는 요소 중 선어말어미 '-시-'는 선행 동사의 어휘적 성격에 변화를 주지 못한다. 또한 '-시-'의 개입은 동사의 어휘적 성격이 후행하는 어미에 영향을 미치는 것을 방해하는 장벽이 되지 못한다.

(27) 가. 잡-는데 〉 잡-으시-는데
     나. 예쁘-은데 〉 예쁘-시-은데

반면에 보조동사 구성은 선행 본동사의 어휘적 영향이 후행 어말어미에

---

38 한국어의 어미들이 교착되어 나가는 과정은 통사적 구성을 이루며 진행되는 과정인 반면에 라틴어의 활용 현상은 통사적 구성이 아니라 형태론적 구성을 이루는 과정이다. 즉, 라틴어의 활용형은 하나의 단어형이 된다.

(1) 라틴어 1군 변화 동사: amō, -āre

수	인칭	현재	미완료 과거	미래
단수	1	am-ō	amā-ba-m	amā-bō
단수	2	amā-s	amā-bā-s	amā-bi-s
단수	3	ama-t	amā-ba-t	amā-bi-t
복수	1	amā-mus	amā-bā-mus	amā-bi-mus
복수	2	amā-tis	amā-bā-tis	amā-bi-tis
복수	3	ama-nt	amā-ba-nt	amā-bu-nt

미치지 못하도록 하는 어휘적 장벽으로 기능한다.

(28) 가. 잡-는데 〉 잡-고싶-은데
나. 예쁘-은데 〉 예쁘-고싶-은데

같은 관점에서, 선어말어미 '-었-'이나 '-겠-'은 어휘적 장벽요소로 기능하므로 보조동사 구성의 확장형으로 볼 수도 있다. 즉, '-었-'이나 '-겠-'은 '-어 있-'이나 '-고 있-'과 같은 행태를 보인다.

(29) 가. 잡-는데 〉 잡-았-는데
나. 예쁘-은데 〉 예쁘-었-는데

(30) 가. 잡-는데 〉 잡-겠-는데
나. 예쁘-은데 〉 예쁘-겠-는데

(31) 가. 남-는데 〉 남-아있-는데
나. 크-은데 〉 크-고있-는데

이렇게 '-시-'가 동사에 붙어도 V의 성격을 바꾸지 못한다는 사실과 동사의 어휘적 성격에도 변화를 주지 않고 행위자 인칭이 상위자라는 것만을 가리키는 대명사 인칭 단계 문법요소임을 감안한다면 '-시-'를 문법 핵으로 볼 수 있다. 이 '-시-'를 화살표로 표시하고, 이와의 결합형을 다시 V0로 표시하기로 한다(목정수 2014b 참고).**39**

---

39 선어말어미 '-시-'가 어간과 결합하여 하나의 어휘 단위가 되는 현상 또한 이 '-시-'의 성격을 파악하는 데 도움이 된다. '주무시다', '계시다', '잡수시다' 등의 보충형에서 보이듯이 '주무시-'는

(32)

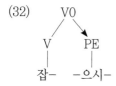

더 나아가 다른 보조동사 성격의 선어말어미들이 붙으면 후행 보조동사의 어휘문법적 의미가 추가된다는 사실을 나타내기 위해 V1, V2, V3 등으로 이 결합체를 표시하겠다. 여기서 'V1, V2, V3'은 새로운 어휘의 시작임을 알리는 표시이며, 여기서 질적인 동사 확장 변화가 이루어진다고 보지는 않는다. 따라서 이들의 V'로의 승격은 인정하지 않는다.

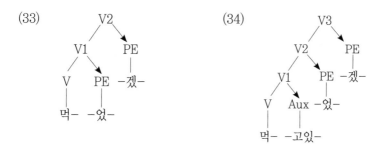

같은 방식으로, 위의 예시들보다 복잡하게 구성된 '먹고 싶지 않았잖-아'는 다음과 표상할 수 있다.

___

하나의 단어로 어휘화되었는데, 이러한 현상은 다른 선어말어미에선 찾아보기 어렵다.

(35)

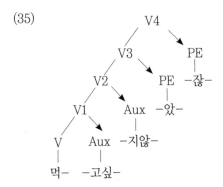

V'로의 승격은 선어말어미 '-더-'를 통해서 이루어진다. '-더-'는 후행하는 어미를 제한하며, '-더-'가 있으면 곧바로 문장이 '-라', '-군' '-구나' 등으로 종결된다.

(36) 가. 이루어지더구나.
　　　나. 잘 먹더라.

그리고 이 V'의 마지막에 위치해 문장을 끝맺어 주는 종결어미가 붙어야 V"로 문장이 종결된다.

(37)

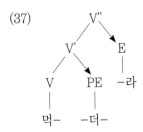

'먹었다'처럼 선어말어미 '-더-' 없이 바로 어말어미로 끝나는 경우, 제로형(ø)을 설정하여 '먹었-'이 V'로의 단계를 거쳐서 V"로 실현되는 것으로 분석할 수 있다.

(38)

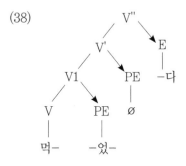

이렇게 V"를 실현하는 어말어미로는 '-(는)다, -(느)냐, -자, -(으)라, -(으)려'가 있다. 그런데 (39)에서 보이듯이, 이러한 어미들 뒤에는 복합형 어미들이 덧붙을 수 있다.

(39) 가. 먹었다더라.
　　 나. 먹자시더냐?
　　 다. 먹으라신다.
　　 라. 먹느냐면
　　 마. 먹으려는군

따라서 이들 '어말어미'는 완전히 문장을 끝내는 역할이 아닌, 다른 어미들을 연결시키는 가교 역할을 한다고 볼 수 있다. 이러한 인용·접속법 어말어미들은 V"를 실현시키는 동시에 중화형으로 나타나므로, 이를 V0로 표시하면 좋을 것이다.

(40)

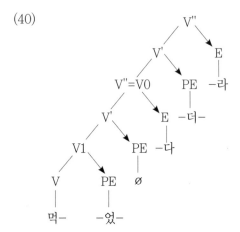

여기서 잠시, '-다'를 포함하여 '-냐, -자, -라, -려' 부류를 단순히 어말어미로 보는 데 그치지 않고 '-니, -어, -나, -지, -게' 같은 어말어미와 대립시켜 '비순수 종결어미'로 보고자 하는 이유를 간략히 설명하겠다(목정수 2000, 2016a).**40**

프랑스의 언어학자 기욤(Guillaume)은 인구어 전반을 대상으로 한 시제, 상, 서법의 체계를 세웠고, 특히 서법 체계를 '우주시(universe time)'라는 시간 개념을 통해 일관되게 설정했다. 주지하다시피, 인구어의 동사 문법에서 시

---

40 한편 박소영(2019)은 생성문법의 틀 내에서 본서에서 설정하고 있는 인용·접속법 어미들과
연결어미의 통합 양상에 관해 논의하면서 '-다'를 비종결 요소로 보고 있다. 이러한 시각은
본서의 시각과 상통하는 측면이 있기에 흥미롭다. 박소영(2019)은 문장 최상위 구조에 화행구
(ForceP) 투사를 가정하는 최근의 통사-화용 접면 이론을 수용하여, 상대높임법이 중화된
소위 '종결어미'는 문장을 종결시키는 진정한 의미에서의 종결어미가 아니므로 여기에 다른
어미가 결합하는 것이 형태·통사적으로 아무런 문제가 되지 않는다고 주장하였다. 비록 박소영
(2019)은 사용하는 논의의 틀도 다르고 '-려'를 제외한 '-다/냐/자/라'만을 다루고 있다는
점에서 본서의 입장과 차이를 보이지만, 본서에서 '-다/냐/자/라/려' 부류를 비순수 종결어미로
서 인용·접속법 어미로 체계화한 것과 상당히 유사한 시각을 공유하고 있는 듯하다.

제, 상, 서법 체계의 구분이 이루어질 때 가장 중요한 기준은 시간 개념이다. 상(aspect)은 사건에 포함된 '상황 내적 시간'과 연관되며, 시제(tense)는 사건을 포함하는 '상황 외적 시간'과 연관된다(Comrie 1976: 3). 상황 내적 시간을 상 체계로써 문법적으로 표상한 것을 '사건시(event time)'라고 부른다면, 시제는 사건의 시간상 위치를 문법적으로 표현한 것이라 정의할 수 있다(Comrie 1985: 9). 그런데 이렇게 상과 시제를 정의하고 나면 시제 체계는 인간의 경험이나 특정한 언어 외적 상황을 시간상에 위치시키지 못한다는 문제가 남는다. 따라서 사건을 담지하는 포함시(containing time)로서의 시간 표상이 선행 조건으로 주어져야 한다. 정신역학론에서는 이것을 '사건시(event time)'에 대비하여 '우주시(universe time)'라 부른다(Valin 1994). 이 우주시의 표상 체계가 바로 서법과 연관된다. 기욤은 '시간생성(chronogénèse)'과 '시간차단(chronothèse)' 개념에 입각하여 프랑스어의 서법(mode) 체계를 세웠다. Guillaume(1929)에 따르면, 프랑스어의 서법 체계는 세 가지 차원의 시간 차단에 의해 다음과 같은 구조를 이룬다.

(41) ○ 준명사법(mode quasi-nominal): march-er, march-ant, march-é; être, étant, été
　　　　↓
　　　○ 접속법(mode subjonctif): que je march-e; que je sois, que tu sois
　　　　↓
　　　○ 직설법(mode indicatif): je march-e, tu march-es; je suis, tu es

　이상의 논의를 종합하여, 각 단계의 서법에 관여하는 우주시(universe time)의 표상 방식인 시간생성(chronogenesis) 시간 영상을 그림으로 제시하면 (42)와 같다(Hirtle 1996: 62). 여기서 수직 화살표는 시간영상(time image)의 생성 순서를 의미하고, 수평 화살표는 우주시의 전개 방향을 의미한다.

목정수(2016)는 위와 같은 기욤의 서법 체계를 현대국어 어미에 적용하여 한국어 서법 체계를 다음과 같이 구축하였다. 이는 인구어 서법 체계의 분포적 기준을 참조하는 동시에 한국어 종결어미의 분포 관계를 면밀히 분석하여 얻어낸 결과이다.[41]

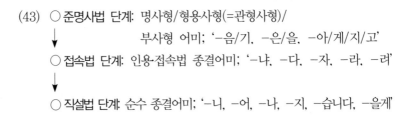

한국어는 이처럼 문장 성분을 이루는 요소 중에서 동사구에 붙는 종결어미들만이 필수적 요소로 요구된다. 문장 내의 성분들은 종결어미의 필수성과 그 문법적 기능에 의해 암시될 수 있으며, 언제든지 생략된 형태로 나타날 수 있다. 따라서 한국어의 문장 구조를 분석할 때에는 문장의 전체 틀을

---

41 자세한 논의는 목정수(2016)를 참고할 것.

결정하는 종결어미에 대한 통사적 분석이 반드시 반영되어야 한다.

2.3. 자유 어순으로서의 한국어

　흔히들 "한국어는 어순이 자유롭다."라고 한다. 여기서 말하는 '어순의 자유로움'은 엄밀하게는 '성분 순서의 자유성'을 의미한다. 그런데 서양말을 중심으로 이루어지는 'word order'를 깊은 고찰 없이 그저 '성분 순서'의 의미로 사용하고 있는 것이 지금까지의 관례였다. 그러나 '어순'이라는 용어를 무비판적으로 사용하면서 다음 예문에서처럼 '민수가', '영미에게', '책을' 등을 단어로 보는 시각이 은연중에 고정되어 버렸다. 물론 '민수가', '영미에게', '책을'을 명사 '민수, 영미, 책'에 격어미가 붙은 한 단어의 곡용형으로 취급할 수 없음이 명백하다(2.2.1절 참조). 이들은 명사 '민수, 영미, 책'이라는 통사 단위와 '가', '에게', '을'이라는 독립된 범주를 이루는 통사 단위의 통사적 결합으로 형성된 구(phrase)이다. 그리고 여기서 '민수'와 '가'의 만남은 두 통사적 단위의 결합, 즉 통사적 구성(syntactic construction)임이 분명하다. 이는 '민수'와 '가'에서 문법요소를 핵으로 보고 그것의 지위를 무엇으로 설정하는지에 따라 '한정사구 DP'로 보느냐 '후치사구 PP'로 보느냐의 문제를 차치하더라도 그러하다. 이 결합체는 절대로 우리의 심성어휘집에 기억의 대상으로 저장되지 않는다는 사실을 기억하라.
　다음 예문을 통해 자유 어순에 대해 간단히 언급해 보자.

(44) 가. 민수가 영미에게 책을 읽어 주었다.

　　　나. 민수는 책을 영미에게 읽어 주었다.

　　　다. 책을 민수가 영미에게 읽어 주었다.

　　　　　　　　⋮

(45) 가. 그 책 아직도 할아버지 안 읽어 드렸냐 너?

　　　나. 이번에 고향 간다니 민수는?

(44) 문장에서 '읽어 주었다'를 서술어 성분으로 보면 '민수가', '영미에게', '책을'이 각각 주어 성분, 간접목적어 성분, 직접목적어 성분이 된다. 그리고 이들의 순서는 자유롭게 뒤섞일 수 있다. 이때 서술어의 위치가 문말에 고정되어 있다고 가정하고 세 성분을 뒤섞는 경우의 수를 계산해보면 3! (3×2×1)=6가지가 나온다. 그리고 (45)에서 확인하였듯이 한국어에선 성분이 서술어 뒤까지 이동하는 소위 '후보충(afterthought)' 구문도 허용되므로 그 경우의 수는 훨씬 더 늘어난다. 하지만 이러한 변이에도 불구하고 지금까지도 한국어의 기본 어순은 'SOV'로 알려져 있다.

(44), (45)와 같은 '자유 어순 현상'은 사실 기본 어순의 기제에 의해 주어나 목적어 성분이 조사 없이 실현되어도 그 기능이 구별될 수 있다는 사실을 의미한다. 그리고 실제로는 주어가 주제어 자리에 쓰이는 현상이 매우 흔한 데 반해 목적어 등의 비주어 성분이 주제어 자리로 옮겨 가는 현상은 상대적으로 미미함을 의미한다. 또한 자유로운 성분 뒤섞기(scrambling)도 표지에 의해 분명히 인식되며 정보 구조의 흐름에 부합하는 선에서 이루어진다는 사실을 의미한다. 즉, 아무런 원리 없는 자유로움이 허용된다는 뜻이 아니다(목정수 · 조서희 2021).

이전 절에서 제기한 통사론의 기본 단위 문제의 연장선상에서, 근래의 한국어 통사론 담론에서 단어와 성분의 혼동이 많이 발생했다. 앞에서 언급한 '어순'이라는 개념이 이를 단적으로 보여준다. 실제로 한국어의 '어순의 자유성'은 단어들 간 순서의 자유가 아닌, 명사와 조사라는 단어의 결합으로 이루어진 명사구(=통사적 성분)들 간에 이루어지는 순서의 제약을 가리키는 것이다.[42] 엄밀하게 말하자면, 한국어의 어순 자체는 엄격하게 제약되어 있다. 조사는 명사 뒤에만 위치할 수 있고, 어미는 동사 뒤에만 올 수 있는 '핵후행 언어(head-final language)'인 것이다. 핵이 후행한다는 것의 진의는 바로 이것이다.

2.4. 프로드롭 언어로서의 한국어

'프로드롭(pro-drop)'이라는 변인(parameter)으로 언어 유형을 분류할 때에는 각 언어의 대명사(pronoun)의 위상을 선제적으로 검토해 볼 필요가 있다. 이는 각 비교 대상 언어에서의 'pro(대명사)'가 동일한 차원을 가지지 않기 때문이다. 예를 들어, 한국어의 대명사는 프랑스어의 약세형 대명사(pronom atone)와 성격이 다르다. 한국어에는 1인칭과 2인칭을 나타내는 대명사가 여럿 있을 뿐만 아니라 3인칭 대명사 '그'나 '그녀'도 서양 문학의 번역체에 영향을 받은 소설류에서 사용되는 것을 제외하면 실제로 사용되는 경우가

---

42 박철우(2018)는 한국어의 성분 자체가 단어의 지위를 갖는다고 보았고, 이러한 관점에서는 '학교는', '학교에서', '학교로도', '주었다' 등이 단어가 간주되므로 '민수는 영미에게 책을 주었다', '민수는 책을 영미에게 주었다', '민수는 책을 주었다 영미에게' 등 성분들의 재배치 현상을 어순의 변이로 보게 된다.

거의 없다는 특성이 있다. 그리고 (46)과 (47)에서 확인할 수 있듯이, 그러한 대명사가 자신의 지시체와 전방조응(anaphoric)하거나 후방조응(cataphoric)하는 경우에는 반드시 생략되어야 한다. 또한 (48)에서 드러나듯이, 한국어 대명사는 후치사류든 한정사류든 어떤 조사와도 결합할 수 있다. 이러한 사실들을 고려한다면, 한국어의 대명사는 명사의 일종으로 보는 것이 타당하다. 영어나 프랑스어의 대명사는 한국어 대명사가 가지는 이러한 성격을 가지고 있지 않다.[43]

(46) 가. *그i가 젊었을 때, 우리 아버지i는 여행을 많이 다니셨단다.
     나. *우리 아버지i는 그i가 젊었을 때, 여행을 많이 다니셨단다.

(47) 가. (øi) 젊었을 때, 우리 아버지i는 여행을 많이 다니셨단다.
     나. 우리 아버지i는 (øi) 젊었을 때, 여행을 많이 다니셨단다.

(48) 가. 공원에서, 공원으로, 공원과, 공원은, 공원이, 공원에서도, 공원을 위하여
     나. 나에게, 너로, 그와, 나는, 네가, 그에게도, 그녀를 위하여
     다. *to I, *for he, *with she, *pour je, *de tu, *à il
     라. to me, for him, with her, pour moi, de toi, à lui

이처럼 주어 성분은 대명사뿐만 아니라 명사구를 통해서도 외현적으로 실현되지만, 주어 성분이 명시적으로 실현되지 않아도 서술어 성분만으로

---

43 고립어적 성격으로 많이 변한 영어와 달리 교착적 성격과 굴절어 성격을 많이 보유하고 있는 프랑스어의 약세형 대명사는 명사 차원이 아닌 동사 차원의 굴절어미와 그 성격이 매우 유사하다. ex) 'I' vs. 'je', 'He' vs. 'il' …

문장을 구성할 수 있다. 또한 문장 앞뒤의 문맥이나 발화상황을 고려하면, 주어뿐만 아니라 목적어 성분의 복원도 가능하다. 복원의 단서는 바로 서술어에 실현되는 각종 어미구성체에서 찾을 수 있다. 이러한 동사에 결합해 문장 구성에 필수적인 역할을 하는 어미들이 대명사들보다 주어 논항 확인 기제에서 더 큰 비중을 차지할 가능성이 높다. 일례로, 한국인에게 다음 문장들에서 주어 논항을 확인하는 작업은 크게 어렵지 않다.

(49) 가. BTS가 너무 좋아요.
　　나. BTS가 너무 좋대요.
　　다. BTS가 너무 좋으시대요.

이런 사실을 고려한다면, 다음 문장 (50)에서 '니가'나 '축구가'가 주어가 아니며 동사의 성격과 어말어미 '-어'와 '-대'에 의해 주어는 생략된 '나는'이나 '그는'이 복원된다는 사실을 이해할 수 있다.

(50) 가. 니가 그냥 무조건 싫어. ⇒ **나는** 니가 그냥 무조건 싫어.
　　나. 축구가 하고 싶어 죽겠대. ⇒ **그는** 축구가 하고 싶어 죽겠대.

다음 문장 (51)과 (52)에서도 문법 형태나 전후 맥락을 통해 주어를 정확히 복원할 수 있다. 아래의 예에서 부등호 '〉'는 해석의 가능성이 상대적으로 더 크다는 것을 의미한다.

(51) 가. 지금 뭐 하고 있니? ⇒ 너 〉 그 사람
　　나. 지금 여기서 뭐 하고 있니? ⇒ 너, *?그 사람

(52) 가. 지금 어디 가니? ⇒ 너 〉 그 사람

　　　나. 지금 어디 갔니? ⇒ *?너, 그 사람

　　　다. (전화상으로 대화 시) 지금 어디쯤 갔니? ⇒ 너 〉 그 사람

다음 문장 (53)과 (54)에선 주어 및 목적어의 해석에 어순이 연관된다.

(53) 가. 민수 영미 좋대? (민수 ⇒ 영미)

　　　나. 민수 너 좋대? (민수 ⇒ 너)

(54) 가. 민수 너 좋아하니? (민수 ⇒ 너 〈 너 ⇒ 민수)

　　　나. 민수 너 좋아한대? (민수 ⇒ 너, *너 ⇒ 민수)

　목정수(2014)는 한국어 문법에서 종결어미를 중심으로 해서 보조용언 구성에 이르는 문법소를 통해 생략된 논항의 복원을 보완할 수 있다고 강하게 주장하였다. 즉, 한국어 문장을 완벽하게 분석하려면 기존의 논항 구조 중심의 분석법에 더해 인칭 구조 중심의 분석법이 보완될 필요가 있다(목정수 2019).**44**

　지금까지 살펴보았듯이, 한국어가 서양어에서의 주어—동사 사이에 나타나는 인칭(person), 성(gender), 수(number)의 일치(agreement) 현상을 가지지 않는 것처럼 보임에도 불구하고 프로드롭을 허용 하는 것은 단순히 이상하거나 특이한 현상으로서 치부해서도 안 되고 (언어 외적의) 맥락에 의존적인 성격에서 기인하는 것으로 단정해서도 안 될 것이다. 한국어의 이러한 프로

44　일본어 문법 학계에서도 Nariyama(2000)가 생략된 논항의 복원 기제에 대해 서술어의 의미 특성인 'argument structure', 'topic continuity principle', 'wa/ga distinction', 'honorifics', 'epistemic morpheme'을 이용한 주어 지시체 추적(referent tracking) 알고리즘을 제시하고 있다. 이러한 작업이 잘 이루어져야 일본어-영어 기계번역의 성공 조건을 마련할 수 있다. 한국어-영어 기계번역에서도 마찬가지일 것이다.

드롭 현상은 서술어에 필수적으로 나타나는 문법요소와의 상관성 안에서 이루어지는 체계적인 현상으로 봐야 할 것이다.

(55) 가. (øi) 먹었대i? (비존대형의 3인칭 주어)
　　 나. (øi) 먹었대들i? (비존대형의 3인칭 복수 주어)
　　 다. (øi) 드셨대i? (존대형의 3인칭 주어)
　　 라. (øi) 드셨대들i? (존대형의 3인칭 복수 주어)

즉, 한국어의 주어 성분이 생략되어도 복원이 가능한 이유가 주어를 표시하는 요소가 교차지시(cross-reference)되기 때문이라고 해석해도 무리가 아니다. 이러한 해석에서는 한국어 주어의 문법적 지시는 어미가 일정 부분 담당한다고 볼 수 있다. 더 적극적으로 보면 라틴어와 이탈리아어 등의 동사 인칭어미가 주어를 나타내듯이, 이 어미를 주어 확인 장치로 볼 수 있다(목정수 2014, 2019 참조). 예문 (56)에 등장하는 것과 같은 종결어미 또한 주어의 인칭 제약과 매우 긴밀하게 연결할 수 있다.

(56) 가. 금방 갈게. ('-을게': 1인칭 주어 표지)
　　 나. 라면 먹고 갈래? ('-을래?': 2인칭 주어 표지)
　　 다. 금방 간다네! ('-는다네↗': 3인칭 주어 표지)
　　 라. 알겠네, 금방 가겠네. ('-겠네↘': 상대 하대 1인칭 주어 표지)

2.5. 담화(인칭 구조) 중심 언어로서의 한국어

기존의 한국어 문법서에서 논항 구조를 중심으로 한국어의 문장 구조를 논의하면 으레 문장 성분을 필수 성분인 논항과 수의 성분인 부가어로 구분하는 장을 먼저 마련한다. 그리고 바로 이어지는 장에서는 성분 생략을 제시하곤 한다(남기심·고영근 1993, 고영근·구본관 2018). 그러나 '필수성'과 '생략 가능성'은 양립하기 어려운 개념이므로, 이러한 서술 방식은 모순적이다. 오히려 위와 같은 상황은 한국어에서 주어나 목적어라는 필수 문장 성분이 외현적으로 실현되지 않아도 그것을 알려주는 장치가 이미 언어 내외적으로 마련되어 있음을 암시한다. 특히 실제 한국어 언어 상황에서는 주어 성분이 실현되지 않는 문장이 많이 생산되는데, 본서에서는 이를 생략된 성분이 무엇인지 알려주는 문법요소가 따로 있기 때문에 가능한 현상으로 해석한다. 이러한 문법요소는 선어말어미로부터 종결어미류에 이르기까지 전방위적으로 퍼져 있다. 특히 한국어 문장의 구성 요소 중에서 가장 필수적인 것은 동사에 대한 어말어미이기 때문에, 어말어미가 문장 구성에서 논항 구조를 암시하는 힘이 가장 강하다. '남자는 배, 여자는 항구'처럼 동사 없는 문장이 존재할 수 있지만, 서술어를 중심으로 짜인 문장에서는 어미가 필수적으로 나타난다. 다음 문장 (57)과 (58)에는 주어 성분이 명시적으로 나타나지 않았지만, 서술어와 어말어미 구조체를 보면 이들 문장의 주어를 쉽게 복원할 수 있다.

(57) 가. 김밥이 싫다네! (3인칭 주어)
　　 나. 밥만 잘 먹더라. (3인칭 주어)
　　 다. 미국에 가고 싶은가 봐. (3인칭 주어)

(58) 가. 괴롭니? (2인칭 주어)

　　나. 술 마시고 싶대요. (3인칭 주어)

　　다. 그 여자가 무서워 죽겠어요. (1인칭 주어)

　대개 주어 이외의 성분은 사태를 구성하는 내부 성분이기 때문에 서술어와 묶여 특정 사건이나 사고의 명명 대상이 된다. 주어가 명시적인 명사구로 실현되지 않는 비율이 목적어에 비해 높은 것은 이러한 일반적인 사태 구조에 따른 것이다. 따라서 '민수만 좋아하더라'에서 '민수만' 성분은 주어로도 목적어로도 해석될 수 있지만, 대개는 목적어로 해석된다. 즉 한국어의 기본 구조에서는 '민수만 좋아하더라'라는 발화체를 들으면 '민수'가 아닌 제삼자가 '민수'를 좋아하는 상황을 떠올리게 되며, 이를 '좋아하더라'가 적극적으로 보여주고 있다는 것이다. 즉, 서술어에 대한 주어 성분이 외현적으로 명시되지 않더라도 이를 복원할 수 있는 것은 그 기제가 논항 구조를 넘어서 심층적/근원적으로 작동하는 인칭 구조에 바탕을 두고 있기 때문이다. 또한 서술어가 요구하는 논항이 다 외현적으로 실현된 문장보다는 그렇지 않은 문장이 훨씬 많다. 따라서 실제로 나타나는, 있는 그대로의 한국어 문장을 제대로 분석하려면 바로 이러한 인칭 구조에 바탕을 둔 통사 구조 분석론이 필요하다 (목정수 2014b). 우리가 상정하는 한국어의 통사 구조는 (59)와 같이 그릴 수 있다. 동사 뒤에 붙는 통사적 단위들을 진하게 표시한 것은 이들 문법요소들이 문장 분석에서 필수적으로 요구된다는 것을 보여주기 위함이다.

(59)

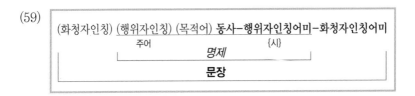

2.6. 핵후행 언어로서의 한국어

한국어는 'A + N', 'Rel + N', 'Adv + V' 등 어휘적 차원의 '수식-피수식'의 관계에서도 피수식어가 수식어에 항상 후행하며, 명사구와 조사(체언토)의 관계와 동사구와 어미(용언토)와의 관계에서도 문법소가 어휘소에 항상 후행하는 '핵후행 언어(head-final language)'이다. 이때 문법소와 문법소가 결합한다면, 더 문법적인 성격의 문법소가[45] 더 뒤쪽으로 위치한다.

> (60) 가. '한국-에서-는' vs. '*한국-은-에서'
> 나. '놀-고 싶-겠-다' vs. '*놀-겠-고 싶-다'

이처럼 한국어에 문법소가 발달했다는 사실이 함의하는 바를 인식하고 그러한 면모를 통사론 연구에 적극적으로 반영하여야 할 것이다.

또한 이렇게 발달한 문법소의 어휘적 반영으로서 일정한 어휘적 성분이 대칭적으로 중심축(pivot) 왼쪽에 수의적으로 나타날 수 있다는 것이 한국어의 특징이다. 한정조사 '이/가'에 대하여 관형사 '한'이, 한정조사 '은/는'에 대하여 관형사 '그'가 상당한 정도의 호응 관계를 이룬다. 조건의 연결어미 '-(으)면'의 어휘적 대응으로는 부사 '만약, 만일, 만약에'가, 양보의 연결어미 '-을지라도'의 어휘적 대응으로는 부사 '비록'이 왼쪽에 대칭적으로 나타날 수 있다.

---

45 뒤로 갈수록 더 문법적(more grammatical)이라는 것은 뒤로 갈수록 '더 주관적'이라는 뜻도 되고 '더 담화·화용적'이라는 뜻도 된다. '먹어 치워 버리고 싶지 않았잖겠니?'

(61) 가. (한) 남자-가
　　　나. (그) 남자-는

(62) 가. (만약에) 이 국수가 라면이-**라면**
　　　나. 이 국수가 (만약에) 라면이-**라면**
　　　다. (비록) 내가 죽-**을지라도**
　　　라. 내가 (비록) 죽-**을지라도**

또한 한국어는 'head-marking language'와 'dependent-marking language'의 구분에서 후자에 속하는 것으로 알려져 있으나(Nichols 1986), 두 가지 성격을 모두 가지는 것으로 볼 수 있는 현상들이 존재한다(목정수 2008, 2013b). (63가, 나)에서 본동사 '읽다'의 간접목적어 '할아버지'는 어휘적으로 '할아버지께, 할아버지에게, 할아버지를, 할아버지는, 할아버지'의 형태를 통해 수의적으로 나타날 수 있지만, 이때에도 필수적으로 '-(어)주다'가 본동사 '읽다'에 붙어야 한다. (63다, 라)에서는 추가적으로 '이쪽으로'의 방향 보어가 수의적으로 나타날 수 있지만, 역시 필수적으로 '-(어)오다'가 본동사 '뛰다'와 결합하여야 한다.

(63) 가. (너i) (할아버지j께) 책 읽어 **드려j라i**.
　　　나. (할아버지j는) (니i가) 책 읽어 **드려j라i**.
　　　다. (선생님i이) (절j 위해) (이쪽k으로) 뛰어**와**k **주**j실래요i?
　　　라. (절j 위해) (이쪽k으로) (선생님i이) 뛰어**와**k **주**j실래요i?

보조동사 '-(어)오다', '-(어)주다' 구성이 본동사 '뛰다'와 결합하여 방향격을 실현시키는 과정을 '-을래'라는 어말어미의 주어 논항 표시 기제와 더 붙어 도식화하면 (64)와 같다. (64가)의 문장은 (63다)처럼 방향격 논항과 보조동사가 대칭을 이루어 완전한 문장을 이룬다. 반면에 (64나)의 문장은 (63라)처럼 보조동사의 결합 순서는 완벽하나 어휘적 차원의 방향격 논항들이 엉클어져 있어 다소 자연성이 떨어진다. 요체는, '뛰어와줄래'가 되어야지 '*뛰어주어올래'가 돼서는 안 된다는 것이다.

(64) 문법적 차원의 방향격 논항으로서의 보조동사 구성

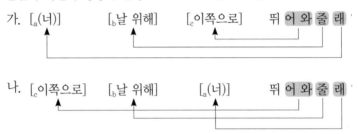

여기서 잠시 수혜격/여격과 보조동사 '-(어)주다'의 관계를 덧격/부가태 (applicative) 유형론의 틀에서 살펴보자. 언어유형론 학계에서 사격어가 핵어 (head)인 본동사에 표지로 붙어 논항이 하나 추가되는 현상을 'applicative' 라 부른다. 이러한 'applicative' 개념을 적용할 수 있는 한국어의 문법 요소로 소위 '보조동사' 구성 '-(어)주다'를 들 수 있다.

(65) 가. 나는 민수에게 책을 읽어 주었다.
　　 나. 영미는 할아버지께 어깨를 주물러 드렸다.
　　 다. 영미야, 마지막으로 날 위해 노래 한 곡 불러 다오.

(66) 가. 엄마, 나/*나에게/*?나를 위해 머리 빗겨/빗어 주세요.
　　 나. 한 번만 나(를)/*나에게/*?나를 위해 봐줘.

그런데 한국어의 '-(어)주다' 구문은 'adversative/malefactive' 구문과 'benefactive' 구문 중에서 'benefactive' 용법만 보인다는 특성이 있다.

(67) 가. (날 위해) 꺼져 줄래?
　　　나. (선생님을 위해) 기꺼이 죽어 드릴게요. (고스톱 칠 때)

2.7. 고맥락 언어로서의 한국어 (cf. 고맥락 사회)

기존의 한국어 연구에서는 한국어의 성분 생략 현상에 대해 동사에 주어 일치 요소가 없는 상황에서 무엇이 주어 또는 목적어가 되는가를 맥락으로 추론할 수 있다고 보았고, 이 때문에 한국어를 '맥락에 민감한(context-sensitive) 언어', '화용론적 언어', 더 나아가 '비논리적인 언어'로 규정하곤 했다. Li & Thompson(1976)에서는 주제 부각형 언어(topic-prominent L.)로 중국어를, 주어 부각형 언어(subject-prominent L.)로 영어를 들고 있고, 한국어와 일본어는 주제·주어 부각형 언어로 분류하고 있다. 이는 한국어처럼 기본적인 어순이 'SOV'인 언어에서는 주어가 주제어로 나타나는 것이 무표적인 현상이기 때문일 것이다.

본서에서는 한국어가 주제·주어 부각형 언어라고 하는 것의 참뜻이 여기에 있다고 생각한다. '민수는 김밥을 먹었다'라는 문장의 무표적 어순 [주어S + 를형목적어O + 서술어V]는 문두에 놓이는 주어 '민수'와 술부 '김밥을 먹-'으로 나뉘는데, 이 문장을 [topic + comment]로 분절했을 때 화제(topic) 자리에 놓이는 주제어 '민수는'과 이 수어 '민수'가 일치하는 것이 기본 중의 기본이기 때문이다. 한편 [목적어O + 주어S + 서술어V]가 [화제 + 평언] 구조로 나뉘면 주제어 자리에 목적어 성분이 오는 유표적인 현상이 발생한다.

중요한 것은, 한국어에서 주제화된 주어는 그것이 속한 문장에서만 작용하지 않고 후행하는 다른 문장에서도 계속 영향력을 미쳐서, 후행 문장에 영형 주어가 나타나더라도 해당 후행 문장의 주어로 분석되는 'topic continuity' 현상을 보인다는 것이다(Givón 1983). 반면에 주어 이외의 성분이 주제화되어 후행 문장의 주어로서 이어지는 경우는 매우 드물다. 다음 예문을 통해서 이러한 사실을 확인해 보자.

(68) 가. 나는 오늘 일찍 일어났다. øi 학교에 가서 공부도 했고 방과 후에는 친구들도 만났다. 친구들j은 모두 잘 지내고 있다고 했다. øj 소중한 녀석들이라고 새삼 (øi) 생각되었다.

나. 옛날에 어느 마을에 선비가 살고 있었다. 선비는/?*øi 과거 시험을 준비하고 있었는데, 밤마다 [øi 악몽에 시달렸다]. [øi 전에 과거 시험에 떨어진] 경험이 있기 때문이다.

다. 할아버지i께서는 지갑에 돈이 많이 있으셨다. 그러나 øi 남에게 절대 돈을 빌려주거나 적선하는 법이 없었다.

라. 할아버지i께서는 돈이 많이 있으셨다. 그러나 돈은/*øj 남의 주머니로 흘러 들어가는 법이 없었다.

마. 할아버지께서는 책을 많이 쓰신다. 책은/*øi 다 잘 팔린다. øi 청소년들에게 인기가 많다.

바. 금고 속에는 돈i이 많이 남아 있었다. 그 돈i은 고액이었다. øi 민수가 유학하고도 남을 액수였다.

2.8. 소결

이처럼 한국어는 'SOV'의 기본 어순을 갖는 언어, 조사(후치사류와 한정 사류)와 어미(태, 시제, 상, 양태, 서법, 인칭)라는 문법소가 발달한 언어, 부분적으로 고립어적·굴절적 성격을 갖지만 교착적 성격이 강한 언어이다. 또한 한국어의 각 유형론적 특성들인 '핵 후행 언어', '프로드롭 허용의 언어', '자유 어순의 언어', '주제·주어 부각형 언어', '맥락에 민감한 고맥락 언어', '존대법이 발달한 언어', '담화·화용론적 언어', '비논리적 언어' 등은 서로 유기적으로 연결되어 있다. 예를 들어, 한국어에는 주어가 명시적으로 드러나지 않는 문장도 생략된 성분을 복원할 수 있는 여러 가지 기제가 문법 전반에 중층적으로 마련되어 있다. 이로 인해 문장에서 성분이 생략되더라도 누구에 관한 서술인지 무엇에 관한 서술인지, 누가 누구에게 말하고 있는 것인지 정확하게 알아낼 수 있다. 역설적으로 들릴지 모르겠지만, '담화·화용론적 언어'나 '비논리적 언어'가 아닌, 꽉 짜여진 문법소를 바탕으로 한 형태·통사적이고도 논리적인(?) 언어가 바로 한국어이다. 한국어를 바로 이렇게 이해하는 것이 바람직할 것이다.

3. 이중 주어 구문

3.1. 서론

먼저 결론부터 말하자면, 본서에서는 '이중 주어'를 인정하지 않는다. 이 장의 제목이 '이중 주어 구문'인 것은 단지 '코끼리는 코가 길다'류, '민수는 돈이 많다'류, '나는 호랑이가 무섭다'류 구문을 임의로 지칭하기 위한 수단일 뿐이다. 본서에서는 소위 '이중 주어 구문'으로 알려져 있는 구문들을 새로운 시각에서 분석할 것이다. 여기서 말하는 '새로운 분석'은 이 구문을 주어 논항 NP1과 '가형 목적어' 논항 NP2라는 두 논항이 실현된 일종의 '약성 타동 구문'으로 보는 분석이다. 즉, 본서에서는 목정수(2018) 이래로 견지해 온 '쪼개진 목적어(split-O)' 정렬 유형의 근거를 다시 한 번 분명히 할 것이다. 다만 여기서는 논의의 전개상 '코끼리는 코가 길다'류에 집중할 것이고 '민수는 돈이 많다'류나 '나는 호랑이가 무섭다'류는 경우에 따라 조금씩만 언급할 것이다. 이들 구문은 각각 4장 소유 구문과 5장 심리 구문에서 본격적으로 다룰 것이다.

소위 '이중 주어 구문'은 변형생성 문법의 틀에서 많이 논의되어 왔기 때문에, 이 장에서도 필연적으로 '변형' 개념을 많이 언급할 수밖에 없다. 그러나 특정 이론을 떠나서, 우리는 하나의 서술어가 취하는 하위범주화 유형이 달라지면 그 동사의 의미도 달라진다는 기본 입장을 취한다. 즉, 문장의 형식과 의미 사이에는 일정한 대응 관계가 유지된다. 다르게 표현하자면,

형식과 의미 사이에 동형성(isomorphism)이 유지된다는 것이다.[46]

우리의 기본 입장은 다음과 같은 점에서 기존 논의와 차별성을 갖는다. 지금까지 국어학에서 공리처럼 받아들인 '격조사, 보조사, (접속조사)'의 분류 체계는 분포(distribution)에 기초하여 이루어진 것이 아니라 외래 이론과 인구어 중심의 전통문법의 기본 틀에 임의로 맞춰진 논리임을 지적하고자 한다. 분포에 입각하여 새로운 조사 분류 체계를 세우면, 이중 주어 구문의 본질이 격조사 '이/가'에 의한 격 할당이 아님을 알 수 있다. 결국 이중 주어 구문의 형식과 내용을 지배하는 요소는 서술어의 논항 구조이며, 그 논항이 텍스트의 흐름과 정보 구조의 논리 속에서 어떤 형식으로 실현되는가를 조정하는 요소가 바로 한정사 '가, 를, 도, 는'이다. 기존에 격조사로 분류되어 왔던 '이/가'와 '을/를'은 보조사 '도, 은/는'과 더불어 하나의 부류에 속하는 성원이다. 즉, 조사 '이/가'와 '을/를'의 본질은 문법 관계를 표시하는 후치사 기능이 아니라, '도, 은/는'과 더불어 정보 구조와 텍스트의 흐름을 조정하는 '한정사(=후치관사)'로서의 담화적 기능이다.

그동안의 정보 구조 논의에서 끊임없이 격조사의 초점(focus) 기능을 논의할 때조차도 그 격조사란 결국 '이/가'와 '을/를'에 국한된 것이었으며, 구정보-신정보, 화제-초점 등의 대비 또한 결국 보조사 '은/는'과 격조사 '이/가'를 중심으로 이루어질 수밖에 없었다. 그러나 조사 '이/가'와 '을/를'에 대해 본서가 제시하는 새로운 인식은 위와 같은 상황이 벌어진 이유를 미리 예견할 수 있게 한다. 자세히 뜯어보자면, '에, 로, 와, 처럼, 만큼' 등의 부사격조사나 후치사뿐만 아니라 '만, 조차, 까지' 등의 보조사는 정보 구조

---

46 우리의 입장은 미국의 촘스키(Chomsky)가 주창한 변형생성문법보다 해리스(Harris)의 논의를 계승하고 발전시킨 프랑스의 언어학자 그로스(Gross)의 어휘-문법(lexique-grammaire) 모델에서 보이는 입장과 더 유사하다(Gross 1975, 홍재성 1987).

와 텍스트의 흐름에 직접 관여할 수 없다. 한정사 부류 '가, 를, 도, 는, 이나, 이라도'만이 정보 구조에 관여한다. 즉, 이러한 한정사 부류는 정보 구조에 지배를 받기 때문에 명사 논항이나 부가어에 결합하는 통사 현상이라 하더라도 담화·화용론과의 유기적인 관계 하에서 펼쳐진다. 더불어 '코끼리가 코가 길다'가 기본 문형이 아니라 유표적인 문형이며, 정보 구조에 따라 '코끼리는 코가 길다'가 무표적인 기본 문형이 된다는 사실을 염두에 두고 논의를 펼쳐야 한다.[47] 이렇듯, 정보 구조와 통사 구조는 독립적으로 움직이지 않고 상호 연관성을 가지면서 유기적으로 움직인다는 것을 본서에서 지속적으로 제시할 것이다(목정수 2018b). 전통적인 국문법 논의에서는 조사 '이/가, 을/를'을 격조사 차원에 가두어 둠으로써 이러한 본질을 포착하지 못하였으며, 그로 인해 논리적 얽힘 현상에 시달려왔다.

또한 이 글에서 사용하고 있는 용어에 대해 미리 언급하여 불필요한 오해를 없애고자 한다. 우리의 품사 체계에 따르면, 기존의 관형사는 '형용사'로, 기존의 형용사는 '기술동사' 또는 '주관동사'로 분류할 수 있다(목정수 2003, 2018b). 본서에서는 우리의 용어를 주로 사용하되, 필요에 따라 국어학

---

47 한국어 통사론 논의에서는 대개 '코끼리는 코가 길다' 대신 '코끼리가 코가 길다'를, '나는 호랑이가 무섭다' 대신 '내가 호랑이가 무섭다'를 기본 문형으로 삼는다. 이는 조사 '이/가'를 주격조사 또는 주어 표지로 보기 때문이다. 조사 '이/가'를 주어 표지로 보는 데 반대하는 입장과 별개로, 실제로는 '코끼리는 코가 길다'가 '코끼리가 코가 길다'에 비해 무표적이란 사실을 유념할 필요가 있다.

한편 일본의 생성문법 계열 학자들의 통사론 논의는 약간 다르다. 이들 또한 국어학계와 유사한 방식으로 논의를 전개하기도 하지만(Shibatani 1982), 보통은 '코끼리는 코가 길다'라는 형식의 예문을 제시한다(三上(Mikami) 1960). '코끼리가 코가 길다' 형식을 제시하는 경우는 (1)과 같이 되어 있다(角田(Tsunoda) 2009, Jacobsen 2018).

    (1) 가. 太郎が花子が好きであること (角田 2009)

       나. Zoo ga hana ga nagai (koto) (Jacobsen 2018)

       "Elephants have long noses (lit., Elephants-NOM noses-NOM are long)"

전통의 용어를 사용할 것이다. 다만 이 경우에도 우리의 용어를 병기한다. 예를 들어, '새, 여러'는 '관형사(=형용사)', '예쁘다, 나쁘다'는 '성상형용사(=기술동사)', '싫다, 그립다'는 '심리형용사(=주관동사)', '먹다, 죽다'는 '동사(=행위동사)'로 표기하는 식이다. 이렇게 하고 본격적인 논의를 시작한다.

3.2. 이중 주어 구문의 연구사

지난 1970년대부터 세계의 언어학계는 촘스키(Chomsky)의 '변형생성문법'이라는 혁명적 물결에 휩싸였다. 한국 언어학계/국어학계도 여기에서 예외가 아니었다. 이전 전통문법이나 구조주의 언어학을 배경으로 한국어 문법체계를 설계하던 시기에는 상상할 수도 없었던 급격한 변화가 일어났다. 특히, 한국어 문법에 대한 논의에서도 형태론보다 통사론 관련 논의가 중심이 되었다. 이 시기에 한국어 통사론 연구는 촘스키의 보편문법(Universal Grammar)을 지지하는 자료를 제공하는 데 집중되었다. 때문에 표면적으로 보편문법의 원리에서 벗어나는 것처럼 보이는 구문들이 많은 관심을 받았고, 그를 설명하려는 다양한 논리가 개발되었다. 대표적으로, 이른바 '이중 주어 구문'이라 불리는 구문을 보편문법의 시각에서 어떻게 설명할 것인가가 최대의 쟁점이 되었다.

변형생성문법에서는 기본적으로 심층구조를 설정하고 변형을 거쳐 표면구조를 생성해낸다. 또한 생성문법에서도 전통문법이나 학교문법을 따라 기본적으로 한국어의 조사 '이/가'를 주격조사 또는 주어 표지로 규정하고 모든 논의를 전개한다. 그래서 조사 '이/가'가 붙은 성분이 복수로 출현한 문장은 곧바로 복수 주어를 갖는 것으로 판단되었다. 이는 보편문법의 '일 문장 일 주어' 원칙에 위배되는 현상으로 비춰졌기에, 이를 설명해야 할 필요성이 제기되었다.[48] 그리하여 다음 두 문장이 동일 의미를 갖는다는 전제하에 격조사 교체 현상을 설명하는 문제가 한국어 통사론 논의의 핵심 쟁점이 되었다.[49]

(1) 가. 코끼리가 코가 길다.
　　나. 코끼리의 코가 길다.

(2) 가. 민수가 돈이 많다.
　　나. 민수에게 돈이 많다.

(3) 가. 내가 호랑이가 무섭다.
　　나. 나에게 호랑이가 무섭다.

---

[48] 언어유형론 학계에는 이러한 격 표시 패턴을 '양방향 표시(bidirectional marking)'나 '이중주격 표시(double-nominative marking)' 또는 '이중절대격 표시(double-absolutive marking)' 등으로 부른다(Croft 1993). 몇 개의 예를 들어 보면, 다음과 같다.

　(1) 가. Nae-ka　　ai-ka　　　　kwiyetta (Shibatani 1982: 106)
　　　　　I-nom　　child-nom　　like
　　　　　'I like the child.'
　　나. Taroo ga　　Hanako ga　　sukida (Shibatani 1982: 105)
　　　　　Taroo nom　Hanako nom　like
　　　　　'Taroo likes Hanako.'

[49] 구체적으로는, 능동문과 수동문이 변형 규칙에 의해 유도되고 이때 두 문장 사이에 의미의 동일성이 유지된다고 보는 입장(생성의미론)과 양화사 해석 등의 논의로써 능동문과 수동문의 의미는 같지 않다고 반박하는 입장(확대표준이론)이 팽팽하게 맞섰다(장석진 외 1986 참조).

이러한 소위 '격교체 현상'은 주로 서술어의 '논항 구조'나 '결합가' 이론을 바탕에 두고 진행되었고, 이에 더해서 '주제화', '성분 주제화', '여격 주어', '진짜 주어', '가짜 주어' 등의 개념과 연결되어 다양한 해법이 제시되어 왔다. 그런데 놀랍게도 대다수의 논의에서 (1나, 2나, 3나)보다 (1가, 2가, 3가)를 특수한 구문으로 처리하고 있다. 이런 시각이 일반화된 까닭은 (1가, 2가, 3가)에는 주어로 보이는 성분이 두 개 이상이 있기 때문이다. 이러한 문장은 보편문법(Universal Grammar)의 '문장 하나에 주어 하나' 가설에 위배된다. 따라서 이 가설을 유지하기 위해 (1나, 2나, 3나)처럼 주격조사 또는 주어 표지 '이/가'가 하나만 있는 문장을 기본 구조(심층구조)로 상정하게 되었고, 반대로 이 기본 구조에서 변형 도출된 (1가, 2가, 3가)는 특수한 것으로 취급되었다. 그러나 이는 한국어 모어 화자의 직관에 들어맞지 않는다.

생성문법 계열의 이러한 논의는 한편으로는 한국어의 통사 구조를 밝히는 데 일부 기여하기도 했지만, 다른 한편으로는 왜곡시킨 부분도 있다. 이론적인 측면에서 보더라도 그러하다. 기본형과 도출형은 '무표적/일반적/전형적 구조'와 '유표적/특수적/비전형적 구조'의 관계에 놓여야 하는데, (1가, 2가, 3가)와 (1나, 2나, 3나) 사이의 관계는 오히려 그 반대이기 때문이다. 일단 빈도 면에서도 전자의 형식이 후자의 형식보다 훨씬 빈도가 높다. 게다가 (1가, 2가, 3가)와 (1나, 2나, 3나)는 형식도 다르고 의미도 다르다.

이처럼 자신들의 이론에 함몰되었던 탓인지, 생성문법 계열의 논의에서는 연구자마다 문법성 판단에 심한 편차를 보인다. 이러한 모습은 심층구조와 표면구조 사이의 관계 설정에 모종의 문제가 숨어 있음을 시사한다. 생성문법의 틀에서는 다음 (4)와 같은 문장들을 문법적으로 적격한 것으로 판단하는데, 여기에는 주체 존대 선어말어미 '-시-'와의 호응을 근거로 소위 '여격 주어'를 주장하려는 의도가 깔려 있다(Yoon 2004, Kim 2017).

(4) 가. 할아버지께 책이 많으시다.

　　나. 할아버지께 호랑이가 무서우시다.

이러한 기술 태도는 국어학계의 논의에서도 자주 보인다(박양규 1975, 임홍빈 1985, 임동훈 2000, 김용하 2005, 2017). 이들은 다음 (5)와 같은 문장이 매우 문법 적이라고 본다.

(5) 가. 할아버지의 손이 크시다.

　　나. 할아버지께 돈이 있으시다.

　　다. 할아버지께 내 말이 이해가 되신다/가신다.

그러나 후술하겠지만, 위 (4)와 (5)의 논의들에서 의도한 의미는 오히려 (6)의 구조로 표현되는 것이 자연스럽다(목정수 2005, 2013, 2017a). (6)의 구조 가 특정 이론적 배경과 관계없이 모어 화자의 직관을 가장 잘 반영하는 구 조이기 때문이다. 우리의 분석에 따르면, 다음 예문 (6)의 '-시-'는 밑줄 친 성분과 호응한다. 그리고 이렇게 밑줄 친 성분이 바로 주어이다.

(6) 가. <u>할아버지(께서)는</u> 책이 많으시다.

　　나. <u>할아버지(께서)는</u> 호랑이가 무서우신가 보다.

　　다. <u>할아버지(께서)는</u> 손이 크시다.

　　라. <u>할아버지(께서)는</u> 돈이 있으시다.

　　마. <u>할아버지(께서)는</u> 내 말이 이해가 잘 안 되신단다/가신단다.

(4), (5)에 나타난 생성문법 계열 논의들의 문법성 판단과는 달리, (6)과 다른 형식으로 실현된 (7)에서는 '-시-'와의 호응이 일어나지 않는다.

(7) 가. 할아버지에게/께(는) <u>책이</u> 많다.

나. 할아버지에게/께(는) <u>호랑이가</u> 무서웠다.

다. <u>할아버지(의) 손이</u> 내 손보다 더 크다.

라. 할아버지에게/께(는) <u>돈이</u> 있다.

마. 할아버지에게/께(는) <u>내 말이</u> 이해가 잘 되었다.

(6)과 (7)은 그 의미도 다르다. (6가, 라)가 소유 구문이라면 (7가, 라)는 존재 구문이다. (6나)가 주관동사 심리 구문이라면 (7나)는 기술동사 구문이다. (6다)가 두 자리 서술어의 소유 구문인 데 비해 (7다)는 한 자리 서술어 구문이다. (6마)가 가능 피동 구문으로 분석되는 데 비해 (7마)는 일반 피동 구문으로 분석된다. 결과적으로 (6)과 (7)의 진짜 주어는 밑줄 친 성분으로 분석할 수 있다.[50] 이렇게 주어를 분석해야 '-시-'와의 호응/일치, 관계화 제약, 성분 이동 등의 통사적 제약을 일관되게 설명할 수 있다. 무엇보다도 이러한 방향의 분석이 각 예문 쌍의 의미 해석 차이를 자연스럽게 설명한다.

3.3. 이중 주어 구문의 통사론과 담화 · 화용론

한국어의 격 실현 기제를 보기 위해 본서 1장에서 제시했던 조사 체계를 다시 소환하겠다.

---

50 본서에서는 생성문법에서 파생된 '이중/다중 주어' 개념과 언어유형론의 영향으로 나온 '비주격 주어(non-nominative subject)', '여격 주어(dative subject)' 개념을 모두 부정한다. 이에 대해서는 목정수(2015b), 목정수 · 이상희(2016)를 참조하라.

랑그 차원 (덩어리격)	디스꾸르 차원(분석격)과 문법관계표지(=후치사)		디스꾸르 차원의 한정사
《학교》	학교 (내부적으로 열려 분화된 격)	$-Ø_1$	$-Ø_2$
	학교 (내부적으로 닫히는 격)	−에/−에게/−한테/−께 −께서 −에서 −에다(가) −(으)로 −(으)로서 −(으)로써 −와/과; −하고; −(이)랑	−이/가 −을/를 −도 −은/는 −의 −(이)나 −(이)라도 −(이)나마
		−처럼; −같이 −만큼; −만치 −대로 −보다 −부터 −까지 −치고	
		−에 대해/관해(서) −에 의해(서) −(을) 위해(서) −(을) 따라(서) −(을) 타고(서)	
		양화 · 질화사(−만/뿐, −조차, −마저)	

위 그림의 좌측 상단의 명사 《학교》는 어휘부인 랑그 차원에서 덩어리격
(cas synaptique)으로 존재한다. 이 덩어리격으로서의 모습에 다른 요소가 결
합하여 여러 격이 실현된다. 쉽게 말해, 어휘부에 '학교가', '학교에', '학교
에는' 등의 모습으로 명사가 등재되어 있는 것이 아니다. 명사는 다양한 격

으로 실현될 수 있는 잠재적인 실체로 존재한다. 이와 연관해서, 한국어의 체언은 디스꾸르 차원으로 실현될 때 형태 변화 없이 통사 기능을 획득한다. 예를 들어 '서울에 학교 많다', '너희 학교 크다'에서 보는 것처럼, 문장에서 '학교'라는 성분의 형태는 표면적으로는 랑그 차원에 존재할 때와 그 모습이 같다. 즉, 명사 '학교'의 통사 기능은 소위 '격조사'로 불리는 부류들과 결합함으로써 획득되는 것이 아니다. 명사의 통사 기능은 '많다'나 '크다'와 같은 서술어의 논항 구조를 통해 나타난다.

이러한 사실에 대해 목정수(1998)는 명사가 형태 내부적으로 분화된 격을 갖는다고 설명했으며, 이를 편의상, 영형태 기능표지 'ø₁'과 결합하는 것으로 표시한다. 반면 비필수 논항 명사는 위 그림의 중간 영역을 차지하는 'ø₁' 자리의 문법관계표지(=후치사)와 결합해야만 서술어에 연결될 수 있다. 즉, 'ø₁'과 결합하든, 문법관계표지와 결합하든, 이렇게 문장을 구성하는 성원의 자격을 얻고 난 이후에서야 'ø₂' 자리에 나타나는 한정사를 취할 수 있다.

위 그림과 같은 한국어의 조사 체계를 고려하면, 그동안 기본 문형으로 삼아 온 '누가 무엇을 어찌하다'라는 형식은 약간 수정될 필요가 있다. 이와 더불어 한국어의 기본 문형 목록에 [누구/무엇-(은) 누구/무엇-(이) 어떠하다], 즉 [X-(는) Y-(가) V-어미] 문형을 추가해야 한다.[51] 이때, 이 기본 문형에는 그동안 '이중 주어 구문' 또는 '주격 중출 구문'이란 이름으로 간주된 모든 부류가 포함되는 것이 아니며, '코끼리는 코가 길다'류와 '나는

---

51 이러한 시각에는 조사 '이/가'와 '을/를'의 본질을 격조사로 보지 않고 정보 구조의 흐름을 조정하는 '도'와 '은/는' 같은 담화 기능의 요소로 파악한다는 사실이 전제되어 있다. 본서에서 이러한 시선을 유지하며 한국어의 격 실현 양상과 그 기제를 있는 그대로 설명하기 위해 빌려오는 것이 바로 정신역학론의 동적 모델이다. 그리고 이 정신역학론의 또 다른 이름은 '위치 언어학(linguistique de position)'인데, 이는 정신역학론이 문법요소의 분포(distribution)를 중시하고 그들의 실현 과정을 대립(opposition)을 넘어서서 위치(position)로 설명하기 때문이다.

호랑이가 무섭다'와 같은 부류만이 포함된다는 사실이 중요하다.

3.3.1. 일본어의 사례

우선, '이/가'가 과연 주격조사 혹은 주어 표지가 맞는지부터 확인해 보자. 주어(subject) 및 주제어/화제어(topic)의 구분 문제와 관련하여, 한국어와 유사한 문제를 가지고 있는 일본어의 사례를 살펴보는 것이 우리의 논의에 도움을 줄 것이다. 우리는 Makino & Tsutsui(1986)의 도입부인 'grammatical terms'와 'characteristics of Japanese grammar'에서 제시한 예문을 가져와, 이들에서 주어로 분석되는 성분이 어떠한 조사를 동반하고 있는지 검토하였다. 그 결과, 225개의 문장 중 대다수는 조사 'は'가 주어에 동반되고 있었으며('も'가 쓰인 것은 2개), 조사 'が'가 주어에 동반된 문장은 십여 개에 그쳤다.[52]

먼저, 전형적인 타동사 구문으로 열거된 예문들에서 목적어는 주로 'を'로 표시되어 있는 반면, 주어는 'が'가 아닌 'は'를 동반하고 있었다. (8)에 제시된 문장들에서도 주어는 어김없이 'は'로 표시되어 있다. (주어 성분에 밑줄)

(8) 가. <u>先生</u>はジョンをしかった。(선생은 존을 혼냈다.)
　　나. <u>ジョン</u>は先生にしかられた。(존은 선생한테 혼났다.)
　　다. <u>この辞書</u>は使いやすい。(이 사전은 사용하기 쉽다.)

---

[52] 이러한 결과는 국립국어원(2005)과 양명희 외(2018)의 '주어' 편에 제시된 문장의 절대 다수가 주어 성분에 조사 '이/가'를 동반하고 있는 것과 대비된다. 이는 국어학 논의에서 일본어의 '象は鼻が長い', '私はりんごがすきです' 등의 구문이 '코끼리가 코가 길다', '민수가 사과가 좋다'라는 형식으로 변형되어 논의되는 것과 유사한 현상일 것이다.

타동문에서 주어에 'が'가 나타난 경우는 다음과 같은 내포절/관형절[53] 구성으로 한정되었다.

(9) 가. 私が読む新聞 (내가 읽는 신문)
　　나. 私はメアリーがトムに会った事実を知っている。
　　　　(나는 메리가 톰을 만난 사실을 알고 있다.)

그런데 이렇게 'が'를 동반한 주어가 나타나는 예문은 '주어 표지(subject marker)'를 설명하는 부분에 가서야 비로소 제시된다. 이는 주어 표지로서의 'が'의 기능을 강조하려는 의도가 반영된 흔적으로 볼 수 있겠다.[54] 목적어나 직접 피동문, 간접 피동문, 화제, 종조사 등 다른 문법 개념을 설명하기 위한 예문에는 주어에 'が'가 나타나지 않았다는 점에서 더욱 그러하다.

그밖에 주어에 'が'가 동반되는 구문은 처소 구문에서 신정보를 처음 도입하는 도입 존재 구문이다. 이 역시 주어가 [+한정성], [+지시성] 자질을

---

53 일본어 문법의 용어는 '연체형'이다.

54 주어표지를 설명하는 부분(Makino & Tsutsui 1986: 11)에 제시된 6개 예문 가운데 주어가 'が'로 나타난 문장은 5개이고 'は'로 나타난 문장은 단 하나였다. 여기서 (1나)의 피동문에서는 'が'가 쓰였지만 본문의 (8)에서는 'は'가 쓰였다는 사실에 주목하라.
　　(1) 가. ジョンがりんごを食べた。(존이 사과를 먹었다.)
　　　　나. メアリーが先生にほめられた。(메리가 선생에게 칭찬받았다.)
　　　　다. ドアが開いた。(문이 열려 있다.)
　　　　라. 机が一つある。(테이블이 하나 있다.)
　　　　마. 空が青い。(하늘이 푸르다.)
　　　　바. ナンシーはきれいだ。(낸시는 예쁘다.)
　　주어를 설명하는 곳이 아닌 다른 곳에서는 주어가 'が'로 나타는 타동문 예시가 더 등장하였다.
　　(2) 가. 私がそのお荷物をお待ちします。(제가 당신의 짐을 나를게요.)
　　　　나. 母がお連れいたします。(우리 엄마가 모실 거예요.)

가지고 문두에 나타나면 표지로 'は'를 동반한다.

> (10) 가. この町には<u>大学が</u>二つあります。
> (이 마을에는 대학이 두 개 있습니다.)
> 나. <u>大学は</u>この町に二つあります。
> (대학은 이 마을에 두 개 있습니다.)

마지막으로 'が'가 주어에 나타나는 예문들 중 이러한 'が형 성분'이 정말로 주어의 성격을 가지고 있는지 의심스러운 예문들이 존재한다. 그 중 하나는 탈타동(detransitive) 구문에서의 'が형 성분'이다. 아래의 예문 (11)에서는 주어가 'が'로 실현되어 있지만, 이것은 사실 비대격성(unaccusativity)을 갖는 성분으로도 해석할 수 있다. 즉, 타동사 '開ける(akeru)'의 목적어에 해당하는 '窓(mado)'에 'が'가 나타난 것은 탈타동화/자동사화 요소인 'ある(aru)'의 영향이라고 볼 수 있다. 그렇다면, '窓'가 '開ける'의 주어라고 보기 어렵다.

> (11) <u>窓が</u>開けてある。

다른 하나는 다음과 같은 자동사 구문에서 주어가 'が'로 실현된 경우이다. 아래의 예문 (12)에서의 '雨(ame)'도 엄밀한 의미의 주어로 상정되기 어려워 보인다. 'ame(ga) huru'는 동사구나 합성동사로 볼 여지가 있기 때문이다. 또한 이 구문 자체가 비인칭(impersonal) 구문으로 분석될 가능성이 높기 때문이기도 하다(목정수 2014c, 2016a).[55]

---

55 본서의 7장 '비인칭 구문'을 참고할 것.

(12) あっ！ <u>雨が</u>降ってきた。

그리고 자동사를 설명하는 대목의 예문에서도 'subject'로 분석하는
NP2 자리에는 'が'가 나타나지만, 'topic(subject)'이라고 애매하게 분석
하는 문두 성분 NP1 자리에는 여지없이 'は'가 실현된다.

(13) 가. <u>私は</u>車がある。(나는 차가 있다.)
　　 나. <u>僕は</u>お金がいる。(나는 돈이 필요하다.)
　　 다. <u>スミスさんは</u>中国語が分かる。
　　　　 (스미스 씨는 중국어가 잘 통한다. = 중국어를 잘 안다.)
　　 라. <u>私(に)は</u>ベルが聞こえなかった。
　　　　 (나는 벨소리가 들리지 않았다. = 벨소리를 듣지 못했다.)
　　 마. <u>本田さんは</u>テニスが上手です。(혼다 씨는 테니스가 고수이다.)
　　 바. <u>象は</u>鼻が長い。(코끼리는 코가 길다.)
　　 사. <u>私は</u>すしが食べたい。(나는 스시가 먹고 싶다.)

3.3.2. 한국어의 기본 문형

위와 같은 일본어의 사례가 시사하는 바는 크다. 지금까지의 논의를 충실
하게 따라왔다면 그간 한국어 문법에서 분석의 대상으로 삼아 온 '철수가
영희를 사랑한다', '코끼리가 코가 길다', '철수가 호랑이가 무섭다'와 같은
문장이 자연스러운 발화체가 아니며, 관행을 좇아 제시된 작위성 짙은 문장
이라고 직감적으로 의심할 수 있을 것이다.

목정수(2018a)에서 이미 비판한 바 있듯이, 고영근·구본관(2018)에서 제시

한 기본 문형에 대한 논의의 틀도 유표성 이론(markedness theory)에 어긋난다. 유표성 이론에 따르면, 무표항(unmarked term)은 유표항(marked term)에 비해 소극적인/부정적인(negative) 성격을 띤다. 빈도(frequency) 측면에서도 이와 연관하여, 특수한 환경에서만 출현하는 유표항보다 기본값을 갖는 무표항이 출현 빈도가 높다. 따라서 한국어의 기본 문형 중 하나인 타동사 구문이 실제로 실현되는 형식을 [X-가 Y-를 V]와 [X-는 Y-를 V] 중에서 고른다면[56] 후자가 될 가능성이 훨씬 높다.[57] 이렇게 [X-는 Y-를 V]가 기본 타동사 구문으로 정해지면, 전자의 유표항은 특수한 환경에서 출현하는 제약 현상으로 설명할 수 있다.

정리하자면, 강성 타동 구문의 가장 기본적인 형식은 [X-는 Y-를 V] 형식이다.[58] 문장은 어순의 변이가 있을 수 있지만 이미 화자가 알고 있는

---

56 타동사 구문에서 실제로 실현 가능한 구문의 유형은 [X-가 Y-를 V]와 [X-는 Y-를 V] 이외에도 훨씬 더 많이 있을 수 있다. 전형적인 타동사 '죽이-'를 가지고 예를 들어보면 (1)과 같은 유형들을 나열할 수 있을 것이다. 여기서 종결어미는 현재로서는 논외로 두겠다.

  (1) 가. 너 누구 죽인 거야? [XØ YØ 죽이다]
      나. 너는 누구 죽일 거야? [X는 YØ 죽이다]
      다. 너 누구를 죽인다고? [XØ Y를 죽이다]
      라. 너 그놈은 죽였니? [XØ Y는 죽이다]
      마. 네가 그놈을 죽일 수 있다고? [X가 Y를 죽이다]
      바. 너는 마지막으로 누구를 죽일 거니? [X는 Y를 죽이다] 등등

57 이중 주어 구문의 실현 양상에 대해서는 최수영(1993)을 참조할 수 있다. 한국어 교재나 동화를 중심으로 'NP1-은/는/이/가 NP2-은/는/이/가 V' 구문의 조사 실현 양상을 분석한 결과에서 'NP1-은/는 NP2-이/가 V' 유형이 89%를 차지하였으며 'NP1-이/가 NP2-이/가 V'는 3%, 'NP1-이/가 NP2-은/는 V'의 경우는 1%에 그쳤다. 또한 신서인(2014: 38)에 따르면, 말뭉치에 실현된 문형 중 'NP1-은/는 NP2-이/가 V' 유형은 727회 출현하여 빈도수 상위 10위에 오른 반면, 'NP1-이/가 NP2-이/가 V' 유형은 300회도 채 나타나지 않아 빈도수 상위 30위 안에도 들지 못했다.

58 여기서 말하는 '강성(strong) 타동 구문'은 '나는 호랑이가 무섭다'류나 '코끼리는 코가 길다'류를 '약성(weak) 타동 구문'으로 보는 우리의 주장과 연결된다. 그리고 주어나 목적어 성분이 조사

대상(구정보)에 대하여 새로운 내용(신정보)을 서술하는 방식으로 이루어지며, 이것이 가장 자연스러운 서술의 절차이기 때문이다. 주술 분절 구조에서 나온 '주어(subject)'라는 개념의 원의도 이와 무관하지 않다. 목정수(2020a: 264-265)에 따르면, 'subject'와 'topic' 개념은 서로 겹치는 지점이 많다. 해당 주장을 원문 그대로 가져와보겠다.

"주어(subject)는 원래 희랍어 '휘포케이메논ηυποκειμενον'을 라틴어 'subjectum'으로 옮기면서 정착된 문법 용어이다. 희랍인들은 사물이란, 그 주위에 성질들이 모여드는 어떤 것이고, 그 주변에 항상 다양한 성질들을 끌어안고 있는 핵이며, 자기 이외의 다른 것을 자기 위에 갖고 있는 밑바탕이라고 보았다. 바로 이 밑바탕을 '휘포케이메논'이라고 부른 데서 결국 주어(subjectum)라는 개념이 비롯된 것이다. 그리고 희랍인들은 '휘포케이메논'을 영원불변의 어떤 실체인 '휘포스타시스ηυποστασις'로 불렀고, 이 핵 주변에 있는, 토대 위에 놓여진 가변적인 성질들을 '심베베코스συμβεβεκος'라 불렀다. 따라서 문법에서의 주어(subject)란 원래 '밑에 놓여 있는'이라는 뜻으로, 서술의 밑바탕이 된다는 의미를 갖는다. 결과적으로 프라하학파(Prague school)에서 얘기하는 'topic + comment' 구조의 'topic'과 상응하는 개념이었다. 동사(verb)란 용어도 마찬가지로 '평언'이나 '서술어'에 해당하는 용어였다. 현대언어학에서 '동사verb'를 '동작'이나 '움직임' 등의 의미와 연관된 품사로 보는 것은 차후에 발생된 일이다. 원래 'subject'와 'nominative'는 전혀 별개의 용어/개념인데도 불구하고 각각을 '주어'와 '주격'으로 번역하면서 두 개념을 혼동하는 논의가 생겨난 데 비해, '주제'와 '주어'는 같은 개념/용어이었는데, '이/가'가 붙어 있다고 해서 '주어'로, '은/는'이 붙어

없이 나타나는 경우가 많다는 점, 그리고 필수적인 종결어미에 따라 조사가 제약된다는 점을 반영한다면 강성/약성 타동 구문 형식을 각각 다음과 같이 표상하는 것이 더 일반적이고 정확할 것이다.

　(1) 가. [X-(는) Y-(를) V-어미]
　　　나. [X-(는) Y-(가) V-어미]

있다고 해서 '주제'로 서로 별개로 나뉘게 되었다. 아이러니가 아닐 수 없다."

그러나 주부와 술부로 구성되는 사건 전체에 대한 화자의 놀라움 등의 양태 관련 어미가 문장 전체를 지배하는 경우나, 주부를 신정보로 떼어내고 이전 담화에서 이미 언급된 나머지 술부를 반복하는 경우는 유표적인 상황이다. 이 경우에는 주어를 바라보는 화자의 시각이 달라지므로 'X-는' 형식 대신에 'X-가' 형식이 요구된다. 이외에 일반적으로 'X-는' 형식은 관계절/관형절이나 내포절, 종속절을 이끄는 부사절 환경에서 제약을 받는다. 'X-가' 형식은 관형절에서 머리어(head) 밑으로 감추어지므로, 관형절 밖의 모문(matrix)의 서술어와 주술 구조를 이루지 못하게 된다. X가 모문의 서술어와 주술 구조를 이루려면 'X-는' 형식으로 나타나야 한다.

이처럼, 단문의 주어 성분은 'X-가'형보다 'X-는'형으로 많이 나타나는데, 이것이 바로 한정조사 '은/는'과 '이/가'의 본질적인 차이를 보여주는 지점이다. 따라서 [X-가 Y-를 V] 형식은 무표적인 주절이 아닌 유표적인 관형절이나 부사절과 더 깊은 관계를 맺는다고 볼 수 있다. 그리고 이러한 기술(description)이 유표성 이론에 더 자연스럽게 부합한다.

지금까지는 주어 성분에 나타난 표지 '이/가'와 '은/는'의 대립이 문제였다. 이어지는 또 다른 문제는 이러한 유표적인 표지들이 나타나지 않은 영형 한정조사(article zero)를 취한 주어 성분과의 관계 정립과 연관된다.

(14) 가. 너 뭐 먹을래?
　　 나. 너는 스파게티 먹을 거야?
　　 다. 네가 아무것도 안 먹는다고? 개가 다 웃겠다야.

(14가)처럼 아무런 한정조사 없이 맨 명사(bare noun)가 주어로 실현된 문장도 현실에 매우 많다. 이러한 문장은 주로 구어체 환경에서 많이 나타난다. 반면, 같은 구어체에서라도 (14나, 다)처럼 주어 성분에 한정조사 '은/는'과 '이/가'를 붙여 화자의 의도를 적절히 표현할 수도 있다. 또한 화자가 단독적 상황에서 논리적으로 어떤 내용을 전달하는 문어체 환경이라면, 대상 각각에 대한 화자의 시각이 반영되어야 하고 중의성을 최대한 줄여야 하므로 '이/가'나 '은/는' 같은 한정조사가 최대한 실현된다.

다만 구어체에서 한정조사의 유무로 대립하는 위 (14)에서는 한정조사가 없는 성분이 무표항이 되고 화자의 의도 전달을 목적으로 한정조사가 실현된 성분이 유표항이 된다. 문장 생성의 과정에서도 기본적으로는 서술어와의 상대적 관계를 통해서 정해지는 주어나 목적어와 같은 통사적 기능은 한정조사 없이 실현될 수 있다. 이후 완전한 문장의 실현을 위해 종결어미가 선택되는 과정이 이루어지고 나면, 구정보나 신정보 사이의 관계나 주제나 초점 사이의 관계 등 정보 구조와 담화의 흐름을 조정하는 역할의 한정사들 중에서 해당 담화 상황에 맞는 한정사를 선택하여 문장 성분들을 현동화(actualization)하는 과정이 다시 뒤를 잇는다. 문장의 주어의 역할을 하는 성분에 '이/가'를 선택할 것인지 아니면 '은/는'을 선택할 것인지, 목적어 성분을 '을/를'을 선택하여 실현시킬 것인지 아니면 '도'를 선택하여 실현시킬 것인지, 더 나아가 그 한정조사가 실현된 성분의 위치를 문두로 옮길 것인지 아닌지 등의 문제가 통사론의 영역에서 펼쳐진다. 이는 프랑스어에서 명사가 문장으로 실현될 때 영형관사(article zéro)로 그대로 실현될 것인지, 부정관사(article indéfini) 'un/une'를 선택하여 실현될 것인지, 부분관사(article partitif) 'du/de la/des'를 선택하여 실현될 것인지, 또는 정관사(article défini) 'le/la/les'를 통하여 실현될 것인지와 같은 통사적 절차와 유비관계에 놓인다고 할 수 있다(목정수 1989). 정신역학론적 관점에서 통사론의 실제 분석을 수행하고 있는 Valin(1981: 47-50)은 'Le chat a attrapé un oiseau. (고양이는 새를 잡았다.)'라는 문장에서 'le chat (고양이(는))', 'un gros chat (살찐 고양이(가))', 'un chat gris (회색 고양이(가))' 등의

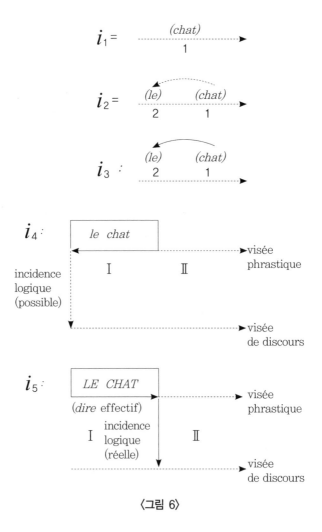

〈그림 6〉

명사구가 결합되는 심리적 인지 과정을 〈그림 6〉과 같이 제시하고 있다. 우리는 이에 대한 자세한 설명은 생략하기로 한다. 다만 디스꾸르 영역에서 단계적으로 진행되는 심리적 인지 과정을 한국어의 '**고양이-는** (영리하다)', '**검은 고양이-가** (내 방에 들어왔다)' 등의 통사적 결합 과정에서도 유사하게 포착할 수 있다는 사실을 생각해 보는 데 만족하자.

3.4. 통사론 논의에서의 주제어 설정 문제

3.4.1. 주제어와 주어

목정수(2014a, 2018a)는 '서술절' 개념에 대한 비판을 통하여 한국어에서 한 문장 안에 두 개의 주어가 나타나는 것으로 보이는 특이한 현상(소위 '이중 주어 구문')은 표면상으로만 그렇게 보일 뿐이며, 대개 첫 번째 자리의 명사구 NP1이 주어의 기능을 담당하고 두 번째 자리의 명사구 NP2가 '비주어=가형목적어=보어'의 기능을 담당하는 단문에 불과하다고 주장하였다. 이에 따른다면, 한국어에서 매우 빈번히 사용되는 '코끼리는 코가 길다'류나 '나는 호랑이가 무섭다'류의 '이중 주어 구문'은 두 개의 논항이 실현된, 일종의 '약성 타동 구문'일 것이며 이 구문은 기본 문형에 응당 포함되어야 한다.

소위 '이중 주어 구문'을 분석하기 위해 국어학계는 그동안 크게 세 가지 방법을 제시하였다. 첫 번째 분석 방식은, '하나의 절에는 하나의 주어가 있다'라는 보편문법의 원리이자 대전제를 유지하기 위해 학교문법에서 채택하는 '서술절설'이다.[59] 이 방식에 따르면, 대주어/총주어와 소주어를 다 인정하기 위해서 이중 주어 구문을 서술절을 안은 포유문으로 분석하게 된다. 임동훈(1997)이 대표적으로 이러한 방식을 채택하였는데, 그가 제시한 서술절 포함 이중 주어 구문으로는 다음과 같은 것들이 있다.[60]

(15) 가. 철수가 키가 크다.
　　 나. 토끼가 꾀가 많다.
　　 다. 나는 호랑이가 무섭다.
　　 라. 학생이 셋이 왔다.
　　 마. 라면은 농심이 유명하다.
　　 바. 내일 날씨는 비가 온다.
　　 사. 국어학은 취직이 어렵다.

두 번째 분석방식은 '서술절'을 전면 부인하는 목정수(2014a, 2018a)등이 사용하는 방식이다. 목정수(2014a, 2018a)는 '서술절'이라는 개념이 조사 '이/가'를 무조건 주어 표지로 보는 강경한 입장에서 비롯된 오해에 가깝다고 파악한다. 조사 '이/가'를 주어 표지가 아니라 정보 구조의 흐름을 조정하는 데 관여하는 담화적 기능 요소로 파악하면, 지금까지 이중 주어 구문에서 대개 '서술절'이라 부른 것은 '서술구', 즉 동사구 VP에 대응시킬 수 있다.[61] 따라

59　양수경 · 김건희(2022)에 따르면, 북한의 〈조선어문장성분론〉에서는 하나의 문장에서 동일한 층위의 두 개의 주어(2중주어)를 인정할 수 없다고 보고, 두 번째 주어는 구의 주어로 보는 입장을 가장 지지하고 있다. 이 관점은 방금 기술된 '서술절설'에 가장 가깝다고 할 수 있겠다. 다만, 해당 문헌에서는 '서술절' 대신 '술어구'란 용어를 사용하고 있다고 한다.

60　임동훈(1997)은 (15)의 예문 중에서 (가, 나, 다, 라)는 이중 주어 구문으로, (마, 바, 사)는 이중 주어 구문이 아닌 구문으로 결론을 내렸다.

61　한편 서술절과 서술구의 대립을 두고 벌어지는 논쟁이 소모적으로 변하는 것을 지양하기 위해 중립적인 용어 '서술부'라는 용어를 사용해 보자고 제안할 수도 있겠다. '주부', '술부'의 구분을

서 서술절 내의 주어라고 여겨졌던 성분은 서술구(동사구) 내에서 동사와 논항 관계를 가지고, 서술절 (또는 서술구) 내의 성분과 동사는 전형적인 '주술 관계'가 아닌 일종의 '목술 관계'를 가진다고 파악해야 한다.

목정수(2014a, 2018a)는 앞에서 상술한 것을 근거로 이중 주어 구문이 서술절을 안은 포유문이 아니라, '주어 + 가형목적어 + 서술어'의 단문임을 주장하였다. 그리고 이러한 단문 분석을 위한 논거로 다음을 주장하였다. 먼저, 해당 구문의 첫 번째 명사구 NP1은 '-시-'와 호응한다. 다음으로, NP1은 재귀대명사 '자기'와 공지시적 관계(coreferentiality)를 보인다. 그리고 NP1은 관계절화 위계성을 보이며, 마지막으로 NP1은 복수 표지 '-들'과 호응한다(목정수·이상희 2016). 또한 목정수(2014a, 2018a)와 문창학·목정수(2015)는 '대용언을 통한 진단법', '동일 주어 제약을 통한 진단법', '결합가 이론에 입각한 진단법' 등을 동원해 서술절을 부정하고 소위 '이중 주어 구문'의 진성 주어는 NP1이라는 사실을 밝혔다.

한편, 이중 주어 구문 논의에서 '있다2/있으시다'와 같은 소유동사 구문과 '싫다'와 같은 심리동사 구문은 첫 번째 명사구 NP1이 위의 검증 기준을 무난히 통과하므로 단문으로 분석하는 데 비교적 이론(異論)이 적은 편이다. 그러나 '코끼리는 코가 길다'류는 여전히 서술절을 안은 복문으로 보는 논의가 우세하다.[62]

고려해서도 납득할 수 있으며, 서술절로 보는 입장이든 서술구로 보는 입장이든 '서술부'의 역할과 위계성에 대해서는 모두 같은 직관을 갖고 있기 때문이다.

62 존재동사 '있다1'과 소유동사 '있다2'의 구분, 주관동사 '무섭다1'과 기술동사 '무섭다2'의 구분 문제, 그 문형의 차이, 의미의 차이에 대해서는 본서의 4장 소유 구문과 5장 심리 구문에서 자세히 다룬다.

(16) 가. 민수가 같이 놀 친구가 없나 보다.

　　　나. 할아버지는 돈이 많으신 편이다.

(17) 가. 나는 네가 너무 싫어.

　　　나. 할아버지도 호랑이가 무서우신가 봐.

목정수(2014a, 2018a)는 그 구성이 비교적 명백한 소유동사 구문과 심리동사 구문, 그리고 NP2가 분명히 주어라고 보기 어려운[63] '되다' 구문(예: '민수는 대통령이 될 거야')에서의 성분들이 보여주는 통사적 행태를 '코끼리는 코가 길다'류 구문에 적용하였고, 이를 통해 서술절의 전형으로 여겨져 왔던 '코끼리는 코가 길다'류 구문도 서술절을 안은 복문이 아니라 단문으로 분석되어야 한다고 주장한다. 이를 단적으로 보여주는 예시로, (18)의 [코(가) 길다]나 [머리(가) 나쁘다]는 독립적으로 온전한 절을 구성하지 못하고 개념/의미적으로 하나의 사태를 표상할 수 있을 뿐이다.[64]

(18) 가. 코끼리는 코가 길다.

　　　나. 할아버지(께서)는 머리가 나쁘신 것 같다.

이러한 구성이 더 긴밀히 결합되면 합성동사, 연어 구성, 숙어를 형성하게 된다.[65] 한국어에서 이렇게 긴밀히 결합된 구성의 예시로는 '키크다' =

63　이와는 달리 허웅(1973)은 이중 주어 구문의 범위를 '되다' 구문까지 확대한다.

64　두 논항을 거느리는 두 자리 서술어 '길-'은 그 구문 구조를 '긴 NP2-가 있-'이나 '긴 NP2-를 가지고 있-'으로 환언(paraphrase)할 수 있다는 사실을 고려하면 다음과 같은 개념 구조로 표상할 수 있다. '(NP2-가) 길-' = 'have_long (NP2)'. 아래의 (1)을 보라.

　　(1) 민수는 눈이 예쁘다. = 민수는 예쁜 눈을 가지고 있다. = ??민수는 예쁜 눈이 있다.

'(be)tall', '머리좋다' = '(be)smart', '돈많다' = '(be)rich', '손크다' = '(be)lavish/generous'를 들 수 있다.

세 번째 분석 방식은 이러한 양극단의 입장을 절충하는 방식인데, 대표적으로 유현경(2021)이 있다.[66] 유현경(2021)은 우리의 입장과 유사하게 소유동사 '있다, 많다'와 심리형용사 '좋다, 싫다'를 두 자리 서술어로 본다. 그리하여 이들 구문의 첫 번째 명사구 NP1을 주어로, 두 번째 명사구 NP2를 비주어인 보어로 처리하며, 이러한 분석 방식은 전통적으로 두 번째 명사구 NP2를 보어로 분석한 '되다, 아니다' 구문에 대한 분석과 평행하다. 이 외에 '보어'를 취하는 구문을 폭넓게 제시하기도 한다(유현경 2018, 2019). 그러나 그는 '코끼리가 코가 길다'나 '민수가 손이 크다'처럼 성상형용사나 정태적 사태를 표현하는 서술어가 사용된 이중 주어 구문의 주어는 조사 '이/가'로 실현된 두 번째 명사구 NP2라고 분석한다.[67] 그러면서도 유현경(2021)은 서

---

65 두 개의 성분이 나타난 구조에서 NP2와 서술어가 결합한 구성은 합성동사가 될 가능성이 늘 있기 마련이다. 그러나 본서에서 강조하는 것은 NP1과 서술어의 결합은 전무하다는 것이다.
　　(1) 아이들이 밥을 먹었다. '밥 먹-'(○) vs. '아이들 먹-'(×)
　　(2) 코끼리는 코가 길다. '코 길-'(○) vs. '코끼리 길-'(×)

66 소위 '이중 주어 구문'의 통사 구조를 설명하기 위해 문장 성분으로서의 주제어를 설정하려는 논의는 임홍빈(1997, 2007)이 시초이다. 이후로도 이호승(2018, 2019), 이선웅·박형진(2019) 등과 같이 유사하지만 다양한 변주가 펼쳐지고 있다. 최근의 유현경(2021)도 통사적 층위와 정보 구조의 층위를 접목한다는 취지로 이러한 문장 성분으로서의 '주제어' 설정의 필요성을 주장하고 있다. 박철우(2021)도 결국 임홍빈(2007)에 대한 비판적 독서의 결과물이라 할 수 있다.

67 성상형용사를 한 자리 서술어로 보는 진영에서는 당연히 두 번째 명사구 NP2가 주어라고 주장한다. 이러한 주장의 논거는 대개 다음과 같이 재구성된다. '민수가 눈이 크다'에서 큰 것은 '민수'가 아니라 '눈'이기 때문에 '눈'이 주어라는 것이다. 최근의 논의인 이홍식(2020)도 이러한 논리에 근거하여 '눈'을 주어로, '민수'를 부가어로 분석한다. 그리고 부가어에도 의미역을 부여할 수 있다는 논리를 동원하여 '민수'에 '소유자역'을, '눈'에 '대상역'을 부여한다. 흥미롭게도 이홍식(2020)은 문장 구조 분석에서는 본서의 입장과 차이를 보이나, 결과적으로 논항에 대한

술절설에는 동의하지 않으므로, 한정조사 '은/는'으로 실현된 첫 번째 명사구 NP1을 대주어/총주어로 분석하지 않는다. 그의 논의에 따르면, NP1은 서술어의 논항 구조 밖에 있는 소위 '잉여 성분'이지만 주어로 분석되는 NP2와 의미적 관계를 맺는 성분이므로 NP1을 필수적으로 요구되는 '주제어'로 설정해야 한다. 다시 말하자면, NP1은 '잉여 성분'이지만 역설적으로 주어 NP2의 지시성을 확보해 주기 위해 꼭 필요하므로 문장 성분으로서의 '주제어'로 보아야 한다는 주장이다. 이는 의아한 주장이 아닐 수 없다. 이러한 예시로 그가 제시하는 이중 주어 구문은 다음과 같다.

(19) 가. 토끼는 앞발이 짧다.
　　 나. 민수는 동생이 더 크다.

(20) 가. 꽃은 장미가 예쁘다.
　　 나. 학생은 두 명이 왔다.

(21) 가. 국어학은 취직이 어렵다.
　　 나. 김선생님은 자기가 직접 차를 운전한다.

의미역 부여에서는 본서와 동일한 노선을 취한다.
　어떠한 논의를 가져오든, 용언의 의미는 그것이 실현된 문장 내의 다른 모든 성분과의 관계에 의해서 결정되며, 서술어의 자릿수 역시 딱 하나로 고정되는 것이 아니다. 자동사와 타동사의 용법을 모두 가지는 동사도 많다. 일례로, 영어의 'His book sells well.'이란 문장에서 i) 동사 'sell'은 원래 두 자리 서술어이며 ii) '책'은 파는 게 아니고 팔리는 것이기 때문에 'his book'이 목적어라고 주장한다면 어떠한가? 이는 유현경(2021)이나 이홍식(2020)의 논리와 흡사해 보인다. 그러나 '할아버지 눈은 내 눈보다 더 크다'를 한 자리 서술어로서의 용법으로, '할아버지는 나보다 눈이 더 크시다'를 두 자리 서술어로서의 용법으로 보는 것이 불가능할 이유는 없다. '무섭다'라는 서술어도 '민수의 무서운 눈매'에서는 한 자리 기술동사(=성상형용사)의 용법으로, '호랑이는 눈매가 무섭다'에서는 두 자리 기술동사(=성상형용사)의 용법으로, '나는 뱀이 무섭다'에서는 두 자리 주관동사(=심리형용사)의 용법으로 나타난다. 이렇게 보는 것이 구문의 구조 분석이나 서술어의 의미 해석에 더 유리한 관점을 제공한다고 볼 수 있다.

유현경(2021)은 '코끼리는 코가 길다'에서와 같이 한 자리 서술어가 쓰인 경우를 비롯하여 '정태적 사태'가 평언부(comment)를 이루는 경우에 잉여 성분에 주제 표지(topic marker)가 붙어 주어와 분리 불가능한(inalienable) 관계를 맺는다면 이를 '주제어'로 설정해서 통사 분석을 완성하고자 한다. 정리하자면, 주제어(topic)는 '은/는'으로 실현되고 문두에 위치하는 특성이 있으며, '정태적 사태'가 평언부를 이룰 때 성립한다는 것이다. 그런데 '대하여성(aboutness)'을 가지는 주제어는 모두 '이/가'로도 실현될 수 있다는 점을 지적해야 할 필요가 있다. 대표적으로, 이전에 한 말에 대해 반문을 제기하거나 놀라움을 표현할 때는 '이/가'로 실현하는 것이 더 자연스럽다.[68]

(22) 가. 코끼리가 코가 길지 않다고 가정해 보자.
　　　나. 뭐, 코끼리가 코가 길다고?
　　　　　cf. ??코끼리가 코가 길다. vs. 코끼리는 코가 길다.

---

[68] 앞으로 살펴볼 '주제화된 부가어 구문'도 마찬가지로 '가형 성분'을 가지는 형태로 나타날 수도 있다.

　(1) 커피는 잠이 잘 안 오신대.
　　　⇒ 뭐? 커피가 잠이 잘 안 오신다구? 나는 잠 잘만 오던데.

　위 문장의 '커피는'은 '커피는'의 형태로든 '커피가'의 형태로든 서술어에 붙는 '-시-'와 호응하는 성분이 될 수 없다. '잠이'라는 성분 역시 마찬가지다. 그러나 우리는 '-시-'와 호응하는 성분을 직관적으로 복원할 수 있다. 그것은 바로 존대 대상의 3인칭 명사이며, 주어 자리에 나타날 수 있는 바로 그것이다.

　(2) 가. 커피는 잠이 잘 안 오신대 할아버지/할아버지가/할아버지께서/할아버지께서는.
　　　나. 할아버지/할아버지가/할아버지께서/할아버지께서는 커피가 잠이 잘 안 오신답니다.

　목정수(2018b)에서 논의했던 '치킨은 살 안 쪄요. 살은 제가 쪄요'도 동일한 논리로 설명할 수 있다.

　(3) 치킨은 살 안 쪄.
　　　⇒ 무슨 소리야? 치킨이 살이 얼마나 찌는데. 나를 보면 알 거 아냐?

그렇다면 '코끼리는 코가 길다' 말고 '코끼리가 코가 길다고?'에 대해서 '코끼리가' 성분이 주제어인지 다시 질문해 보자. 여기서부터 입장이 몇 가지로 갈린다. 임홍빈(2007)에 따르면 서술어의 논항 구조에 의해 요구되는 '코가' 성분만이 주어이므로 나머지 성분은 조사 '이/가'와 '은/는'에 무관하게 다 주제어 자리에 놓인다. 임홍빈(2007)은 '는 주제어'뿐만 아니라 '가 주제어', '도 주제어', '만 주제어', 심지어 '를 주제어'가 모두 가능하다고 주장하였다. 이에 비해, 박철우(2021)는 '은/는'이 주제 표지(topic marker)이므로 '는 주제화'는 가능한 반면 '이/가'는 주격조사이므로 '가 주제화'는 불가능하다는 입장을 취한다. 그는 '코끼리가'는 주격조사(=주어 표지) '이/가'가 붙은 것이니만큼 주어로 보고, '코가 길다'는 서술절을 이루어 상위 주어인 '코끼리가'와 결합하는 서술절 및 내포절로 본다. 그러나 우리는 이미 '코끼리는 코가 길다'와 '코끼리가 코가 길다고?'에 나타나는 서술어 '길다', 논항 '코끼리', '코'의 관계가 두 문장에서 평행하게 유지됨을 알고 있다. 그렇다면 동일 성분이 조사 '은/는'과 '이/가'에 따라서 주제어가 되기도 하고 주어가 되기도 한다는 상반된 분석에 의문을 가질 수밖에 없다. 계속해서 다음 문장도 문제가 된다.

(23) 코끼리가 코는 길지 아마?

예문 (23)은 어떻게 분석할 수 있는가? 임홍빈(2007)의 논리라면 (23)의 '코는'은 '코가'라는 주어 성분이 성분 주제화된 것으로 분석할 수 있고, 서술어 '길다'의 논항 구조 밖에 있는 '코끼리가'는 원래 기저에서 생성된 주제어 자리를 채우고 있는 문장 성분으로서의 주제어로 분석할 수 있을 것이다. 즉, 주제어가 두 개인 구문이 된다. 반면, 박철우(2021)의 논리라면 '코끼리가'는 서술절 '코가 길다'의 주어로 분석할 수 있고 '코는' 성분은 '코끼리가 코는 (코끼리의 코가) 길다'에서 소유 관계에 있는 '코끼리'가 동일 명사구 삭제(equi-NP deletion) 규칙에 의해 생략되고 성분 주제화된 것으로, 혹은 '코가'라는 서술절의 주어 성분이 '코는'으로 보조사를 바꾸어 대조의 의미를 갖는 것으로 분석할 수 있을 것이다. 그럼 다음 문장은 어찌되는가?

(24) 코는 코끼리가 길다니까.

예문 (24)도 임홍빈(2007)과 박철우(2021)는 비슷하게 분석할 것이다. 임홍빈(2007)은 '코는'을 주어 성분 '코가'가 주제화되어 문두의 주제어 자리로 이동한 것으로, '코끼리가' 성분을 원래의 주제어 자리에 그대로 남아 있는 것으로 분석할 것이다. 그렇다면 '코는'은 주제화된 주어이고 '코끼리가'는 원래 주제어가 되는데, 마찬가지로 주제어가 두 개 있는 셈이 된다.

그러나 우리는 '코는'을 주제화된 목적어 성분으로 보고 '코끼리가'를 초점화된 주어 성분으로 본다. 그래야 (24)를 성분의 도치가 자연스럽게 일어난 유표적인 문장으로 파악할 수 있기 때문이다. 정보 구조의 흐름에서는 '구정보 → 신정보'의 순서가 가장 일반적인/무표적인 흐름 순서이기 때문에 (24) 문장은 '———는 ———가 V-다' 패턴으로 나타난 것이다.[69] 그러나

---

[69] 전형적인 타동 구문의 무표형을 [———는 ———를 V] 패턴으로 설정한 것과 평행하다. 한편 양수경·김건희(2022: 1221-1222)에 의하면, 남한의 '표준문법'이 '이/가'와 '은/는'의 차이점만 제시한 반면에 북한의 〈조선어문장성분론〉에서는 이러한 차이와 함께 구체적으로 왜 주어 표현에 '은/는'이 더 많이 나타나는지에 대한 설명을 제시했다고 한다. 〈조선어문장성분론〉에서 주어 표현에서 주격토(=주격조사)보다 도움토(=보조사)가 더 많이 쓰이는 이유를 다음과 같이 들고 있다. "언어생활에서는 같은 부류의 여러 대상들 가운데 어느 하나를 진술의 대상으로 내세워 말할 필요가 많이 발생하는데, 바로 이러한 객관적 조건은 주어 표현에서 도움토 '은/는'이 특별히 많이 쓰이게 되는 요인이 된다.", "언어생활에서는 새로운 대상만을 서술해야 할 경우도 있지만 일단 주어로 등장한 대상에 대하여 여러모로 더 서술해야 할 필요가 더 많이 생겨나는데 이는 주어 표현에서 '은/는'이 '이/가'보다 더 많이 쓰일 수 있게 하는 또 하나의 요인이 된다."

이때에도 무표적인 기본 문형의 통사적 기능이 도치된 성분들에도 그대로 유지된다. 이는 전형적인 타동사 문장에서 목적어 성분이 주제화되어 문두로 나가더라도 목적어라는 통사적 기능은 그대로 유지하는 것과 평행하다. 그리고 결과적으로 서술어 바로 앞에 나타나는 '가형 성분'은 선어말어미 '-시-'와의 호응을 그대로 유지하므로, '가형 성분'이 정보 구조상 초점 성분으로 파악되더라도 그것이 가진 주어로서의 기능이 부정되지 않는다.

(25) 내가 어제 사다놓은 햄버거는 할아버지가 버리셨대.

(25)와 같이 목적어가 주제화되어 문두로 이동한 문장의 무표적인 어순은 (26)일 것이다.

(26) 할아버지는 내가 어제 사다놓은 햄버거를 버리셨대.

이러한 관계를 염두에 두고 '코끼리는 코가 길다'류에 속하는 예문인 '할아버지는 귀가 기시다'와 '할아버지는 머리가 나쁘시다'를 함께 생각해 보자.

(27) 가. 우리 할아버지는 귀가 기시다.
　　　나. 귀는 우리 할아버지가 기시지.

(28) 가. 우리 할아버지는 머리가 나쁘시다.
　　　나. 머리는 우리 할아버지가 나쁘시지.

이러한 서술은 여전히 '주격토'나 '도움토' 등의 전통적인 용어를 사용하고 있지만, '이/가'와 '은/는'의 대립을 정보 구조의 차원에서 다룬다는 점에서 우리의 시각과 통한다고 할 수 있다.

여기서 '우리 할아버지는 귀가 기시다'가 '??우리 할아버지의 귀가 기시다'의 '우리 할아버지의'가 성분 주제화되어 유도된 것으로 보는 관점을 받아들여 논의를 전개해 보자. 그렇다면 (27나)에서 주격조사가 붙은 '우리 할아버지가' 성분은 서술어와 결합하고 '-시-'와의 호응을 유지하고 있으므로 서술어 '길다'와 '주술관계'를 맺는 것으로 봐야 한다. 그러면 '귀는'은 잉여 성분인 '주제어'로 보아야 하는가, 아니면 '길다'의 한 자리 논항인 주어가 주제화된 것이니만큼 주어 기능을 계속 유지한다고 보아야 하는가? 두 선택지 모두 납득하기 힘들다. 그러면 다시 '귀는'을 주제화된 주어로 보는 주장을 받아들여 보자. 그렇다면 주제화된 성분 뒤 초점 자리에 있는 '할아버지가' 성분은 주격조사 '이/가'를 동반하며 서술어 바로 앞에 놓여 있는데, 이 성분은 무엇으로 분석해야 하는가? 초점화된 주제어 성분으로 봐야 하는가, 아니면 주격조사가 있으므로 주어 성분으로 봐야 하는가? 만약 '할아버지가' 성분이 주어라면, '할아버지가 기시다'도 서술절인가? 역시 명쾌한 해답을 내릴 수 없다.

　결국 우리는 다음과 같이 분석해야 모든 문제가 상식적으로 풀릴 수 있다는 결론에 도달한다. 기본 문형 [X-(는) Y-(를) 먹다]의 유표적 구성인 '햄버거는 누가 먹었지?'에서 '햄버거는' 성분은 주제화된 목적어 성분으로, '누가'는 초점화된 주어 성분으로 볼 수 있다. 똑같이, 기본 문형 [X-(는) Y-(가) 길다/나쁘다]의 유표적 구성인 '귀는 우리 할아버지가 기시지'나 '머리는 우리 할아버지가 나쁘시지'에서 '귀는'이나 '머리는'은 주제화된 비주어(=가형 목적어) 성분으로, '할아버지가'는 초점화된 주어 성분으로 볼 수 있다. 이렇게 정보 구조 차원에서 주제화는 어순과 한정조사 '은/는'에 의해 결정되고 초점화 역시 어순과 한정조사 '이/가'에 의해 결정된다는 기본 절차로도 설명될 수 있다. 또한 이러한 관점에서는 무엇보다도 선어말어미 '-시-'와의 호응에 민감한 성분을 주제화된 것이든 초점화된 것이든 모두 주어로 볼 수 있는,

그야말로 직관에 부합하는 분석이 가능해진다(목정수 2013, 2017, 2020).

3.4.2. 기본 문형으로서의 이중 주어 구문

앞 절에서 보았듯, 목정수(2018a, 2020)와 유현경(2019, 2021)은 '코끼리는 코가 길다'류를 중심으로 대립각을 세우고 있다. 따라서 우리의 논의가 더 강한 설득력을 얻기 위해서는 '코끼리는 코가 길다'류가 '주제어 + 주어 + 서술어' 분절보다는 '주어 + 가형목적어 + 서술어' 분절로 분석되는 것이 더 합리적이고도 정합적이라는 것을 보여줄 필요가 있다.

먼저 두 자리 논항을 요구하는 서술어의 전형인 '죽이다'라는 타동사를 가지고 논의를 진행해 보자. '죽이다'는 Hopper & Thompson(1980)의 타동성 기준으로 보더라도 극히 전형적인 타동사이다. 따라서 '죽이다'의 의미 구조나 논항 구조에 따라 논항의 정보가 분명히 제시되지 않았을 때는 주어진 문장에 대한 '빈 논항 확인 질문하기'가 자연스럽게 유도된다.

(29) 가. 강아지를 죽였대. → 누가? ⇒ 민수(가)
　　　나. 민수가 죽였대. → 누구를?/뭐를? ⇒ 강아지(를)

'죽이다'에 대한 이러한 사실을 염두에 둔다면, 문장 (30)과 (31)도 논항이 두 개이기 때문에 이들에게서 똑같이 '빈 논항 확인 질문하기'가 유도된다는 사실을 추론할 수 있다.

(30) 가. 책이 많으시대. → 누구?/누가? ⇒ 우리 선생님(이)
　　　나. 선생님은 많으시대/많이 있으시대. → 뭐?/뭐가? ⇒ 책(이)

(31) 가. 호랑이가 무서우시대. → 누구?/누가? ⇒ 우리 할아버지(가)

　　　나. 우리 할아버지는 무서우시대. → 뭐가? ⇒ 호랑이(가)

　　(30), (31)의 서술어는 '많다'와 '무섭다'로, 이들을 각각 소유 구문과 심리 구문을 형성하는 두 자리 서술어로 보려는 논의가 많음을 이미 앞 절에서 언급하였다(목정수 2018a, 유현경 2018, 2021, 조서희·목정수 2022). 기존의 논의들을 감안한다면, '많다'나 '무섭다' 구문에서 논항이 두 개라는 사실이 '빈 논항 확인 질문하기'를 통해 바로 입증되는 것은 어찌 보면 당연한 일이다. 그런데, 다음의 구문도 똑같은 상황을 보여준다.

(32) 가. 눈이 높대. → 누구?/누가? ⇒ 민수(가)

　　　나. 민수는 높대. → 뭐가?/?어디가? ⇒ 눈(이)

(33) 가. 코가 길대. → 누가? ⇒ 코끼리(가)

　　　나. 코끼리는 길대. → 뭐가? ⇒ 코(가)

　　대다수의 학자들은 '눈이 높대'에서 '민수는'이나 '민수가' 혹은 '민수∅' 같은 논항이 복원되는 것은 서술어 때문이 아니라 '눈'이라는 [+분리불가성] 자질을 갖는 명사 때문이라 본다(임홍빈 2007, 이선웅·박형진 2019, 이호승 2018, 2019, 유현경 2021, 박철우 2002, 2021). 그리고 이는 신체명사 '눈'이 자신의 소유 관계를 찾아야만 그 지시성을 확보할 수 있기 때문이라고 설명한다. 박철우 (2002: 82)에서는 이러한 명사들의 목록까지 제시한다.**70**

70　박철우(2002)의 서술은 세종전자사전이 용언 사전에서 격틀 구조를 'X의 Y가' 구조가 'X-가 Y가' 구조로 재구조화된 것으로 분석한 문형을 토대로 한 것이다. [민수의 코가 높다. ⇒ 민수가 코가 높다.], [민수의 이웃이 착하다. ⇒ 민수가 이웃이 착하다.]

(34) 가. 사람/학교/호랑이/모래/위원회/군대 …

　　　나. 아버지/누나/친구/이웃/선생님/친척 …

　　　다. 얼굴/눈/팔/발/머리/옆구리/가슴 …

　　　라. 키/몸무게/혈액형/성격/마음씨/체격/체질/성질 …

　　　마. 안/밖/뒤/앞/위/아래 …

　　　바. 성실/깨끗/조용/용감/불안/위태 …

　　　사. 감동/취침/산행/귀국/도망/체포/구타/거부/약속/요구 …

　이처럼 '민수는'과 같은 잉여 성분은 서술어의 논항 구조에 의해 요구되지는 않지만,[71] '눈'과 같은 주어 논항의 지시성을 확보하기 위해 필요한 문장 성분이라는 것이다. 심지어 여기에 주제 표지(topic marker)인 '은/는'까지 붙는다. 이 때문에 문장성분으로서 '주제어'를 설정해야 한다는 주장이 등장하게 된 것이다. 이런 주장에 따라 다음과 같은 문장이 소위 '이중 주어 구문'의 유형으로 많이 거론되어 왔다.[72]

71　첫 번째 명사구를 잉여 성분으로 보는 이유는 이들 서술어에 대해 한 자리 서술어 용법만 상정하고 있기 때문이다. 그러나 하나의 용언이 하나의 항가(=결합가=자릿수)만을 가져야 한다는 근거는 없다. 하나의 용언은 다의적 용법을 갖듯이 여러 항가 또한 가질 수 있다. 예를 들어, 서술어 '맛있다'는 문장 구조에 따라 의미 해석이 달라진다. 원래 '맛있다'는 '맛(이) 있다'라는 소유 구문의 '가형 목적어'인 '맛'과 소유동사 '있다2'의 결합으로 이루어진 합성동사이다. 따라서 '짜장면은 맛있다' 구문은 '주어(짜장면) + 서술어(맛있다)'로 분석되며, 의미 구조는 ⟨X (be)delicious⟩로 표상할 수 있다. 그리고 '이 중국집은 짜장면이 맛있다'/'우리 할아버지는 짜장면이 맛있으시다'는 다시 '주어 + 가형목적어 + 서술어(=기술동사)'로 분석되며, 그 의미 구조는 ⟨X serve/have_delicious Y⟩로 표상할 수 있다. 더 나아가 '맛있다'가 주관동사처럼 확장되어 쓰인 '나는 이집 짜장면이 제일 맛있다', '사람들은 이집 짜장면을 제일 맛있어한다' 같은 구문에서 '맛있다'의 의미 구조는 ⟨X like Y⟩로 표상할 수 있다.

72　보통 '이중 주어 구문'에 대한 논의에는 평언부에 정태적 사태의 서술어가 온다는 제약이 함께 제시되어 있다. 그러나 동적 사태를 나타내는 서술어가 와도 이중 주어 구문이 성립된다는 것을 보여주는 논의가 있다. 송창선(2017)은 5가지의 기본 문형을 제시하고, 이들 문형이 모두 이중 주어 구문으로 확대될 수 있음을 예시를 통해 보이고 있다. 다만, 해당 논의에서는 '이중 주어 구문' 자체도 또 이중 주어 구문으로 확대될 수 있음을 다루지는 않았다.

(35) 가. 민수는 아들이 회사에 다닌다.

　　　나. 민수는 마누라가 집을 나갔다.

　　　다. 민수는 친구가 죽었다.

　　　라. 민수는 동생이 또래 아이들보다 크다.

　　　마. 민수는 아버지가 돌아가셨다.

(35)에 나타나는 예문들의 '민수'는 '아들, 마누라, 친구, 동생, 아버지'와 소유 관계를 맺는다. 그리고 '코끼리의 코가 길다'에서 '코끼리'가 성분 주제화되어 문두로 나가 '코끼리는 코가 길다'라는 '주제어 + 주어 + 서술어' 구문으로 변형되듯이, '민수의 아들/마누라/친구/동생/아버지'의 소유자 '민수'가 성분 주제화되어 '민수는'이란 주제어가 통사적인 문장 성분으로 나타났다고 볼 수도 있겠다. 혹 이러한 변형을 인정하지 않는 진영에서는 주제어 '민수는'이 기저에서 생성된 것으로 볼 것이다. 물론 우리가 보기에 이 둘은 결과적으로 큰 차이가 없어 보인다.

그러나 (32)와 (33)에서 보았듯, '민수는 눈이 높다'나 '코끼리는 코가 길다'류에 대해서 '빈 논항 확인 질문하기'를 적용하여 얻은 결과는 (35) 유형의 주제어 구문에는 적용할 수 없다. 이를 바탕으로 우리는 그 구조적 차이를 확인할 수 있다. (32, 33) 유형에서는 '눈이 높다'와 '코가 길다'가 완전한 문장을 이룰 수 없고, 빈 곳에 정보가 추가되어야만 한다. 그러나 (35) 유형에서는 '동생이/은 회사에 다닌다'와 같은 것이 그 자체로 완전한 문장이 된다. '동생'의 의미 속성상 그 소유관계를 맺는 성분이 요구된다 하더라도 그것의 실현 양상은 '코끼리는 코가 길다'류와는 판이하다. 다음 두 쌍의 문법성 판단을 비교해 보자.

(36) 가. 민수는 눈이 높다. / 코끼리는 코가 길다.

　　　나. ??민수(의) 눈이 높다. / ??코끼리(의) 코가 길다.

(37) 가. 민수(의) 동생이 회사에 다닌다.

　　　나. ??민수는 동생이 회사에 다닌다.

이제 다시 '길다'로 돌아와 보자. '길다'가 두 자리 서술어로서의 용법을 가진다는 사실을 입증하려면 첫 번째 명사구 NP1과 서술어의 논항 관계를 따져보아야 할 것이다. 이 점을 분명히 하기 위해, 우리는 앞에서 이견의 여지 없이 전형적인 타동사로 볼 수 있는 서술어가 실현하는 기본 문형의 성격을 먼저 살펴보았다. 그리고 이에 준거하여, '코끼리는 코가 길다'류가 왜 두 자리 서술어의 실현으로 분석되어야 하며 기본 문형 중 하나로 설정되어야 하는지를 논증할 수 있었다. 우리는 '길다'와 기본적인 타동사 구문의 비교를 통해 예비적으로 첫 번째 명사구와 서술어의 관계 및 두 번째 명사구와 서술어의 관계를 짚어보았고, 다음과 같은 결론을 도출했다.

먼저, 위계적으로 '코끼리는 코가 길다'는 [코끼리는 [과자를 먹]는다] 구조와 평행하게 [코끼리는 [코가 길]다]로 분석된다.[73] 둘째, '코끼리는 코가 길다'에서 [코는 [코끼리가 길지]], [과자는 [코끼리가 먹지]]에서와 같이 어순(=성분 순서)이 바뀌면서 NP2 자리의 성분이 문두로 나가는 현상이

---

73 아래의 예문 (1)에선 '똑똑하다', '재주(가) 많다', '연기(를) 잘하다'가 대등하게 주어 '윤여정이'를 서술한다. 이러한 구조를 보면 이들의 서술어 또는 서술구로서의 위상이 평행함을 알 수 있다. 예문 (2)에서도 '머리(가) 좋다', '돈(이) 많다', '테니스(를) 치다', '미남이다'가 대등한 위상의 서술어로 쓰이고 있다.

　　(1) 윤여정이 똑똑하고 재주도 많고 연기도 잘합니다.
　　(2) 정수는 머리도 좋고 돈도 많고 테니스도 잘 치고 게다가 미남이기까지 하다.

평행하게 일어난다.[74] 이처럼, '길다'와 관계를 맺는 두 개의 논항은 그 위계에서 차이를 보인다. '코끼리는 코가 길다'에서 논항 '코끼리는'은 서술어 '길다'에 대해서 바깥에 놓여 간접적으로 연결되는 논항(=외재 논항)이고, 논항 '코가'는 서술어 '길다'에 대해서 내부에 놓인 것이므로 직접적으로 연결되는 논항(=내재 논항)이다.

따라서 이들 논항은 외부적이냐 내부적이냐, 간접적이냐 직접적이냐의 차이만 보일 뿐이며, 모두 독립적인 논항으로 기능한다고 볼 수 있다. 그러므로 서술어 '길다'는 두 자리 서술어라고 할 수 있으며, '코끼리는 코가 길다'는 서술어 '길다'가 가지는 두 논항이 실현된 문장이라 할 수 있다.

3.4.3. 기본 문형이 아닌 이중 주어 구문

이번에는 '빈 논항 확인 질문하기'를 통해 (35)의 예문들에 나타나는 주제어 성분의 논항성을 확인해보자. 그 결과는 (38)과 같으며, 이를 통해 (35)가 기본 문형으로 설정될 수 없음을 알 수 있다.[75]

---

74 이에 덧붙여, 두 성분의 논항성을 알아보기 위해 Jacobsen(2018)에서 제시한 일명 '知らない(siranai)-test(몰라-테스트)'를 활용할 수 있다. '知らない-test'를 우리의 논의에 적용하면 다음과 같다. '할아버지께서는 (쥐가) 무서우신가 봐'라고 발화한 사람에게 '뭐가/누가?'라고 물었을 때, '#몰라'라고 대답하면 그 대답은 부적절하다는 것이고, 또 '(할아버지께서는) 쥐가 무서우신가 봐'라는 발화에 대해 '누가?'라고 물었을 때 '#몰라'라고 대답하면 부적절하다. 이와 똑같이, '할아버지께서는 (눈이) 높으시대'라는 발화를 한 사람에게 '뭐가?'라는 질문을 했을 때나 '(할아버지께서는) 눈이 높으시대'라는 발화를 한 사람에게 '누가?'라는 질문을 했을 때, '#몰라'라고 대답이 나오는 것은 부적절하다. 이러한 결과는 서술어 '무섭다'에 대해 '할아버지께서는'과 '쥐가'가 독자적인 논항이 된다는 것이고, 서술어 '무섭다'는 두 자리 서술어가 된다는 것을 뜻하며, 서술어 '높다'도 '할아버지께서는'과 '눈이'를 독자적인 논항으로 가질 수 있는 두 자리 서술어임을 의미한다.

(38) 가. 동생이 회사에 다닌대. → 누구(의) 동생?

                                   *?누가? ⇒ 철수 동생, *철수가

    나. 철수는 회사에 다닌대. → *누가? ⇒ *동생이

(39) 가. 아버지가 돌아가셨습니다. → 누구 아버지 말하는 거야? 누구 아버지가?

                                   *?누가? ⇒ 철수 아버지(가), *철수가

    나. *?철수는 돌아가셨습니다. → *누가? *철수(의) 누가? ⇒ *아버지(가)

즉, '내 동생은 회사에 다닌다'라는 문장은 기본 문형으로 실현된 문장으로 볼 수 있지만, '나는 동생이 회사에 다닌다'라는 문장은 기본 문형 중 하나인 단문 구조로 보기 어렵다. 더욱이, (40)에서 확인할 수 있듯이 두 문장 사이에는 동치 관계도 성립하지 않는다.

(40) 내 동생은 회사에 다닌다. =/= 나는 동생은 회사에 다닌다.

                                      내가 동생이 회사에 다닌다.

                                      나는 동생이 회사에 다닌다.

                                      내가 동생은 회사에 다닌다.

---

75 송창선(2017)은 본서의 방식과는 달리, 모든 문형에 소위 '이중 주어 구문' 식의 확장이 가능함을 보여줌으로써 서술절의 무용설을 주장한다. 본문의 (35) 유형의 이중 주어 구문은 평언부가 '정태적 사태'를 이루는 경우로 제한된다고 하지만, 사실상 모든 문형이 다 가능하다고 판단된다.

    (1) 가. 철수는 친구가 돈을 많이 번다.

        나. 철수는 친구가 수업 시간에 많이 떠들었다.

        다. 철수는 친구가 대통령이 되었다.

        라. 철수는 친구가 연예인이다.

        마. 철수는 친구가 지금 잔다.

        바. 철수는 친구가 동생이 얼굴이 예쁘다.

변형론자들은 '코끼리는 코가 길다'와 같은 구문이 '코끼리(의) 코가 길다'의 한 자리 서술어의 구성에서 도출된/주제화된 구성이라고 주장한다. 다른 한편으로, '주제어 + 주어 + 서술어'의 구조를 상정하는 진영에서는 '코끼리는 코가 길다'와 같은 구문에서 주제어가 [주어 + 서술어] 구성과 독립적으로 기저에 설정된 것으로 본다. Li & Thompson(1976: 471-469)에서도 화제 부각형 언어에서는 '화제-평언' 구조를 보이는 소위 '이중 주어 구문'을 기본 문형으로 설정해야 하며, 이러한 구조는 더 기본이 되는 구조에서 변형에 의해 도출되는(derived) 것으로 볼 수 없다는 점을 지적하고 있다.[76] 우리도 여기에는 동의한다. 그러나 우리의 논의는 외형적으로 '이중 주어 구문'의 구조를 보인다고 해서 무조건 기본 문형으로 보지는 않는다는 점에서 다른 논의와 차별성을 가진다. 우리는 기본 문형으로서의 '이중 주어 구문'을 NP1에 대한 서술절(predicate clause/sentential predicate)—우리의 시각으로는 서술구(VP)에 해당함—의 결합으로 분석될 수 있는 것으로만 제한한다. '코끼리는 과자를 잘 먹는다'와 같은 문장은 '과자는 코끼리가 잘 먹지'와 같은 유표형 문장에 대응하는데, 우리는 원칙적으로 이러한 대응 관계가 유지되는 구성만을 기본 문형으로 설정할 것이다.

(41) 가. 코끼리는 코가 길다. – 코는 코끼리가 길지.
　　 나. 민수는 머리가 나쁘다. – 머리는 민수가 나쁘지.

---

[76] "On the Basicness of Topic-Comment Sentences in Tp languages. Our aim in this section will be to show that topic-comment structures in Tp languages cannot be viewed as being derived from any other sentence type." (Li & Thompson 1976: 471)

(42) 가. 나는 호랑이가 무섭다.[77] – 호랑이는 내가 무섭다니까.

　　 나. 민수는 호랑이가 무섭대. –호랑이는 민수가 무섭다나 봐.

유현경(2021)은 '코끼리는 코가 길다'류에서 첫 번째 명사구 NP1을 주제어로 분석하면서 이 NP1이 〈NP2(=주어) + 서술어〉와 간접적으로 관계를 맺는다고 본다. 그가 그렇게 보는 근거로는 다음과 같은 사실들을 생각해 볼 수 있다. 우선, 한 자리 서술어로 구성된 문장은 독립된 온전한 문장으로 기능하지 못한다.

(43) 가. *?손이 크다. cf. 민수는 손이 크다.

　　 나. *?할아버지(의) 귀가 민수보다 기시다. cf. 할아버지는 귀가 민수보다 기시다.

또한 두 명사 논항이 아무런 조사 없이 주어졌을 때, 그 둘이 하나로 합쳐진 것이라고 해석하지는 않는다. 예를 들어, (44)의 '너 머리 나쁘니/아프니?' 구성에서 일반적으로 '너'와 '머리'가 하나의 성분으로 실현되었다고 보기는 어렵다. 즉 (44)의 '너'와 '머리'는 별개의 논항일 가능성이 크다.

---

77 '이해(가) 가다'나 '이해(가) 되다' 같은 복합서술어(complex predicate) 구문도 넓게 보면 심리용언 구문과 평행하게 파악할 수 있다. 예를 들어, '이해(가) 가다'나 '이해(가) 되다'는 '나'와 '그 말'을 논항으로 요구한다.

　　(1) 가. 나는 그 말이 이해가 간다. – 그 말은 내가 이해가 가지.

　　　　 나. 민수는 그 말이 이해가 간대. – 그 말은 민수가 이해가 안 간대.

　　(2) 가. 나는 그 말이 이해된다. – 그 말은 내가 이해되지.

　　　　 나. 민수는 그 말이 이해된대. – 그 말은 민수가 이해된대.

(44) 가. 너 머리 나쁘니/아프니?
     = [[너 [머리 나쁘/아프]니] vs. *[[너 머리] 나쁘/아프]니]
   나. 너는 머리가 나쁘니/아프니?
   다. 너는 머리 나쁘니/아프니?
   라. 네가 머리가 나쁘니/아프니?
   마. *?네 머리 나쁘니/아프니?
   바. *?니 머리는 나쁘니/아프니?
   cf. 머리는 니가 나쁘지/아프지?

그밖에 이선웅·박형진(2019)에서 제시한 '커피는 잠이 안 온다' 부류의 문
장도 '코끼리는 코가 길다'류나 '나는 호랑이가 무섭다'류와 같은 기본 문형
으로 볼 수 없다. 목정수(2018b)가 분석하였던 광고문 '치킨은 살 안 쪄요.
살은 제가 쪄요'에서와 마찬가지로, '커피는 잠이 안 온다'에서의 '커피는'은
'잠(이) 오다'라는 서술명사와 기능동사의 결합으로 이루어진 복합서술어
(complex predicate)의 논항 구조에 포함되지 않는 잉여 성분이다. 즉, 이 '커피
는'은 부가어 성분이다. 따라서 '커피는 잠이 안 온다'류는 주제화된 부가어
구문으로 볼 수 있다. 이렇듯, '코끼리는 코가 길다'류와 '커피는 잠이 안
온다'류를 동일한 차원에서 분석할 수 없다는 사실에 주목할 필요가 있다.
전자는 기본 문형으로 설정할 수 있지만, 후자는 그렇지 않다.[78]

---

78 이러한 필자의 주장은 다양한 장르의 문어/구어 코퍼스 분석을 통하여 객관적으로 검증될
   필요가 있다. 다만 여기서 필자가 강조하고자 하는 것은 학계 바깥에서 만들어진 문장도 사용해야
   한다는 것이다. 언어학자/국어학자가 만들어낸 문장도 한국어의 심연에 깔려 있는 한국어 질서의
   단면을 들춰내는 데 적지 않게 기여할 것이다. 그래도 한국어의 정수(精髓)를 보여줬던/보여주고
   있는 문인들의 글이나 한국어 재능이 남다른 만담꾼이 생산한 한국어 자료에서 어떤 문형이
   어떤 빈도로 쓰이고 있는지를 정밀 조사함으로써 이를 입증할 수 있어야 한다. 젊은 후학들의
   검증을 기대한다.

(45) 커피는 잠이 안 온다.

이러한 구문은 '잠(이) 오다'같은 자동사성 기능동사 구성뿐만 아니라 '잠 (을) 자다'같은 타동사성 기능동사 구성에서도 똑같이 허용된다.

(46) 커피는 잠을 잘 수가 없다.

위 두 문장 (45)와 (46)에서 복합서술어 '잠(이) 오다'나 '잠(을) 자다'는 주어 자리에 유정물 명사를 요구한다. 또한 이 복합서술어들은 일반적인 진술이라면 'generic referent'를[79] 주어로 요구하기 때문에 영형 주어로 실현될 수도 있지만, 구체적인 1, 2인칭 주어나 3인칭 주어를 상정해도 성립할 수 있다.

(47) 가. 커피는 보통 (∅) 잠이 안 오기 마련이다.
　　　나. 커피는 일반적으로 (사람들이) 잠을 잘 수가 없답니다.

(48) 가. 커피는 너 잠 안 오니?
　　　　　⇐ 커피 마시면, 너 잠 안 오니?
　　　나. 커피는 너 잠 못 자니?
　　　　　⇐ 커피 마시면, 너 잠 못 자니?

(49) 가. 근데 이 커피는 저 잠 잘 와요.
　　　　　⇐ 이 커피 마시면, 저 잠 잘 와요.
　　　나. 근데 이 커피는 저 잠 잘 자요.

79　일반 공고문 등에서 주어를 명시적으로 쓰지 않은 문장의 주어는 'generic referent'로 해석된다. 기욤은 이를 '일반 인칭', '우주 인칭'으로 표현하였다(목정수 2014).
　　(1) 코로나 19로 인하여 학교 출입을 금합니다.
　　(2) 공원에서는 술을 마시면 안 됩니다.

⇐ 이 커피 마시면, 저 잠 잘 자요.

(50) 가. 그 커피는 민수도 잠 안 온대요.
　　　 ⇐ 그 커피 마시면, 민수도 잠 안 온대요.
　　 나. 그 커피는 민수도 잠 못 자나 봐요.
　　　 ⇐ 그 커피 마시면, 민수도 잠 못 자나 봐요.

인칭 제약이 분명히 드러나는 '-더라' 구성을 보면 더욱 확실해진다. 복합서술어 '잠(이) 오다'는 주관동사(=심리형용사)로서의 성격을 가지고, 복합서술어 '잠(을) 자다'는 행위동사로서의 성격을 가진다. 이 때문에 이 두 복합서술어는 그 행위자나 경험자로 각각 1인칭 주어와 3인칭 주어만을 선택한다. 즉, 전자는 3인칭 주어를 상정하면 비문이 되고, 후자는 1인칭 주어를 상정하면 비문이 된다(목정수 2014, 목정수·문경진 2020).

(51) 가. 나는 잠이 안 오더라.
　　　 cf. 나는 외롭더라구.
　　 나. *민수는 잠이 안 오더라.
　　　 cf. *민수는 외롭더라구. 민수는 외로워하더라구.

(52) 가. 민수는 잠을 잘 못 자더라구.
　　　 cf. 민수는 키가 크더라구.
　　 나. *?나는 잠을 잘 못 자더라구.
　　　 cf. *?나는 키가 크더라구.

전술한 인칭 제약 현상을 보면, '-더라' 구문에서 성분 '커피는'은 주어 성분 자리에 올 수 있는 요소가 아님을 알 수 있다. 이 성분은 그야말로 주어도 목적어도 아닌, '주제화된 부가어' 성분이다.

(53) 가. 커피는 (너) 잠이 안 오더냐?

⇐ 커피를 마시면 (너) 잠이 안 오더냐?

나. 커피는 (나) 잠이 잘 안 오더라.

⇐ 커피를 마시면 (나) 잠이 잘 안 오더라.

(54) 가. 커피는 (민수) 잠을 못 자더냐?

⇐ 커피를 마시면 (민수) 잠을 못 자더냐?

나. 커피는 (민수) 잠만 잘 자더라.

⇐ 커피를 마셔도 (민수) 잠만 잘 자더라.

즉, 성분 '커피는'은 복합서술어 '잠이 오다'의 주어가 아니라 부사절 '커피(를) 마시면/마셔도'나 부사어 '커피로(는)'가 주제화된 비주어(=부가어) 성분이다. 따라서 이러한 성분은 '빈 논항 확인 질문하기'의 대상이 되지 않는다.

(55) 잠이 안 온대. → 누구?[80] 누가? ⇒ 민수(가), *커피(가/는)

(56) 커피는 잠이 안 온대. → 누구? 누가? ⇒ 민수(가), *커피(가/는)

---

80 '잠(이) 오다'에서 '잠'은 서술명사로서의 지위를 갖기 때문에 물음의 대상이 되지 않는다. 따라서 '민수는 안 온대'에 대해서 '뭐가?'와 같은 질문을 할 수 없다. 복합서술어 '연구(를) 하다', '이해(가) 가다'도 마찬가지이다.

   (1) 가. 민수는 영어를 연구를 한다.

      → *민수는 영어를 뭘 하니? ⇒ 연구(를)

    나. 민수는 그의 설명이 이해가 갔다.

      → *민수는 그의 설명이 뭐가 갔니? ⇒ 이해(가)

   (2) 가. 민수는 이해가 간대. → 뭐가? ⇒ 그의 설명(이)

    나. 그의 설명이 이해가 간대. → 누가? ⇒ 민수(가)

목정수(2018b)가 분석한 '치킨은 살 안 쪄요' 구문도 동일한 결과를 보여준다.

(57) 치킨은 살 안 찐대. → 누가? 나? ⇒ 아니 민수(가), *아니 삼겹살(이)

지금까지의 논의를 정리하면 다음과 같다. 우리는 소위 '이중 주어 구문' 중에서 '코끼리는 코가 길다'류와 '나는 호랑이가 무섭다'류만을 기본 문형으로 설정할 수 있다고 주장하였다. 이러한 구문에 나타나는 두 논항은 서술어의 논항 구조에 연결되며, 해당 구문에는 선어말어미 '-시-'와 호응하는 논항이 독립적으로 분명히 존재한다. 그러나 NP1과 NP2의 관계가 'type-token' 관계이면, 이때의 NP1은 독립적인 문장을 구성할 수 있는 단위인 'NP2-는 V'와는 독립적으로 움직인다. 즉, 이러한 NP1은 독립된 잉여 성분 주제어이다. 이와 같은 구문은 기본 문형이 아니므로, 이로부터 성분 도치를 통하여 유표적인 대응문을 형성할 수 없다. 이러한 이유로 소위 '시계는 엘긴이 비싸다'류의 이중 주어 구문은 기본 문형에서 제외된다.[81]

---

[81] 이렇게 독립된 잉여 성분 주제어로서의 NP1을 가지는 구문은 이기갑(2014)에서 언급한 '고쳐말하기(repair)'와 관련이 있어 보인다. '시계 말이야, 저기, 맞아 엘긴 시계 정말 비싸더라구.'처럼. 또한 '라면은 농심(라면)이 유명하다' 구문을 '사과는 홍옥이 맛있다'처럼 'type-token' 유형으로 분석하는 입장도 존재한다(임동훈 1997). 그러나 이 구문에서는 '*농심(라면)은 라면이 유명하다'처럼 성분을 도치할 수 없다. 반면에 목정수(2020: 581-583)는 해당 문장을 '라면은 농심이 유명하지'를 '농심(회사)은 라면이 유명하다'에서 성분 도치가 이루어진 유표형으로 분석한다. 왜냐하면 해당 문장에 '코끼리는 코가 길다'류의 유표형 '코는 코끼리가 길지'와 같은 대응 관계가 평행하게 나타나기 때문이다.

(58) 가. 생선은 도미가 맛있다. - *도미는 생선이 맛있지.
　　　= 도미라는 생선은 맛있다. = 생선 중에는 도미가 제일 맛있다.
　　나. 꽃은 장미가 예쁘다. - *장미는 꽃이 예쁘다.
　　　= 장미라는 꽃은 예쁘다. = 꽃 중에는 장미가 제일 예쁘다.
　　다. 비행기는 747이 크다. - *747은 비행기가 크다.
　　　= 747이라는 비행기는 크다. = 비행기 중에는 747이 제일 크다.

앞에서 보았듯이, NP1과 NP2가 '소유 관계'를 이루더라도 [NP2 + V]가 독자적인 문장으로 실현되면 어순 도치가 허용되지 않으므로 해당 구문은 기본 문형이 아니다. 이들은 복문 구조의 모문 서술어가 잘린 것에 해당한다고 할 수 있다.

(59) 가. 민수는 동생이 회사에 다닌다. - *동생은 민수가 회사에 다니지.
　　　cf. 민수 동생이/은 회사에 다닌다.
　　나. 민수는 아버지가 돌아가셨다. - *?아버지는 민수가 돌아가셨지.
　　　cf. 민수 아버지가/는 돌아가셨다.

이선웅·박형진(2019)에서 들고 있는 특수한 예인 (60) 또한 기본 문형으로서의 이중 주어 구문이 아니다. '나는 아기가 잔다'라는 문장 자체도 직관적으로 이상하게 느껴질 뿐만 아니라, 두 성분의 도치가 허용되지 않기 때문이다.

(60) 가. ?*나는 아기가 잔다. - *아기는 내가 자지.
　　　cf. 내가 맡아서 관리하는 아기가 잘 자서 다행이야.
　　나. ??나는 동생이 이긴다. - *동생은 내가 이긴다.
　　　cf. 나는 동생이 꼭 이길 거라고 확신해.

끝으로 '커피는 잠이 안 온다'류처럼 부사절이나 부사어가 주제화된 구문 도 기본 문형에서 제외된다. 임동훈(1997)에서 제시한 '국어학은 취직이 어렵 다'가 바로 그러한 구문의 예시이다. 이외에 시간 부사어 또는 장소 부사어 가 주제화되어 문두로 이동한 문장 역시 기본 문형으로서의 이중 주어 구문 이 아니다.

(61) 가. 국어학은 취직이 어렵다. - *?취직은 국어학이 어렵다.
= 국어학으로는/국어학을 해서는 (사람들) 취직하기 어렵다.
나. 12시는 직원들이 밥을 먹는다. - *?직원들은 12시가 밥을 먹는다.
= 직원들이 12시에 밥을 먹는다.
다. 학교 운동장은 주민들이 운동을 한다. - *?주민들은 학교 운동장이
운동을 한다.
= 주민들이 학교 운동장에서 운동을 한다.

3.5. 단문 내의 이중 주어 구문 vs. 복문 속의 이중 주어 구문

지금까지 우리는 이중 주어 구문으로 기술되었던 다양한 유형의 구문 가 운데, '코끼리는 코가 길다'류와 '나는 호랑이가 무섭다'류만 기본 문형으로 설정할 수 있음을 보였다. '코끼리는 코가 길다'류와 '나는 호랑이가 무섭다' 류에서 주어이자 화제인 NP1 성분은 잉여 성분으로서의 주제어가 아니며, 당당히 주어 논항으로 포착되어야 한다. 반면에 비주어로 간주되는 부가어 화제 이중 주어 구문은 기본 문형에서 배제해야 한다. 나머지 유형들은 대 부분 기본 문형인 단문 구조로 실현된 것이 아니라 다른 주어(DS)의[82] 종

속절을 거느리는 복문 구조로 실현된 유형들이며, 이러한 구문들은 DS 복문으로 나타나는 것이 일반적이다.

(62) 가. 나$_i$는 아버지$_j$가 일찍 돌아가셔$_j$서 대학 들어갈$_i$ 때까지 고생을 많이 했$_i$다.
　　　나. 나$_i$는 마누라$_j$가 회사에 다니$_j$기 때문에 돈 걱정을 안 하$_i$고 산다.

앞선 (35)에서 예시로 들었던 문장을 다시 가져와보겠다.

(63) 가. 민수는 아들이 회사에 다닌다.
　　　나. 민수는 마누라가 집을 나갔다.
　　　다. 민수는 친구가 죽었다.
　　　라. 민수는 동생이 또래아이들보다 크다.
　　　마. 민수는 아버지가 돌아가셨다.

이러한 문장은 한국인들이 글을 쓸 때나 말을 할 때나 잘 쓰지 않는 구조이다. 따라서 이러한 구문들을 문어/구어 코퍼스에서 찾아본다면, 대부분은 다음과 같이 복문 구조 속에서 나타날 것으로 예상할 수 있다.

(64) 가. 민수는 아들이 회사에 다녀서 걱정이 하나도 없다.
　　　나. 마누라가 집을 나가서 민수는 걱정을 많이 하고 있다.
　　　다. 민수는 친구가 죽자마자 바로 고향으로 내려갔다.
　　　라. 민수는 동생이 또래 아이들보다 크니까 흐뭇한 거였지.
　　　마. 아버지가 일찍 돌아가셔서 민수는 혼자 가족들을 책임져야만 했다.

---

82 여기서 DS는 Different Subject이고, SS는 Same Subject를 가리킨다.

다음 문장에 나타나는 소유동사 '있다2'나 '많다' 구문의 성분 '동생이'는 주어로 분석된다. 이때 '동생이'와 소유관계를 맺는 상위 주제어 성분인 '나는'은 주절 서술어의 주어로 해석되는 복문에서 자연스럽게 나타난다.

(65) 가. 나i는 [동생j이 돈이 많j아서] 유학 자금을 걱정hi지 않았다.
    나. [동생j이 돈이 많j아서] 나i는 유학 자금을 걱정hi지 않았다.

(66) 가. 내가 [동생j이 돈이 많j아서] 유학을 편하게 했다는 말은 다 헛소리야.
    나. [동생j이 돈이 많j아서] 내가 유학을 편하게 했다는 말은 다 헛소리야.

다음 (67) 및 (68)과 같은 문장은 논리적으로 해석될 수 있지만, 한국어 모어 화자들이 거의 사용하지 않는 문장일 것이다. 이때에도 (67)의 소위 '이중 주어 구문'과 (68)의 타동사 구문이 서로 평행한 모습을 보여준다.

(67) 가. ?내가 동생이 돈이 많아서 유학을 편하게 했다.
    나. ??동생이 돈이 많아서 (∅=내가) 유학을 편하게 했다.
    다. *?동생은 돈이 많아서 내가 유학을 편하게 했다.
    cf. 나는 동생이 돈이 많아서 유학을 편하게 했다.
      동생이 돈이 많아서 나는 유학을 편하게 했다.

(68) 가. ?고호가 동생이 돈을 많이 보내줘서 유학을 무사히 마쳤다.
    나. ??동생이 돈을 많이 보내줘서 (∅=고호가) 유학을 무사히 마쳤다.
    다. *?동생은 돈을 많이 보내줘서 고호가 유학을 무사히 마쳤다.
    cf. 고호는 동생이 돈을 많이 보내줘서 유학을 무사히 마쳤다.
      동생이 돈을 많이 보내줘서 고호는 유학을 무사히 마쳤다.

(67), (68)에서 볼 수 있듯이, 동일 명사구 삭제 규칙이나 SS/DS 유도 연결어미에 따라 주절의 주어 성분이 결정될 수 있다. 같은 맥락에서, 주절의 주어 성분이 한정조사 '은/는'으로 실현되느냐 '이/가'로 실현되느냐에 따라 전체 복문의 해석이 달라진다. 이를 정리하면 다음과 같이 유형화할 수 있다.

(69) 한정조사 '은/는'과 '이/가'의 쓰임과 동일주어(SS)/다른주어(DS)의 상관성

S(i) [øi ... ,] Yi-는 ... . SS
S(ii) Yi-는 [øi ... ,] ... . SS
S(iii) [Xi-가 ... ,] øj ... . DS 〉 (SS)
S(iv) [øi ... ,] Yj-가 ... . DS 〉 (SS)
S(v) [ø ... ,] ø ... . SS 〉 DS
S(vi) [X-가 ... ,] Y-가/는 ... . DS

(i) 밥을 많이 먹고 나서 민수는 운동을 했다.
(ii) 민수는 밥을 많이 먹고 나서 운동을 했다.
(iii) 동생이 밥을 많이 먹어서 그러지 말라고 조언을 해주었다.
(iv) 밥을 많이 먹어서 동생이 뚱뚱해졌다.
(v) 밥을 많이 먹어서 뚱뚱해졌다.
(vi) 동생이 밥을 많이 먹어서 민수가 걱정을 한다.

(69)는 편의상 종속절의 주어 생략의 문제를 잘 드러내기 위해서 주로 '를형 목적어'를 요구하는 강성 타동사를 중심으로 예를 제시한 것이다. 이때 '나는 호랑이가 무섭다'류나 '코끼리는 코가 길다'류가 위와 같은 틀에 잘 적용된다는 사실을 보일 수 있다면, 해당 부류의 구문들을 약성 타동성

(weak transitivity)을 갖는 구문으로 분석할 수 있다. 그렇다면 이런 구문에서의 NP2는 '가형'으로 나타난 목적어임을 증명할 수 있을 것이다.

이를 위해 (69)의 '밥(을) 많이 먹다'와 (70)의 '머리(가) 나쁘다', '몸(이) 아프다'를 대조하며 하나씩 검토해보자.

(70) (i) 머리가 나빠서 민수는 남들보다 공부를 두 배로 한다.
    (ii) 민수는 머리가 나빠서 남들보다 공부를 두 배로 한다.
    (iii) 동생이 머리가 나빠서 걱정이다.
    (iv) 머리가 나빠서 동생이 회사에서 쫓겨났다.
    (v) 몸이 아파서 일을 쉬었다.
    (vi) 동생이 몸이 아파서 민수가 회사를 그만두었다.

이처럼 '코끼리는 코가 길다'류와 '나는 호랑이가 무섭다'류는 (70)의 복문 구조에서 주절의 주어 찾기 원리에 부합한다. 그러므로 이 두 부류의 구문은 (69)의 '주제화된 주어 + 초점화된 를형목적어 + 서술어'의 구조와 평행한, '주제화된 주어 + 초점화된 가형목적어 + 서술어' 구조의 구문임을 알 수 있다. 결과적으로, 유현경(2021)에서 잉여 성분 주제어로 분석한 성분 NP1은 '주제화된 **주어**'로, 주어로 분석했던 성분 NP2는 '초점화된 **가형목적어**'로 재분석할 수 있다.

이러한 복문에서의 주어 찾기 원리를 적용하면, 앞 3.3.4절에서 다룬 이중 주어 구문 유형들이 '코끼리는 코가 길다'류와 다른 유형임을 알 수 있다. 단적으로, (71)의 예문들에는 해당 원리가 적용되지 않는다. 이 예문들에 나타나는 잉여 성분의 주제어를 주절의 주어로 하여 복문을 만드는 것은 불가능하다. 즉, 이들 주절의 주어는 따로 있는 것이다. 이를 통해서 3.3.4절에서 다룬 유형들이 기본 문형으로 설정될 수 없음을 재차 확인할

수 있다.[83]

(71) (i) *잠이 안 와서 커피는 맛없다.

    cf. 커피는 잠이 안 와서 나는 거실에 나가 책을 읽었다.

       커피가 잠이 안 오기 때문에 오후 시간 이후로는 절대 마시지 않아요.

  (ii) *치킨은 살이 안 쪄서 맛있다.

    cf. 치킨이 살이 안 쪄서 나는 맘놓고 실컷 먹었다.

       치킨은 살이 안 찐다는데 왜 나만 그렇지?

  (iii) *?시계가 엘긴이 비싸서 걱정이다.

    cf. 시계는 엘긴이 비싸서 엘긴만 잘 안 팔린다.

  (iv) *?도미가 맛있어서 생선이 잘 팔린다.

    cf. 생선은 도미가 맛있어서 그런지 도미만 비싸게 팔리더라구.

  (v) *?직원들이 일을 해서 12시가 빨리 온다.

    cf. 12시는 직원들이 일을 해서 나는 저녁에 공부한다.

  (vi) *국어학이 취직이 어려워서 영어학이 재미있다.

    cf. 국어학은 취직이 어려워서 많은 학생들이 다른 전공으로 바꾸려고 한다.

---

83 추가적으로, 이중 주어 구문의 한 유형으로 제시되었던 다음과 같은 구문은 양화 구문으로, 주어가 하나인 자동사 구문으로 취급한다. 이 구문은 '학생이' 성분이 주어이고 '세 명이' 성분은 분류사구로서 일종의 부사어구를 이루는 구문이라고 할 수 있다.

  (1) 학생이 셋이/세 명이 왔다. − *셋은/세 명은 학생이 왔다.

    = 세 명의 학생이 왔다.

주어와 목적어의 통사적 기능에 관계없이 이러한 양화 구성은 가능하다.

  (2) 가. 학생 세 명이 모여 집 두 채를 부수었다.

    나. 학생이 세 명 모였다. = 세 명의 학생이 모였다.

    다. 집을 두 채 부수었다. = 두 채의 집을 부수었다.

3.6. 소결

우리는 3.2절에서 이중 주어 구문에 대한 저간의 연구사를 간단하게 살펴보고 문제를 새롭게 제기했다. 3.3절에서는 이중 주어 구문의 통사론과 의미론을 간략히 살펴 기본 문형을 설정할 때 고려해야 할 사항을 알아보았고, 이어서 3.4절에서는 한국어의 '코끼리는 코가 길다'류 구문을 문장 성분으로서의 주제어 설정을 통해 설명하고자 한 지금까지의 주요 논의들(임홍빈 2007, 박철우 2021, 유현경 2021)을 종합적으로 검토하였다. 그리고 이들의 주장과 달리, 해당 구문을 분석하기 위해서 문장 성분으로서의 '주제어'를 도입할 필요가 없으며 '주어' 개념을 재정립하면 지금까지 제기된 문제를 말끔히 해결할 수 있음을 보였다. 3.5절에서는 결론적으로 이중 주어 구문 가운데 한국어 문법의 영역에서 수용해야 할 기본 문형은 '코끼리는 코가 길다'류와 '나는 호랑이가 무섭다'류에 국한된다는 사실을 논증하였다. 이러한 기본 인식의 전환을 통하여, '코끼리는 코가 길다'류의 서술어 '길다'는 $\langle$ X have_long Y $\rangle$의 논항 구조를 갖는 두 자리 서술어로 볼 수 있게 되었다. 따라서 주어 논항 '코끼리'는 '소유주(possessor)'의 의미역을 할당받고 비주어 논항[84] '코'는 '대상(theme)'의 의미역을 할당받는다고 할 수 있다. 또한 '나는 호랑이가 무섭다'류의 서술어 '무섭다'는 $\langle$ X is scared/afraid of Y $\rangle$의 논항 구조를 갖는 두 자리 서술어이고, 주어 논항 '나'에는 '경험주(experiencer)'의 의미역이 배당되며 비주어 논항[85] '호랑

---

84 이 비주어 논항 NP2를 학교문법에서는 서술절설을 바탕으로 '소주어'로 분석하며, 유현경(2021)과 유현경 외(2019)의 표준문법에서는 '주어'로 분석한다. 본고에서는 이들 '가형목적어'로 분석한다.

85 이 비주어 논항 NP2를 학교문법에서는 서술절설을 바탕으로 '소주어'로 보기도 하지만, 대체적으

이'에는 '대상(theme)'의 의미역이 배당된다고 할 수 있다.

그밖에 주제어 설정으로 설명하고자 했던 부류인 '민수는 동생이 회사에 다닌다'와 같은 이중 주어 구문은 사실 단문 구조로 볼 수 없으며, 이들 구문의 주제어로 간주되었던 NP1 '민수는' 성분은 사실 복문 구조에서 후행절(=주절)의 주어로 나타난다는 사실을 코퍼스를 통해 검증해 보였다. 이 외에 다음과 같이 부가어 성분이 주제화되어 문두에 나타난 구문 및 말하는 과정에서 '고쳐말하기(repair)'를[86] 통해 재구성된 이중 주어 구문은 기본 문형에서 제외된다는 사실을 보였다.

(72) 가. 민수는 아버지가 돌아가셔서 학업을 포기하고 집안을 책임져야만 했다.
　　나. 민수는 동생이 돈이 많음에도 불구하고 한 번도 손을 벌린 적이 없다.
　　다. 나는 동생이 이번 시합에서 꼭 이길 거라고 봐.
　　라. 나는 내 동생이 민수 동생보다 더 커서 다행이야.
　　마. 커피는 잠이 안 오는데, 어떻게 해야 잠을 잘 잘 수 있는 거야?
　　바. A: 국어학은 취직이 잘 안 된다며?
　　　　B: 무슨 소리야? 민수는 대학교수 금방 되던데.
　　사. 생선은 말이야, 저 그거 있잖아, 맞아 도미가 제일 맛있다고 생각해.
　　아. 내일 날씨는 저기 뭐냐, 비 올 것 같대.

로 '보어'라는 별도의 개념으로 처리하기도 한다. 후자의 태도는 해당 구문의 [NP2 + V]를 서술절로 보지 않으며, NP1 성분을 주어로 분석한다는 것을 의미한다. 대표적으로 유현경(2021), 유현경 외(2019)는 NP2 성분을 '보어'로 보고 NP1 성분을 주어로 본다. 그러나 본고에서는 일관되게 NP2 성분을 '가형목적어'로, NP1 성분을 주어로 분석한다.

86 이기갑(2014) 참조.

(72가, 나, 다, 라)가 '민수는 동생이 회사에 다닌다'류의 대표적인 예이다. 그 밖에 (72마, 바)는 부가어가 주제화된 특수 구문이고, (72사, 아)는 고쳐말하기(repair) 구문의 일종이다. 이들 (72) 구문들은 이중 주어 구문이라는 단문을 중심으로 한 통사론의 영역 밖에서 별도로 특수하게 다루어야 할 유표적 구문으로 파악해야 한다.

4. 소유 구문

4.1. 서론: 구문 유형론

구문 유형론은 그린버그(Greenberg)가 제시한 어순 유형론에서 출발했다고
할 수 있다. 그린버그는 주어진 언어의 타동 구문에 나타나는 주어 S, 목적
어 O, 서술어(동사) V의 위치를 기준으로 6가지 유형을 설정하고 1,377개
의 표본 언어를 대상으로 그 실태를 조사하였다. 그리고 다음과 같은 순서
로 각 유형의 비율을 제시하였다(Comrie 1989 참조).

   (1) SOV (565/1,377) 〉 SVO (488/1,377) 〉 VSO (95/1,377) 〉
      VOS (25/1,377) 〉 OVS (11/1,377) 〉 OSV (4/1,377).

(1)에서 확인할 수 있듯이, 세계 언어의 상당수는 SOV 아니면 SVO 어
순을 가진다. 한국어 역시 마찬가지이다. 한국어는 기본적으로 SOV 유형
의 언어로 기술되어 왔고, 동시에 자유 어순의 특성인 어순 뒤섞기
(scrambling) 현상이 허용되는 언어로 취급되어 왔다(본서 2장 참고).

또한 구문 유형론은 정렬 유형론(typology of alignment)으로도 발전하였다.
정렬 유형론은 타동사의 주어 A와 목적어 O, 그리고 자동사의 주어 S 표시
방식에 따라, 즉 주어와 목적어의 정렬 방식에 따라 유형을 분류하는 이론
이다. 이 정렬 유형론은 최근 세계 언어유형론 학계가 전체 유형론에서 부

분 유형론으로 바뀌면서 '유형 유형론(linguistic type typology)'으로 수렴하는 것과 연관된다(Rivas 2004). 현재 정렬 유형론에는 다음과 같은 정렬 유형이 제시되어 있다(Haspelmath et al. 2005, http://wals.info/chapter/98, 루빙푸 · 진리신 2018).

(2) 가. Nominative-Accusative pattern

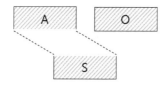

나. Ergative-Absolutive pattern

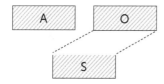

다. Split-S pattern

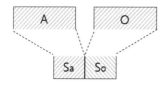 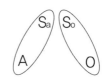

라. Split-SO pattern

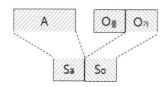

(2)에서 제시한 유형 이외의 정렬 유형으로는 'active-inactive pattern', 'tripartite pattern', 'neutral pattern', 'focus pattern', 'direct-inverse pattern' 유형을 제시할 수 있다. 이들이 어떤 정렬 패턴을 보이는지 아래에서 잠깐 언급하고 넘어가겠다.

먼저, 'neutral pattern(중립형)'은 자동사의 주어 S, 타동사의 행위자 A, 타동사의 피행위주 P가 같은 표지를 사용하거나 표지를 사용하지 않는 유형이다. 한국어 또한 'neutral pattern'으로서의 모습도 일부 가지고 있다. '나 애들 너무 좋아해', '우리 아기 지금 자고 있어'에서 타동사의 주어 '나', 목적어 '애들', 그리고 자동사의 주어 '우리 아기'가 모두 무표지 '∅'으로 표시되고 있는 것이 바로 한국어가 가지는 'neutral pattern'으로서의 모습이다.

다음으로, 'active-inactive pattern(행위-비행위형)'은 자동사의 주어 S가 행위성 정도에 따라 Sa와 Sp 두 종류로 나뉘고 Sa의 표지가 타동사의 A와, Sp의 표지가 타동사의 P와 일치하는 패턴이다. 티베트어의 라싸 구어가 이러한 패턴을 보여주고 있다고 보고된다. 티베트어 라싸 구어에서는 자동사의 S가 행위성 주어와 일치할 때(Sa) '고의성/의도성'의 의미로 해석되고, S가 비행위성 목적어와 일치할 때(Sp) '자발성/비의도성'의 의미로 해석된다(Dixon 1994). 한국어 또한 '움직이다', '깜빡거리다' 등의 일부 어휘에서 이러한 '능격성(ergativity)'을 엿볼 수 있다(연재훈 1989, 2008, 고광주 2001).

'tripartite pattern(3분할형)'은 A, P, S가 서로 다른 표지를 사용하는 패턴인데, 한국어에는 이 패턴의 모습이 전혀 나타나지 않는다.

'direct-inverse pattern(정반형(正反型))'은 알공킨어파, 오스트레일리아의 언어, 티베트버마어파 중 일부의 언어들에서 보이는 패턴이다. 이 패턴에서는 격 부여 체계가 '인간명사 〉

3분할형

정반형

(인간 외)유정명사 〉 무정명사 〉 추상명사'의 유정성 위계(animacy hierarchy)나 '1인칭 〉 2인칭 〉 3인칭'의 인칭 위계에 의존한다. 그리고 이 유정성 위계에서 상위(왼쪽) 항목은 행위자가 될 가능성이 크고, 하위 항목은 피행위자가 될 가능성이 크다. 즉, 어떤 사건을 묘사할 때 상위 항목이 행위자이고 하위 항목이 피행위자이면 자연스러운 문장이 되지만, 반대로 하위 항목이 행위자이고 상위 항목이 피행위자이면 자연스럽지 않은 문장이 된다. 이때 전자에서는 위계의 정순으로 동사에 표시하는 'direct marking'을 따르고, 후자에서는 위계의 역순으로 동사에 표시하는 'inverse marking'을 따른다.

끝으로 'focus pattern(화제-초점형)'은 'topic-focus' 구조를 기본으로 하는 패턴이며, 필리핀의 타갈로그어(Tagalog)가 이 패턴을 보이는 대표적인 언어이다. 타갈로그어에서는 각 성분이 화제 표지 'ang'과 결합하여 화제 성분으로 표시되는데, 이때 행위자-화제 구성, 착점-화제 구성, 수혜자-화제 구성 등이 가능하다. 총체적으로 '화제 부각형' 언어를 규정하는 Li & Thompson(1976)의 논리에 따르면, 한국어도 화제 표지 '은/는'을 가지므로 'focus pattern'의 특성을 일부 갖는다고 할 수 있다.

따라서 한국어의 독특한 타동성 유형을 포착하기 위해서 기존 유형 분류를 새롭게 하는 방식이나, 아니면 기존 유형 분류를 유지하되 더 세분화하는 방식을 사용할 수 있겠다. 우리는 한국어가 기본적으로 '(주격)-대격' 유형의 언어이며 '능격-(절대격)' 유형이 아니라는 기조를 유지한다. 따라서 한국어의 타동성 유형을 포괄하려면 '쪼개진 목적어(split-O)' 패턴을 따로 설정할 필요가 있다. 이와 관련하여 목정수(2018)는 본격적으로 한국어의 소위 '이중 주어 구문'이 단일 주어의 단문으로 분석될 가능성을 모색하여 두 번째 명사구 NP2도 일종의 목적어인 '가형 목적어'로 분석하였고, 한국어의 타동 구문이 ('를형 목적어'를 가지는) 강성 타동 구문과 ('가형 목적어'를 가지는) 약성 타동 구문으로 분리된다고 주장하였다.[87] 그리고 이러한 분석을 바탕으로 기존 정렬 유형론에 한 가지 패턴을 더 추가할 것을 제안하였다.

(3) Split-O system

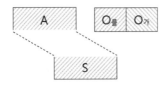

그러나 이러한 정렬 패턴 설정의 이면에는 근본적으로 형식과 의미의 상관성 문제가 숨어 있다. 예문 (4)를 보자.

(4) 가. Louis likes animals. (영어)

　　나. A Luis le gustan los animales. (스페인어)

　　다. Lui Luis i plac animalele. (루마니아어)

　　라. 루이스가 동물을 좋아한다.[88] (한국어)

---

[87] 한국어의 타동 구문을 영어나 중국어의 그것과 비교해 보면, 수동태로의 변환이 가능한 경우는 대개 강성 타동 구문에 해당하고, 그렇지 않은 경우는 대개 약성 타동 구문에 해당한다.

　(1) 가. I killed the cat. ⇒ The cat was killed by me.
　　　　(나는 고양이를 죽였다. '를형 목적어'의 강성 타동 구문)

　　나. I have a book. ⇒ *A book is had by me.
　　　　(나는 책이 있다. '가형 목적어'의 약성 타동 구문)

　(2) 가. tā shā le nà zhī lǎohǔ. ⇒ Nà zhī lǎohǔ bèi tā shā le.
　　　　(그는 그 호랑이를 죽였다. '를형 목적어'의 강성 타동 구문)

　　나. wǒ hàipà nà zhī lǎohǔ. ⇒ *Nà zhī lǎohǔ bèi wǒ hàipà.
　　　　(나는 그 호랑이가 무섭다. '가형 목적어'의 약성 타동 구문)

[88] 앞에서도 몇 차례 언급하였듯이, 한국어 타동 구문을 논의할 때 기본형으로 [X-가 Y-를 Vt]형을 제시하는 것이 일반화되어 있지만 실제로 빈도가 높은 무표형은 [X-는 Y-를 Vt]형이다

대부분은 (4라)의 한국어 문장에서 의미적으로 '루이스가'가 주격형으로, '동물을'이 대격형으로 보이므로 한국어가 영어와 같이 '주격-대격' 정렬을 하고 있다고 할 것이다. 그리고 (4나) 스페인어와 (4다) 루마니아어에서는 'a Luis', 'lui Luis'와 대명사 'le'와 'i'가 여격형이고 'los animales'와 'animalele'가 주격(또는 절대격)형이므로 '여격-주격' 또는 '여격-절대격' 정렬을 하고 있다고 말할 것이다. 그런데 이러한 판단은 각 언어의 서술어 'like - 좋아하다/좋다 - gustar - plăcea'의 개념 구조나 논항 구조가 같음을 전제한다는 문제점을 가진다. 즉, 이러한 방식은 기본적으로 ono-masiology(명의론/표현론)의 관점에서 접근하는 방식이다. 그러나 sem-asiology(기호론/해석론)의 관점에서 보면, 스페인어의 의미상의 주어 'a Luis'나 루마니아어의 'lui Luis'는 사격어에 불과하다. 'gustar' / 'plăcea'의 개념 구조를 고려한다면[89] 3인칭 복수 현재형 동사 'gustan' / 'plac'의 일치 관계를 통해 이들의 문법적 주어를 'los animales' / 'animalele'로 둘 수 있다. 이 문법적 주어를 S로 보면 'A Luis le gustan los animales.'나 'Lui Luis i plac animalele.'는 주어가 동사 뒤에 오는 (IO)VS형 문장이 된다. 따라서 어순 유형론에서 S의 위치는 의미적 주어와 문법적 주어 중 기준으로 삼는 것에 따라 달라진다고 할 수 있다.

그런데 현재 이루어지는 정렬 유형론 논의들은 상술한 근본적인 문제를 전혀 해결하지 않은 채 어순 유형론의 상위 버전으로 발전되어 있고, 이러한 상황은 심각한 문제를 야기하였다. 가령 '능격-절대격' 정렬의 언어에서

(목정수 · 조서희 2021).

[89] 'gustar' / 'plăcea'의 어휘적 의미는 한국어의 '좋아하다'에 단순하게 대응시킬 수 없으며, '누구의 마음에 들다 / 누구의 마음을 기쁘게 만들다'가 이들의 실제 의미에 가깝다. 독일어의 'gefallen' 동사 또한 마찬가지이다. ex) Gefällt es dir hier? "이곳이 마음에 드니?"

능력 논항이 A로 기술되지만, 실제 서술어와의 일치에서는 절대격 논항 O 가 관여하는 경우가 있다. 앞의 스페인어의 예에서도 보았듯이, 서술어 'gustar'의 일치는 의미상의 여격 주어(=행위주 A 또는 경험주 E)가 아니라 의미상의 절대격 목적어(=대상 O)에 따른다. (5가)에서는 3인칭 복수형 'los animales'와, (5나)에서는 3인칭 단수형 'el flamenco'와, (5다)에서는 1인칭 단수형 'yo'와 2인칭 단수형 'tú'와 일치한다.

(5) 가. A Luis le gustan los animales. (gustan ⇒ los animales)
　　 나. Me gusta el flamenco. (gusta ⇒ el flamenco)
　　 다. ¿Te gusto? ‒ Sí, me gustas. (gusto ⇒ yo, gustas ⇒ tú)

아무튼 대부분은 한국어가 '주격‒대격' 정렬 유형에 속한다고 기술한다. 또 대부분 알타이어의 주격형은 '영형(zero)'으로 나타나는데, 한국어는 대격 표지 '을/를'과 구별되는 유표적 주격 표지 '이/가'가 있는 것처럼 보이고, 그래서 '무표적(unmarked) 주격‒대격형 언어'와 대비되는 '유표적(marked) 주격‒대격형 언어'로 분류되고 있다(박진호 2015b). 그런데 이런 진술은 그 자체로 틀린 진술은 아니지만, 완전히 딱 맞지도 않는다. 왜냐하면 지금까지 주격 표지, 대격 표지라고 보았던 '이/가'와 '을/를'은 분명 비격(non-case)으로서의 성격을 가지고 있기 때문이다. 한국어의 '이/가'와 '을/를'은 주어와 목적어를 적극적으로 표시하지도 않고, 이들 조사가 필수적/의무적인 것도 아니다. 즉, '이/가'와 '을/를'이 주어와 목적어에 나타난다는 사실은 '이/가'가 주어임을, '을/를'이 목적어임을 보증하는 충분조건이 되지 못한다. 실제로도 목적어 성분에 '이/가'가 나타날 수 있고 주어 성분에 '을/를'이 나타날 수 있다.[90] 여기에는 정보 구조나 텍스트의 흐름 조정을 위해 보조사 '은/

는'이나 '도'가 주어나 목적어에 관계없이 개입하는 현상과 똑같은 원리가 작동한다.[91]

(6) 가. 뭐 나를 나오라고? ('나를'이 '나오라고'의 주어)
    나. 학교에서 돌아오는데 비를 무지막지하게 퍼붓더라구. ('비를'이 '퍼붓더라구'의 목적어)

(7) 가. 그것이 알고 싶어 죽겠습니다. ('알고 싶다'의 목적어 '그것이')
    나. 나이가 먹으니까 좀 알겠더라구 부모의 마음이라는 게 뭔지. ('먹다'의 목적어 '나이가')

(8) 가. 바람도 선선히 부는데, 우리 소풍이나 갈까? ('바람도'는 '불다'의 주어??)
    나. 축구는 좋아하지만 저 야구는 별로예요. ('축구는'은 '좋아하다'의 주어??)

이러한 언어 사실을 종합적으로 고려하면, 정렬 유형론의 관점에서 한국

---

90 필자는 앞선 논의에서 '이/가'가 붙은 성분이 목적어로 해석되어야 한다는 것의 결정적 증거로 '저는 할아버지가 뵙고 싶어서 온 거예요'라는 예를 제시했고, '을/를'이 붙은 성분이 주어로 해석되는 예로 '너는 우리 할머니를 노인대학에서 제일 예쁘시다고 보는 거지?'를 들었다(목정수 2017, 2018a).

91 실제 인스턴트 메시지를 통한 대화의 한 사례를 제시한다. 특히 밑줄 친 부분에 주목하라. '예약하다'의 목적어 '자리'가 '자리를'이 아니라 '자리가'로 실현되어 있다.
  M: 오늘 강의 왔어요. 박 샘, 점심 가능?
  P: 네. 제가 2시 수업인데 그 이전에 가능합니다.
  P: 선생님, 수업 언제 끝나세요? 그때 맞추어 자하연 식당에서 기다리고 있겠습니다. 학생들 데리고 오셔도 되고요.
  M: 12시 20분~30분 사이에 봐요.
  P: 네. 자리가 미리 예약해야 해서 학생들 데리고 오실 거면 인원수 알려주십시오.
  M: 저 혼자 갑니다 40분에.
  P: 네. 자하연 식당 3층에서 뵙겠습니다.

어를 '주격-대격' 패턴이 우세하지만 부분적으로 '능격-절대격' 정렬, '중립' 정렬의 모습도 보이는 언어로 규정하는 것이 타당하다고 할 수 있다. 그리고 이를 일반화하기 위해서라도 한국어 구문 하나하나에 대한 정밀한 분석과 세밀한 논의가 필요하다. 본장에서는 그 일환으로 한국어의 소유 구문이 어떤 형식으로 실현되는지, 그 전형성에 대해 살펴보겠다.

4.2. 한국어 소유 구문의 실제

여기서 우리는 한국어의 동사 '있다/없다', '많다/적다'를 중심으로 살펴보겠다. 특히 '있다/없다'가 존재동사와 소유동사 두 가지 용법으로 구분된다는 것을 밝힘으로써, 소유동사로서의 '있다/없다'가 실현된 구문 '나는 친구가 많다', '할아버지는 음악에 관심이 없으시다' 등이 두 자리 서술어가 실현되는 (약성) 타동 구문으로 분석되어야 할 필요가 있음을 보여주고자 한다. 즉, '친구가'와 '관심이' 성분은 주어가 아닌 다른 통사 기능을 담당하는 것으로 판단되므로, 우리는 이들의 통사 기능을 고려하여 '친구가'와 '관심이'를 '를형 목적어'에 대비되는 '가형 목적어'라 명명하겠다. 이때 후자의 '관심이' 성분은 '없다'의 목적어로서 '관심이 없다'가 복합서술어(complex predicate)를 구성하고, '관심'에 내재된 서술성이 갖는 논항 구조에 따라 관심의 대상으로서 '음악에'라는 사격어 논항이 실현된 것으로 분석된다.

4.2.1. 한국어 타동 구문의 범위

본격적으로 한국어 타동 구문을 살펴보기 전에, 전형성에서 벗어나 논란의 대상이 되는 구문들부터 살펴보기로 하자. 먼저, 자동사 용법을 보이는 동사들이 '을/를'을 동반하는 부가어(시간 명사, 공간 명사)와 결합하는 구성이 있는데, 이러한 구성이 타동 구문인지에 대한 논의가 늘 존재했다. 홍재성(1987)은 이러한 구문들의 특성을 상세하게 논의하였다.

(9) 가. 운동장을 달리다
    나. 공원을 걷다

(10) 가. 두 시간을 뛰다
     나. 격변의 시대를 살다

'자다' 등 동족 목적어를 취하는 자동사 구문도 문제가 될 수 있다. 아래 (11)과 (12)에서 확인할 수 있듯이, '자다'는 자동사 용법을 갖지만, '꾸다'에는 자동사 용법 자체가 없기 때문이다.

(11) 가. 민수는 낮잠을 꼭 잔다.
     나. 민수는 지금 자고 있다.[92]

(12) 가. 나는 어제 돼지꿈을 꾸었다.
     나. *민수는 지금 꾸고 있다.

---

92 (6나)의 '자다'는 목적어 '잠'이 없이 실현된 절대적 용법(emploi absolu)의 타동사로 처리하는 것도 가능하다.

다음으로 이동동사 '오다/가다'의 타동 구성을 보자.

(13) 가. 학교를 가다
    나. 배달을 오다[93]

(13)은 최현배(1937) 등에서 자동사 '가다/오다'의 주관적 남움직씨로 처리했던 예문이다. 이에 대해, 본고의 시각에서는 '학교를 가다'를 이동동사 '가다'의 타동사 용법으로 본다. '학교를 가다'는 '이사를 가다, 구경을 가다'와 평행하게 해석되는 일종의 '가다' 기능동사 구성이다. '학교(를) 가다'는 단순히 '학교'라는 공간으로의 이동을 의미하는 것이 아니라, '학교'에서 이루어지는 '학업 행위'와 같은 추상적 의미를 갖는 복합서술어의 성격을 가진다. 만약 '학교(를) 가다'가 단순히 공간의 이동을 의미한다면 '학교'는 다음과 같이 장소 보어로 실현될 것이다.

(14) 학교에 가서 놓고 온 가방을 찾았다.

'학교를 가다'와 '이사를 가다'는 다음과 같은 점에서 공통점과 차이점을 모두 갖는데, 구성의 차이를 분명히 하기 위해 그 속구조를 오른쪽에 제시한다.

(15) 가. 학교에 가다 ⇒ 학교-에-$\emptyset_2$ 가다
    나. 학교를 가다 ⇒ 학교-$\emptyset_1$-를 가다

---

93 다음은 '배달이/을 오다' 구성의 실제 예시이다.
   (1) 한강에서 짜장면을 시켰더니 정말 배달이 오더라구.
   (2) 한걸음에 배달을 왔건만 시킨 놈은 어딜 갔는지 문을 안 열어 주네.

다. 학교 가다 ⇒ 학교-∅₁-∅₂ 가다

라. 학교에를 가다 ⇒ 학교-에-를 가다

(16) 가. *이사에 가다 ⇒ *이사-에-∅₂ 가다

나. 이사를 가다 ⇒ 이사-∅₁-를 가다

다. 이사 가다 ⇒ 이사-∅₁-∅₂ 가다

라. *이사에를 가다 ⇒ *이사-에-를 가다

즉, 이러한 'X-(를) 가다' 구성의 X는 피동화 변형이 적용되는 강성 타동 구문에 비해 강도는 낮을지라도 '을/를'과 결합하고 후치사 조사 '에'나 '로'와는 결합하지 못한다. 따라서 'X-(를) 가다' 구성이 타동성(transitivity)을 일부 가진다고 보아야 할 것이다.

(17) 가. 낚시를 가다[94] - *낚시에/로 가다

나. 쇼핑을 가다 - *쇼핑에/으로 가다

다. 중국인들이 요즘 관광을 안 온다. - *관광에 오다

또한 'X-(를) 가다' 구성은 연결어미 '-(으)러' 구성으로 환언할 수 있는데, '-(으)러' 연결어미가 장소 보어적 속성을 갖는다는 점을 고려한다면 이러한 구성은 상대적으로 낮은 타동성을 가진다고 볼 수 있다.[95]

---

94 영어의 'go fishing'을 'go + 동명사' 구성으로 볼 것인가 'go + (for) + 동명사' 구성으로 분석할 것인가가 전통문법에서 논란거리가 된 적이 있다.

95 일본어에서는 이런 구성에 '-ni'가 필수적으로 나타난다는 사실과 비교해 볼 수 있다.

  (1) 가. ショッピングに行く

  나. *ショッピング行く

  다. *ショッピングを行く

(18) 가. 낚시(를) 가다 ⇒ 낚시하러 가다

　　 나. 쇼핑(을) 가다 ⇒ 쇼핑하러 가다

4.2.2. 한국어 타동 구문의 연속체로서의 소유 구문

Stassen(2009)은 소유 구문에 대한 중요한 유형론적 성과물이다. 여기서는 명의론적/표현론적(onomasiology) 관점에서 세계의 언어들이 어떠한 방식으로 소유 개념을 부호화하는지를 상세하게 제시하고 있다. 이러한 Stassen(2009)을 토대로 한국어 소유 구문을 살펴본 논의로는 임근석(2012, 2016), 김천학(2012, 2021), 박진호(2017), 연재훈(2021) 등이 있다. 한편, WALS에서는 Stassen(2009), Seiler(1983) 등의 연구를 기반으로 삼아서 소유 개념이 실현되는 방식과 그 지역적 분포를 다음과 같은 지도 형식으로 제시하고 있다.

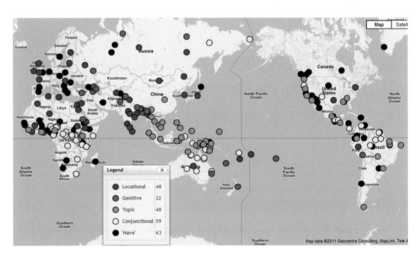

〈그림 1〉 WALS 117A: Predicative Possession

그 결과, 한국어의 전형적 소유 구문은 'locative possessive' [소유주-에게(처격/여격) 소유물-이(주어) 있다(존재동사)] 구문으로 상정되었고,[96] 'topic possessive' [소유주-는(주제) 소유물-이(주어) 있다(존재동사)] 구문이 특수 구문으로 다루어지게 되었다(박양규 1975, 신선경 2002, 임근석 2012, 2016, 김천학 2012, 2021, 박진호 2017, 연재훈 2021).

이처럼 현재 유형론 학계는 한국어의 소유 구문이 존재동사 '있다'를 사용하는 'locative possessive'라고 정설인 양 여기고 있다. 그러나 우리는 이를 바로잡기 위해 상당히 많은 시간을 여기에 할애할 것이다. 우리는 오히려 'topic possessive'가 한국어 소유 구문의 전형이며, 이때 사용된 동사 '있다'는 존재동사 'be' 계열이 아니라 소유동사 'have' 계열임을 증명할 것이다.

'locative possessive'를 소유 구문의 기본 구조로 보는 논의는 반드시 다음과 같은 문제에 부딪힌다. 첫째, '여격 주어', 소위 'non-nominative subject'에 대한 유형론적 논의를 받아들임으로 인해 저절로 발생하는 국

---

96 소유주가 비주격형으로 나타나는 대표적인 언어로는 아래와 같은 언어들이 있다.

    (1) 힌디어 속격 (Montaut 1991: 123).

        mere   do   bha:i: haiN

        I-gen two brother-mas.pl. exist-pres-mas.pl.

        'I have two brothers.'

        '나는 동생이 두 명 있다. = 나는 두 명의 동생이 있다. = 나는 동생이 둘이다.'

    (2) 러시아어 처격

        U menyá kníga.

        by I.gen book.fem.nom

        'I have a book.'

    그러나 이들 힌디어와 러시아어에서도 속격을 주격으로, 처격을 주격으로 각각 바꾸면 비문이 된다는 사실을 놓쳐서는 안 된다. 이들 언어에서는 존재동사의 용법으로만 '소유주-소유물'의 관계를 간접적으로 나타내고 있을 뿐이다. 비주격 주어(non-nominative subject) 논의에서는 이러한 사실이 매우 중요하다.

어학적 문제를 해결해야 한다. 연재훈(1996), Yoon(2004), Kim(2017) 등의 논의에서는 다음 (19)처럼 '여격 주어'와 '-시-'가 잘 호응하는 것으로 판단하며, 이러한 문장을 정문으로 취급하고 있다. 그런데 소유 구문 논의에서 항상 '-시-'와 호응하는 성분에 대한 직관과 의견은 논자마다 다르다. 이처럼 한국어의 간단한 언어적 사실을 두고서도 문법성 판단의 차이가 생기는 이유를 근본적으로 재검토해야 한다. 이러한 질문은 '주어'를 올바르게 그리고 분명하게 규정하기 위해 반드시 선행되어야 하는 과정이다.

(19) 가. 할아버지께 돈이 있으시다.
　　나. 할아버지께 돈이 많으시다.
　　다. 할아버지께 돈이 필요하시다.

임홍빈(1985), 김용하(2005) 등 국내의 논의에서도 위 (19)와 같은 '-시-' 호응이 문법적이라고 판단한다. 그러나 한국어 언중들은 아래의 (20)을 훨씬 자연스러운 문장으로 판단할 것이다. 실제로 한국어의 소유 의미 표현은 전술한 'topic possessive' 구문으로 더 자연스럽게 실현된다.

(20) 가. 할아버지(께서)는 돈이 있으시다.
　　나. 할아버지(께서)는 돈이 많으시다.
　　다. 할아버지(께서)는 지금 돈이 필요하시단다.

이른바 '여격 주어'의 상정을 주장하는 논의에서는 (19)에 나타나는 '-시-'와의 호응을 관대하게 받아들인다. 이는 주체 존대 요소 '-시-'로 '소유주-에게' 성분의 주어성을 인정하고, 이를 통해 '여격 주어'의 존재를 합리화할 수 있기 때문이다. 그러나 목정수·이상희(2016)가 신랄하게 비판하였듯이, 이러한 논의는 문법성에 대한 판단과 전형적인 구문에 대한 판단 모두에서 문제를 가지고 있다. 특히 전형성(canonical typology)의 측면에서 볼 때, '여격 주어' 구문은 전형적이지 않다. 모든 논자들은 이 점에는 분명히 동의할 것이다. 이러한 사실이 여격 주어설의 타당성을 의심하게 만든다.

둘째, 여격 주어설을 주장하는 논의에서는 두 번째 성분 '소유물(NP2)-이'가 갖는 통사적 기능을 명확하게 밝혀야 하는데, 그러지 못하고 있다. 만일 전통적인 논의대로 주격조사 '이/가'와 주어가 보이는 일대일 대응성에 기대어 NP2를 주어라고 본다면, '나에게 책이 있다' 같은 'locative possessive' 구문이 일종의 이중 주어 구문인지에 대한 문제가 파생된다.[97] 반대로 NP2를 보어나 목적어로 보려 한다면 보격조사 '이/가' 또는 목적격조사 '이/가'로의 분할 문제가 또다시 나오게 된다. 진퇴양난의 형국이다.

유형론에서 제시하는 'topic possessive' 구문에도 문제가 있다. 이 '주제어'는 결국 처소어 '소유주-에게'가 주제화된 것으로 보면 간단히 해결될 것 같지만, 실제로는 복잡한 문제이다. 주제어는 '소유주-가' 형태로도 나타나고 '소유주-Ø'의 맨 명사(bare noun) 형태로도 나타난다. 또한 김천학(2012, 2021)의 주장과는 달리, 소유주와 소유물이 도치될 수도 있다(목정수 2020).

(21) 가. 민수가 그리 큰 돈이 있을 리 만무하다.
　　　나. 민수 돈 없대요.

---

97 우리는 여격 주어설과 이중 주어설 모두에 반대한다. 유현경(2005, 2013)도 '있다, 없다, 많다, 적다' 구문에서 NP1을 주어로, NP2를 보어로 분석한다. 우리는 유현경(2005, 2013)의 논의를 더 발전시켜 NP1을 주어로, NP2를 '가형 목적어'로 보고 한국어 소유 구문을 약성 타동 구문으로 처리한다.

(22) 가. 그런 큰 돈이 내가 있겠냐?

　　　나. 그만한 돈은 나도 없다.

　　국문법의 논의에서도 유형론의 논의와 관계 없이 소유 구문과 존재/소재 구문을 같은 형식으로 취급하지만, 처소어 명사의 자질에 따라 '소유'와 '존재/소재'가 구분된다고 보았다. 이때 처소어에 나타나는 명사가 [+유정성] 명사면 '소유'의 의미로, 그 명사가 [-유정성] 명사면 '존재/소재'의 의미로 해석하였다(박양규 1975, 신선경 2002, 이수련 2006, 김천학 2021).

(23) 가. 교실에 칠판이 있다. (존재/소재)

　　　나. 민수에게 그 책이 있다. (소유)

　　이처럼 '민수에게 그 책이 있다' 같은 구문이 유형론에서 한국어의 전형적인 소유 구문으로 논의되자, 비주격 주어(non-nominative subject) 논의가 소유 구문에 적극 도입되기에 이른다. 비주격 주어를 도입한 논의에서는 'NP-에게' 성분을 여격 주어(dative subject)로 보려고 했다(연재훈 1996, 김민국 2016, Yoon 2004, Kim 2017). 생성문법 논의에서도 '일문장 일주어'의 보편적 원리를 설명하기 위해 [NP1-이 NP2-가 V] 구문이 기저문 [NP1-에게/에 NP2-가 V]에서 변형되어 도출되었다고 설명하여 이중 주어 문제를 해결하려 하였다.

　　그러나 목정수(2020)는 이와 같은 방식에 이의를 제기하며 형식과 의미 사이의 동형성 문제를 거론한다. 즉, 목정수(2020)에 따르면 아래의 예문 (24)에서 한국어 소유 구문의 전형은 (24가)가 아니라 (24나)이다. (24가)는 처소어 존재 구문으로 존재동사 '있다1'이 쓰인 문장이고, (24나)는 주어 소유 구문으로 소유동사 '있다2'가 쓰인 문장이다.

(24) 가. 저에게 꿈이 있습니다.

　　나. 저는 꿈이 있습니다.

'I have a book'이라는 문장이 '저에게 책이 있습니다'로 번역될 수 있는 이유는 '처소어'-'존재 대상' 관계가 '소유주-소유물' 관계로 재해석될 수 있기 때문이다.[98] 이는 영어에서도 동일하다. 'The book is mine'이나 'The book belongs to me'에서도 마찬가지로 주어 'the book'과 보어 'mine'의 관계가 '소유주-소유물'의 관계로 재해석될 수 있다. 그렇다고 해서 'mine'이나 'to me'를 각각 '보격 주어'나 '처격/여격 주어'로 볼 수는 없을 것이다.

　결정적으로, 목정수(2017)가 소유동사 '있다2'가 존재동사 '있다1'과 분리되어 따로 존재한다는 사실을 기능동사 구문의 특성을 통해 증명하고 있다. 가령, 아래 (25)의 '관심이 있다'와 같이 서술명사 '관심'이 기능동사 '있다'와 결합하여 복합서술어를 이루는 경우를 생각해 보자. 여기서 서술명사 '관심'이 기능동사로서의 존재동사 '있다'와 결합한다면, 이때의 '관심'은 '있

---

98 '저는 책을 가지고 있습니다'보다 '저는 책이 있습니다'가 더 기본 구성임을 감안한다면, 'have'에 대응되는 한국어 동사는 '가지다'가 아니라 '있다'이다.

　　또한 영어의 이차 술어를 포함한 'have' 소유 구문은 한국어의 소위 '이중 주어 구문'에 대응한다.

　(1) Paul has a big head. ⇒ 민수는 머리가 크다.
　　　　　　　　　　　　　??민수는 큰 머리를 가지고 있다.
　　　　　　　　　　　　　??민수는 큰 머리가 있다.
　(2) This table has five legs. ⇒ 이 탁자는 다리가 다섯이다.
　　　　　　　　　　　　　　??이 탁자는 다섯 개의 다리를 가지고 있다.
　　　　　　　　　　　　　　??이 탁자는 다섯 개의 다리가 있다.
　(3) Paul has only three daughters. ⇒ 민수는 딸만 셋이다.
　　　　　　　　　　　　　　??민수는 세 명의 딸만 가지고 있다.
　　　　　　　　　　　　　　?민수는 세 명의 딸만 있다.
　　　　　　　　　　　　　　민수는 딸만 셋 있다.

다'의 주어로 분석된다. 그리고 이때는 (25가)에서처럼 처소어 [X-에게]가 나타날 수 없다. 이것은 존재동사 '있다'가 기능동사로 쓰일 수 없음을 의미한다. 즉, 기능동사로 사용되는 '있다'는 모두 소유동사인 '있다2'이다.

(25) 가. *저에게는 음악에 관심이 없습니다.
　　 나. 저는 음악에 관심이 많습니다.
　　 다. 니가 무슨… 음악에 관심이나 있겠냐?

또한 복합서술어의 한 부류인 기능동사 구문에서 '주어 + 기능동사' 구성은 불가하다는 보편적 원리를 상기한다면, 더더욱 '관심'을 '있다'의 주어로 볼 수 없다. 즉, '있다'는 존재동사가 아니다. 그리고 (26)과 같이 서술명사 '관심' 또는 복합서술어 '관심(이) 있다'의 주체가 존대의 대상이면 '계시다'가 아닌 '있으시다'로 높임을 실현하는 현상도 이때의 '있다'가 존재동사가 아닌 소유동사임을 보여준다.

(26) 가. 할아버지(께서)는 음악에 관심이 있으십니다/*계십니다.
　　 나. 할아버지(께서)는 음악에 관심이 별로 없으십니다/*안 계십니다.

기능동사로서의 '있다2'의 용법에 대한 자세한 논의는 4.5에서 이어서 하겠다.

4.3. 존재 구문 vs. 소유 구문: '민수에게 돈이 있다'와 '민수는 돈이 있다'

한국어에선 일본어와 마찬가지로 다음과 같이 '이/가'가 붙은 명사구가 두 번 이상 나타날 수 있다. 이를 보편문법의 차원에서 설명하는 방식을 둘러싸고 국어학계는 물론 전 세계 언어학계가 관심을 집중하였다.

(27) 가. 코끼리가 코가 길다.
　　 나. 민수가 책이 소설책이 많다.

그러나 변형생성문법 학자들은 보편문법의 가설처럼 한국어에서도 한 문장에 주어가 하나라는 원리를 유지하기 위해 (27)의 문장의 심층 구조로 다음 (28)과 같은 기저형(underlying form)을 상정하고, (27)과 (28)의 차이를 매개변인(parameter)에 의한 표면상의 차이로 설명해 왔다.[99]

(28) 가. 코끼리의 코가 길다.
　　 나. 민수에게 (책으로 말하자면) 소설책이 많다.

그들이 (28가, 나)와 같은 기저형을 제시하는 까닭은, '한 문장 한 주어'의 보편성을 유지하려면 '이/가'와 결합한 성분이 한 번만 나타나야 하기

---

[99] 여기서 더 나아가서, '토끼는/토끼가 꾀가 많다'와 같은 구문에서 '토끼는/토끼가'는 '토끼에게'에 대응되기 때문에 기저에 단일 주어 '꾀가'만 있었다고 주장하기도 한다(서정수 1994). 이러한 논의들도 결국은 '토끼는 꾀가 많다'와 '토끼에게 꾀가 많다'가 동일한 의미를 유지한다고 보는 것이다. 우리는 이러한 입장에 동의하지 않는다. 우리는 기본적으로 문장의 형식이 달라지면 달라진 만큼 의미 차이가 생긴다고 본다. 또한 다른 문장 형식을 사용한다는 것은 다른 의미를 표현하고자 하는 동인(motivation)이 있기 때문이라는 전제하에 통사 현상을 객관적으로 바라보는 입장을 취한다.

때문이다. 또한 서술어의 결합가(valency)를 간단히 처리할 수 있다는 점도 (28)과 같은 기저형을 제시한 까닭으로 작용했을 것이다.[100] 또, 기술동사 (=성상형용사) '길다'와 소유/존재동사인 '많다'를 영어의 '(be) long'과 '(be) many'처럼 한 자리 서술어(one-place predicate)로 보는 입장이라면 심층 구조를 (28)과 같이 설정할 때 이들 서술어가 논항 하나를 요구하는 구조를 충족한다는 방식으로 설명할 수 있기 때문이다.

그러나 이와 같은 특정 이론의 영향권 안에서 펼쳐진 그간의 논의는 대상이 되는 예문의 구조에도 문제가 있을 뿐만 아니라, 구문의 차이가 의미의 차이를 발생시킨다는 우리의 입장과도 상치된다. 우선 다음 두 문장의 구조를 비교해 보자.

(29) 가. 코끼리의 코가 길다.
　　　나. 코끼리가 코가 길다.

우리는 (29가)와 (29나)는 의미에 차이가 있다고 본다. 구문의 차이, 즉 통사 구조의 차이에 따라 자연스럽게 의미 해석도 달라진다.

먼저, (29가)는 '코끼리의 코'가 서술의 대상이다. 서술의 초점이 '코끼리의 코'에 맞춰져 있다. 따라서 이 문장은 논항이 하나만 실현된 한 자리 서술어 구문이다.

(30) 코끼리 코가 길긴 길더라. 원숭이 꼬리보다 훨씬 길더라구.

---

100 '주제화', '성분 주제화', '이/가 주제설'까지 주장하고 있는 임홍빈(2007)이 대표적이다.

그래서 '코끼리의 코'를 구정보로 해서 서술할 경우, (31)과 같이 한정조사 '은/는'이 동원되는 것이 일반적이다.

(31) 코끼리 코는 어떤 동물의 코보다 훨씬 길다.

반면, (29나)와 같은 구문은 '코끼리'에 대해 서술할 때 쓰이고 특히 '코끼리'를 초점으로 두거나 처음 신정보로 도입할 때 쓰이는 형식이다. 따라서 다음 (32)에서와 같이 '코끼리'를 배경으로 코끼리에 대한 새로운 정보를 제공할 때는 '코끼리'에 한정조사 '은/는'을 붙이게 된다. 그리고 (32)가 한층 더 자연스러운 한국어의 기본 문형이다.[101]

(32) 코끼리는 코가 길다.

이러한 사태를 진술할 때, (29가)와 같은 문장 구조를 선택하지 않을 것임을 직관적으로 알 수 있다. 즉, (29가)는 [코끼리(의) 코]와 [내 코]를 비교하는 상황에서나 쓸 법한 문장이다.

---

[101] 기존의 한국어 문법에 '민수는 눈이 크다'나 '나는 호랑이가 무섭다' 같은 문장은 기본 문형에 포함되지 않는다(고영근·구본관 2008, 2018). 이들은 엄청나게 생산력이 높은 구문이다. 그러나 특히 학교문법에서는 '크다'나 '무섭다'가 한 자리 서술어이며, 이러한 구문에서는 두 번째 명사구만 하위범주화(subcategorization)한다고 본다. 이는 소위 '서술절'을 설정하는 문제와 관련이 있다. 그런데 서술절을 인정하면 '민수는 눈이 크다', '나는 호랑이가 무섭다' 같은 문장은 복문이 된다. 물론 이때 서술절을 설정하는 근거는 '크다'가 한 자리 서술어로서의 용법도 가지고 있기 때문임이 너무나 당연하다. 예를 들어, 서술어 '크다'는 '민수의 집은 크다'와 같이 하나의 논항만을 취할 수 있다. 그러나 '크다'의 구문은 논항을 둘로 나누어 취하는 '민수는 집이 크다'는 '민수는 큰 집이 있다'나 '민수는 큰 집을 가지고 있다'로 환언할 수 있다. 즉, 이 문장을 두 자리 서술어로 실현된 '크다' 구문으로 봐야 한다면 이는 다른 얘기가 된다. '민수는 눈이 크다', '나는 호랑이가 무섭다' 같은 문장을 두 자리 서술어가 논항 두 개를 취한 단문으로 볼 수 있는 가능성이 열리는 것이다(목정수 2014a, 2014b, 2018a).

(33) 가. 코끼리 코가 코뿔소 코보다/*코뿔소보다 긴 것 같다.
　　　나. 민수(의) 머리는 내 머리보다/*나보다 거의 두 배가 더 크다.

　또한 (29나)와 같은 형식은, (33나)에서와 같이 사건을 전경화하여 배열하는 등의 특수한 상황에서 주로 관형절(=우리의 용어로는 형용사절) 구성으로 쓰인다.

(34) 가. 코끼리가 코가 길다고?
　　　나. 코끼리가 코가 긴 이유는 무엇일까요?

　지금까지의 논의 결과를 종합하면, (29가)와 (29나)는 구조가 다르다고 할 수 있다. (29가)는 한 자리 서술어로서의 '길다'의 실현체이고, (29나)는 두 자리 서술어로서의 '길다'의 실현체로 봐야 한다. 이런 이유로 '-시-'와의 호응에서도 다음과 같은 차이가 나타난다.

(35) 가. *?할아버지의 코는 내 코보다 크시다.
　　　나. 할아버지(께서)는 나보다 코가 크시다.

　아래에서 '많다'라는 소유/존재동사가 쓰인 (36가)와 (36나)도 서로 연관된 의미를 가지지만 그 의미가 완전히 동일하다고는 볼 수 없다. 우리는 이런 기본 입장을 끝까지 견지하려 하는데, 그 이유는 논의가 진행되면서 점차 밝힐 것이다.

(36) 가. 민수가 책이 많다고?
　　　나. 민수에게 책이 많다고?

앞의 (24) 관련 논의에서 이미 언급했듯이, 영어의 경우에도 문장의 동일성 여부 문제에 똑같은 논리가 적용된다.

(37) 가. He has a car.
　　 나. The car belongs to him.

(37)에서 논항 'car'의 한정사 차이를 일단 제쳐둔다면, 두 문장은 의미적으로 연관되어 있다. 그러나 이렇게 관련된 의미를 표상할 수 있다고 해서 (37나)의 'to me'를 주어, 혹은 양보해서 '처격/여격 주어'라고 할 수 없다. 이와 똑같이 (36나)의 '민수에게'도 주어로 보기 어렵다. 만일 '민수에게'가 '여격 주어'라면, 의미상의 주어라고 간주되는 여격 주어 '민수에게' 뒤에 오는 성분 '책이'는 어떤 통사적 기능을 하는가? '책이'의 형식에서 보듯이, 주격조사 '이/가'가 쓰였으니까 주어로 볼 것인가, 아니면 의미상의 주어 '민수에게'가 여격조사를 동반하더라도 의미상의 목적어로 볼 것인가? 이 문장은 소위 소주어 '책이'와 여격 주어 '민수에게'의 이중 주어 구문이 되는가, 아니면 의미상 심리적 주어 '민수에게'와 심리적 목적어 '책이'의 타동 구문이 되는가?[102]

무엇보다도 앞서 언급한 바와 같이, 기존에는 한국어 소유 구문에 대해 다음 (38가)를 중심으로 논의를 이어 왔으나, (38가) 형식보다는 다음 (38나)와 같은 형식이 소유 구문으로서 더 원형적이라는 사실을 놓쳐서는 안 될 것이다.

---

102 '여격 주어'를 주장하는 논의에서도 이에 대한 명시적인 답은 제시하지 않고 있다(Yeon 2003, 김민국 2016).

(38) 가. 민수가 책이 많다.

   나. 민수는 책이 많다.

4.4. 소유 구문의 복문성 시비

흔히 서술절을 내포절로 안은 문장의 전형으로 이중 주어 구문을 꼽는다. 그런데 우리가 말하는 소유 구문이 그들의 '이중 주어 구문' 범주에 포함된다. 학교문법을 비롯한 심유경(2015), 김민국(2016) 등에서는 이러한 소유 구문을 내포절을 안은 포유문(복문)으로 본다. 그러나 이러한 서술절 개념이 갖는 모순을 지적하지 않는다면, 문법 논의가 악순환에 빠질 위험이 크다. 앞의 (36가)는 서술절을 안은 '안은문장'으로서 복문으로 보고, (36나)는 단문으로 본다는 것이 이들 서술절 논의의 핵심인데, 이는 모순이다. 사건 구조의 관점에서도 (36가)를 복합 사건의 합으로 볼 여지가 전혀 없다. 서술어가 하나밖에 없기 때문이다. (36가)를 복문으로 보는 것은 '책이 많다'를 주술 관계로 보고 단순히 (서술)절로 규정해 버린 것이기 때문일 것이고, 다른 근거는 없어 보인다.

우리는 소유 구문도 단문에 불과하며, 소위 '여격 주어 구문'은 존재 구문으로 분류할 수 있는 단문임을 분명히 밝히겠다. 이를 통하여 '있다1'의 존재 구문과 '있다2'의 소유 구문이 각기 따로 존재하고, 그 의미 해석도 다른 형식의 구문을 통하여 자연스럽게 유도된다는 사실을 증명하겠다.

먼저, 논의의 선명함을 위해 앞서 제시된 관련 예문을 다시 종합하여 제시하겠다. (39)에서 (42)에 이르는 예문들에 대해 '-시-'와의 호응 여부에 따른 문법성 판단을 내려 보자.

(39) 가. 그 놈은 돈이 있다.

　　 나. 그 분은 돈이 있으시다.

(40) 가. 그 놈에게 돈이 있다.

　　 나. *?그 분에게 돈이 있으시다.[103]

(41) 가. 방에는 그 놈이 있다.

　　 나. 방에는 그 분이 계시다.

---

[103] 임동훈(1997)에서도 같은 방식으로 '-시-'와 관련된 예문의 문법성 차이를 통해 '그분은 돈이 많으시다'와 '그분에게 돈이 많다'의 통사 구조가 동일하지 않음을 추측할 수 있다고 하였다. 여기에 더해, '-이란' 구성을 통해 통사 구조에 따라 '-시-'와 호응/일치하는 주어 성분이 무엇인지 알 수 있다. 'X-란' 성분은 다음 (1)에서 보듯이 주어 자리에만 나타나기 때문이다. 따라서 (2)~(3)에서와 같이, 존재 구문에서는 'X-란' 성분이 주어로 나타날 수 있다. 소유 구문의 'X-란' 성분은 목적어로 해석되어 어색하거나 비문법적인 문장을 생성하지만(3가~다), (3라)처럼 주어 자리에 나타나면 문법적인 문장을 만든다. (4)~(5)의 기술동사와 주관동사의 구문에서도 마찬가지로 밑줄 친 성분들이 주어로 해석된다.

　(1) 가. 사랑이란 무엇일까요?
　　 나. *너는 사랑이란 아니?
　　 다. *나도 언젠가는 대통령이란 될 거야.
　(2) 가. 그에게 한계란 없다. (존재동사)
　　 나. 누구에게나 신이란 존재한다. (존재동사)
　　 다. 시간이란 누구에게나 공평하게 있다/존재한다. (존재동사)
　(3) 가. *그가 한계란 없다. (소유동사)
　　 나. *?누구나 신이란 있다/소유한다. (소유동사)
　　 다. *?시간이란 누구나 공평하게 있다/소유한다. (소유동사)
　　 라. 사랑이란 끝도 시작도 없다. (소유동사).
　(4) 가. 호랑이란 무서운 동물이다. (기술동사)
　　 나. 호랑이란 애들한테나 무섭지 어른들에겐 무섭지 않다. (기술동사)
　(5) 가. *?나는 호랑이란 무섭지 않아. (주관동사)
　　 나. *?그는 호랑이란 무서워하지 않는다. (주관동사)

(42) 가. 그 놈은 방에 있다.

나. 그 분은 방에 계시다.

'없다' 또한 소유 구문과 존재 구문에서 주체 존대형으로 각각 '없으시다'
와 '안 계시다'로 나타날 수 있다.

(43) 가. 그 놈은 돈이 없대요.

나. 그 분은 돈이 없으시대요.

(44) 가. 그 놈에게 돈이 없는 것 같습니다.

나. *?그 분에게 돈이 없으신 것 같습니다.

(45) 가. 방에 그 놈이 없어요.

나. 방에 그 분이 안 계세요.

(46) 가. 그 놈은 방에 없다/안 있는다.

나. 그 분은 방에 안 계시다/안 계신다.

위 예문에서 볼 수 있듯이, '있다/없다'가 소유 구문을 형성하면 '있으시
다/없으시다'가 존대형으로 사용될 수 있고, 존재 구문을 형성하면 '계시다/
안 계시다'가 존대형으로 사용될 수 있다.[104]

---

[104] 범언어적으로도 진행상에는 존재동사가 사용된다. 중국어의 '在', 영어의 'be', 일본어의 'いる'가
대표적인 예시이다. 한국어의 진행상 구문도 소유동사 '있다2-있으시다' 대신에 존재동사 '있다
1-계시다'가 쓰인다. 이러한 언어보편적 사실은 한국어의 존재동사와 소유동사가 비록 형태는
같을지라도 그 구분이 명확함을 보여준다고 할 수 있다.
　한국어에서 선어말어미 '-었-'과 '-겠-'의 기원형인 '-어 잇/이시-'과 '-게 ᄒ엿/ᄒ여시- 〉
-게 엿/여시-'의 '잇다/이시다'도 존재동사로서의 '있다1'이라는 사실은 그 존대형 '-어 겨시

이러한 '있다/없다'의 쓰임과 존대형 '있으시다'와 '계시다'의 대응 양상을 고려한다면, 한국어 동사 '있다'를 존재동사로서의 '있다1'과 소유동사로서의 '있다2'로 구분하는 것이 타당하다. 다시 말해, 한국어 동사 '있다'는 존재동사 'be' 계열과 소유동사 'have' 계열로 쪼개져 있다.

(47가, 나)처럼 존재 구문에서 유정물 1인칭 대명사 '나'가 NP1 자리에 나타나더라도 후치사(=격조사) '에게'와 결합하면 처소어로 해석되어 '나'라는 장소/공간에 '꿈'이 존재한다는 의미로 해석된다.

(47) 가. 나에게는 꿈이 있다.
　　 나. 그런 원대한 꿈이 나에게 있겠니?

반면, 아래의 존재 구문 (48가)에서처럼 장소 관련 고유명사인 '서울'은 그 의미 특성상 처소어 구문(존재 구문)에서 쓰이는 것이 일반적이다. 그러나 소유 구문 (48나)에서와 같이 '서울'이 후치사 '에'가 아닌 'ø₁'에 의해 주어 성분 NP1 자리에서 실현되면 이때의 '서울'은 단순한 처소어처럼 해석되지 않고 유정물과 같이 '차'의 소유주(possessor)처럼 해석된다. '민수는 차가 많이 있다'에서의 '민수는'처럼 의인화된 소유주로 읽히는 것이다.

(48) 가. 서울에는 차가 많이 있다.
　　 나. 서울은 차가 많이 있다.

이러한 방식의 검증을 통하여 [NP1-은 NP2-가 있다] 구문과 [NP1-에/에게 NP2-가 있다]/[NP2-는 NP1-에/에게 있다] 구문이 서로 다른

-'에서 유래한 '-어졌-'으로도 입증할 수 있다(고광모 2000, 2002, 2009).

문장 구조를 가지고 있을 뿐만 아니라 의미 해석 또한 전자는 '소유 구문'으로, 후자는 '존재 구문'으로 다르게 이루어짐을 알 수 있다. 즉, 소유자에게 "존재"하는 물건은 소유자가 "소유"하는 물건이 되는 셈이다. 전자와 후자는 의미적으로 연관은 있다. 그러나 엄밀히 말하자면, 존재 구문과 소유 구문은 그 표현 방식도 다르고 의미도 다르다.

따라서 다음 (49가)는 존재 구문의 초점 성분 부각형 구문이고 (49나)는 존재 구문의 화제 성분 부각형 구문이자 (49가)의 도치형이다. 반면, (50가)는 전형적인 소유 구문이고 (50나)는 유표적인 도치형 소유 구문이다. 이처럼 존재 구문과 소유 구문은 그 형식이 서로 다를 뿐 아니라 각 성분의 배열 순서, 한정조사 '이/가'와 '은/는', '도'의 대립을 바탕으로 그 하위 유형이 세분된다. 물론 그럼에도 주어 자리는 밑줄 친 성분으로 유지된다.

(49) 가. 나에게 꿈이 있다. (=존재 구문)
　　　 나. 그런 꿈은 나에게는 없어. (=존재 구문)

(50) 가. 나도 꿈이 있다. (=소유 구문)
　　　 나. 그런 꿈은 나도 없어. (=소유 구문)

(49)와 (50)의 심층 구조를 한국어 명사구의 확장 구조에 따라 분석하면 다음과 같다(목정수 1998, 2003 참고).[105]

---

105 일본어의 副助詞(보조사)도 격을 표시하거나 다른 격을 대행할 수 있다는 三上(1960)의 '겸무설'을 비판한 홍사만(2009)을 주목할 필요가 있다. 홍사만(2009)은 [X-は]는 [X-が-は]나 [X-を-は] 구조에서 주격이나 대격이 필수적으로 생략되어 [X-ø-は] 구조가 된 것이고 생략된 {ø}격도 격 표시 기능을 가진 요소로 파악해야 한다고 주장했다. 우리는 그의 주장 가운데 일부만 받아들이고자 한다. [X-が-は]나 [X-を-は] 구조는 원래부터 심층에 있을 수 없는 인위적인 결합형이다. 그러나 우리는 한국어의 [X-는], [X-도] 구조뿐만 아니라

(51) 가. 나-에게-$\emptyset_2$ 꿈-$\emptyset_1$-이 있다.

　　나. 그런 꿈-$\emptyset_1$-은 나-에게-는 없어.

(52) 가. 나-$\emptyset_1$-도 꿈-$\emptyset_1$-이 있다.

　　나. 그런 꿈-$\emptyset_1$-은 나-$\emptyset_1$-도 없어.

4.5. 소유동사 '있다'와 연어 구성

　본 절에서는 동사 '있다'가 존재동사 '있다1'과 소유동사 '있다2'로 나뉜다는 사실을 또 다른 차원에서 한 번 더 확인해 볼 것이다. 연어 구성, 숙어구, 단어결합 등이 하나의 어휘 단위로서 단어화되는 경우는 표면적으로 'NP(를) V'형과 'NP(가) V'형이 주를 이룬다. 그런데 필자의 관찰에 따르

[X-가]와 [X-를]도 똑같은 분포 관계를 보인다는 점에 착안하여 이들의 심층구조를 각각 [X-$\emptyset_1$-는], [X-$\emptyset_1$-도], [X-$\emptyset_1$-가], [X-$\emptyset_1$-를]로 설정할 것이다. 이렇게 하면 격조사로서의 '이/가1'/'을/를1'과 보조사로서의 '이/가2'/'을/를2'를 따로 설정할 필요가 없을 뿐만 아니라, '은/는', '도'와 더불어 '이/가'나 '을/를'의 본질이 격 표시 기능에 있지 않음도 자연스럽게 설명할 수 있다. 동일 부류에 속하는 {가, 를, 도, 는, 의}는 한정사(determiner)의 역할을 하는 담화적 기능 요소이다. 이해를 돕기 위해, 영형 격조사(=후치사) '$\emptyset$'이나 다른 격조사들과 한정사 '가, 를, 도, 는, 의'의 결합형 몇 가지와 무조사형 몇 가지를 예로 들어 그들의 속구조를 표상하면 다음과 같다.

　(1) 가. 가위로 잘라. ⇒ [가위-로-$\emptyset_2$]
　　　나. 가위로는 잘 안 잘린다. ⇒ [가위-로-는]
　　　다. 가위로가 더 잘 잘라진다. ⇒ [가위-로-가]
　　　라. 칼은 펜보다 약하다. ⇒ [칼-$\emptyset_1$-은]
　　　마. 칼 쓰지 마, 이 칼 안 좋아. ⇒ [칼-$\emptyset_1$-$\emptyset_2$], [이 칼-$\emptyset_1$-$\emptyset_2$]
　　　바. 칼로의 절단. ⇒ [칼-로-의]
　　　사. 칼의 성능. ⇒ [칼-$\emptyset_1$-의]

면 후자의 경우는 결코 '주어 + 서술어' 구성으로 환원되지 않는다. '겁을 내다', '겁이 나다', '계산에 넣다', '마음에 들다' 등, 주어가 아닌 성분과 서술어의 결합만이 하나의 단어로 단위화될 수 있으며, 필자는 현재까지 그 반례를 찾지 못했다.

'있다'를 포함한 '~을 수(가) 있다', '~을 리(가) 없다' 등의 문법적 연어 구성이나 '맛(이) 있다', '인기(가) 있다', '어이(가) 없다', '관심(이) 없다' 같은 어휘적 연어 구성의 '있다/없다'는 모두 소유동사이다. '놈 있는 곳' vs. '님 계신/*있으신 곳'과 '(돈) 있는 놈' vs. '(돈) 있으신/*계신 분'에서 드러나듯이, 소유동사로서의 '있다2/없다2-있으시다/없으시다'만이 '주술 구조'의 절(clause)이 아닌 '목술 구조'의 구(phrase) 단계를 거쳐 하나의 어휘 단위를 구성할 수 있다(목정수 2005, 2017b). 존재 구문이 한 단위가 되는 것은 이론적으로도 불가능하고 실제로도 존재하지 않는다. 한 문장이 하나의 단어로 장기 기억 장치에 저장되는 일은 있을 수 없다. 문장 또는 절은 순간적으로 만들어졌다 사라지는 무한한 존재이다. 다음 (53나)나 (54나)처럼 '재미가'나 '~을 수가' 성분이 주어로 분석되는 존재 구문은 성립하지 않는다.

(53) 가. 이 책은 재미(가) 있다. ⇒ 재미^있다
　　　나. *이 책에는 재미(가) 있다.[106]
　　　다. 할아버지(께서)는 재미(가) 있으신/*계신 분이다.

---

[106] '재미(가) 있다'가 한 어휘로 해석될 때 이외에, '재미'가 독자적인 주어 요소로, 즉 '재미라는 요소'로 읽히면 '재미'가 주어로 인식되고 '재미(가) 있다'를 존재 구문으로 볼 수 있다. '이 책에는 재미가 있다' = '이 책에는 재미라는 요소가 있다'. 이성우(2019)는 이를 포착하지 못했다.

(54) 가. 저는 이 일을 할 수 있습니다. ⇒ 할 수^있다

나. *저에게는 이 일을 할 수가 있습니다.

다. 할아버지(께서)도 이 일을 할/하실 수가 있으십니다/*계십니다.

따라서 주어가 주제화된 존재 구문에서 주어와 서술어는 한 단위가 될 수 없다.[107]

(55) 가. 나는 생각한다. 고로 나는 있다/존재한다. ⇒ *나^있다/존재하다

나. 그리 큰 돈은 우리 할아버지한테도 없다/*없으시다. ⇒ *큰 돈^없다

다. 할아버지는 양로원에 계신다. ⇒ *할아버지^계시다

이렇듯 '있다/없다'가 존재동사와 소유동사로 나뉜다는 사실을 간파하지 못하면, 영어의 소유동사 'have'에 대응되는 한국어 소유동사로 자꾸 '가지다/갖다'를 떠올리게 된다.[108] '가지다/갖다'의 용법은 영어의 'have'보다 'take'와 더 깊은 관계를 가진다. 'have'와 '가지다/갖다'를 연결시키는 오해는 표면적으로 타동사 'have'에 대한 대당자로서 '~를 가지다'를 생각하

---

107 '나다'와 관련된 '화(가) 나다'와 '석유(가) 나다' 사이의 어휘화 차이를 이런 차원에서 비교해 볼 수 있겠다. '화(가) 나다'가 '화나다'로 어휘화된 정도가 '석유(가) 나다'가 '석유나다'로 어휘화된 정도보다 상대적으로 강한 이유는 '화'가 '나다'의 주어로 쓰일 수 없기 때문이다.

(1) 가. 민수는 (내 말에) 화가 났다. ⇒ 화났다

나. *민수에게는 (내 말에) 화가 났다.

다. *화는 민수에게 많이 난다.

(2) 가. 한국에서는 석유가 안 난다. ⇒ *석유나다

나. 한국은 석유가 난다. ⇒ *?석유나다

다. 석유는 한국에서 많이 난다. ⇒ *석유나다

108 영일(英日) 사전에서도 'have'의 일차적 대응자로 '持つ(motsu)'를 상정하며, 'ある(aru)'나 'いる(iru)'는 그 다음으로 제시되어 있다. 영한 사전에서는 'have'의 대역어로 '가지다', '있다', '소유하다'를 순서대로 제시한다.

기 때문에 벌어지는 현상이다. 그러나 뒤에 가서 다시 정리하겠지만, '가형 목적어'를[109] 인정한다면 '~가 있다2'를 만드는 약한 타동사 '있다2'가 영어의 'have'와 가장 유사한 대당자라고 볼 수 있다. 최근 김일규(2016)는 서술절을 비판한 목정수(2014)를 다시 비판하고 있는데, 그는 약성 타동사로서의 소유동사 '있다2'의 존재를 알아차리지 못했기 때문에 오류를 범하고 있다. 그의 언급을 그대로 인용한다.

"목정수(2005, 2014)에 따르면 '어이가 없다'나 '맛이 없다'와 같은 표현들의 서술어는 '없다'이며 '어이'와 '맛'은 이 술어의 목적어/보어이다. 즉, '없다'라는 서술어가 주어와 목적어/보어 두 개의 논항을 요구한다는 것이다. 반면 우리의 주장에 따르면 '없다'라는 서술어는 주어인 '어이'와 '맛'만을 논항으로 요구하며 그 외의 논항은 '어이가 없다'와 '맛이 없다'라는 서술어가 요구하는 것이다. (…) 위에서도 논의했듯이, 목정수(2005, 2014)의 분석으로는 '이 식당이 김밥이 맛이 있다'처럼 주격 명사구가 세 개 이상이 나오는 문장의 통사구조를 제대로 설명할 수 없다. (…) 하지만 서술절의 존재를 인정하기만 하면 위의 문제들이 모두 사라진다. '있다'가 '맛'을 주어로 허가하고 '맛이 있다'라는 서술절이 '치즈김밥'을 주어로 허가하고 '치즈김밥이 맛이 있다'라는 서술절이 '김밥'을 주어로 허가하고 '김밥이 치즈김밥이 맛이 있다'라는 서술절이 '이 식당'을 주어로 허가한다고 설명할 수 있는 것이다."

김일규(2016)가 제시한 의문은 서술절의 부정과 '가형 목적어'로써 해소할 수 있다. 가령, '맛(이) 있다'라는 소유 구문의 '가형 목적어' '맛'과 '있다2'의 결합형이 있다고 가정하자. 여기에서 서술어구 '맛이 있다'와 주어 논항과 결합된 문장인 '이 짜장면은 맛이 있다'는 기본적으로 '주어 + 목적어 +

---

109 이는 Koizumi(2008)의 'nominative object'에 해당한다고 할 수 있다.

서술어'로 분석된다.

(56) 이   짜장면은   맛이   있다.
　　주어　　　　　　목적어　서술어
　　this　　　　　　a taste have
　　'This 짜장면 has a taste.' = 'This 짜장면 is delicious.'

그리고 여기서 '맛이 있다'를 주어 '맛이'와 존재동사 '있다1'로 분석할 수 없다는 사실은 다음과 같은 구성이 불가함을 통해 드러난다.

(57) 가. 짜장면은 맛(이) 있다. = 짜장면 has a taste / is delicious.
　　나. *짜장면에 맛(이) 있다.
　　다. *맛은 짜장면에 있다.

'이 짜장면은 맛있다'처럼 어휘화된 '맛있다'가 나타난 구문은 '주어 + 서술어'로 분석된다. 즉, 어휘화된 '맛있다'는 기술동사(기존의 성상형용사) '예쁘다'류와 같은 한 자리 서술어로 분류된다.

(58) 이   짜장면은   맛있다. cf. 영미는 예쁘다.
　　주어　　　　　　서술어
　　this 짜장면   (be) delicious
　　'This 짜장면 is delicious.'

또한 이 '맛있다'라는 성상형용사는 '코끼리는 코가 길다'나 '민수는 머리가 크다'류처럼 논항을 두 개 취하는 두 자리 서술어 용법으로도 실현될 수 있다. 즉, '이 음식점은 짜장면이 맛있다'는 다시 '주어 + 가형목적어 + 기술동사(구)'로 분석할 수 있고 '이 음식점은 다른 음식보다 짜장면을 맛있게 만들어 제공(을)한다'나 '이 음식점은 맛있는 짜장면을 내놓는다'와 같이 그 의미를 해석할 수 있다.

(59) 이 식당은　　　짜장면이　맛있다.　　　cf. 영미는 손이 예쁘다.
this restaurant　짜장면　　have_delicious
'This restaurant serves delicious 짜장면.'

이 (59)와 다음 (60)을 비교해보면, (60)에서 '이 식당은' 성분과 계열체를 이루는 '민수는', '할아버지(께서)는'이 주어 자리를 차지하고 NP2 자리에 '짜장면이' 성분이 위치함을 알 수 있다. 이는 '민수'에 대해서 그 속성을 서술하는 구성으로, '민수는 짜장면을 맛있게 만드는 속성이 있다', '할아버지께서는 짜장면을 맛있게 만드시는 속성을 가지고 계신다'와 같은 의미 구조를 갖는다.

(60) 가. 민수는 짜장면이 맛있다.
　　　나. 할아버지께서는 짜장면이 맛있으시다.

더 나아가, 만일 '맛있다'가 주관동사(=심리형용사)처럼 확장되어 쓰이면 인칭 제약이 발생한다.

(61) 가. 너는 어느 집 짜장면이 제일 맛있니?
　　　나. 저는 이 집 짜장면이 제일 맛있어요.
　　　다. 쟤는 이 집 짜장면이 제일 맛있대요.

(62) 가. 나는 그 집 짜장면이 제일 맛있어. cf. 나는 호랑이가 무섭다.

　　 나. *너는 그 집 짜장면이 제일 맛있어.

　　 다. *그는 그 집 짜장면이 제일 맛있어.

　　 라. 민수는 그 집 짜장면을 제일 맛있어해.

　　 마. 할아버지께서는 그 집 짜장면이 제일 맛있으신가 봐.

　　 바. 사람들은 그 집 짜장면을 제일 맛있어들 해.

'사람들은 이 집 짜장면을 맛있어한다' 같은 구문은 '사람들은 바나나를
좋아한다/싫어한다'와 마찬가지로 인칭 제약이 있는 '주어 + 가형 목적어
+ 주관동사(구)'가 인칭 제약이 풀린 '주어 + 를형 목적어 + 행위동사(구)'
로 변화된 것으로 분석된다. 이 문장의 의미는 'People like 짜장면 most.'
와 같이 해석된다. 따라서 전형적인 주관심리동사로 '맛있다'의 구문은 다음
과 같다.

(63) 나는　　　이 집 짜장면이　　제일 맛있다.
　　 주어　　　　가형목적어　　　　서술어
　　 'I like the 짜장면 of this restaurant most.'

이처럼 서술명사 '맛'과 소유동사 '있다2'의 목술 구조 결합으로 시작된
기능동사 구성 '맛(이) 있다'가 합성동사 '맛있다'가 되면, '맛있다'는 한 자
리 서술어로서 또는 두 자리 서술어로서 실현될 수도 있고, 심리 구문으로
도 쓰일 수 있다.

4.6. 소유 구문에는 서술절이 없다는 증거

보통 서술절을 갖는 이중 주어 구문에는 '코끼리는 코가 길다'류뿐만 아니라, 우리가 말하는 소유 구문인 '민수는 돈이 있다'류도 포함된다고 본다(임동훈 1997, 2022). 그렇게 보는 이들은 [X-는 Y-가 길다/있다] 구문에서 'Y가' 성분이 주어로 '있다'와 결합하여 서술절 [Y-가 있다]가 성립되고 이 서술절이 주어 'X는'을 요구한다고 주장한다. 그리고 이러한 이중 주어 구문에서는 상위문의 주어가 하위 서술절 내부로 이동할 수 없는데, 그 이유를 서술절 경계 때문이라고 설명한다. 그런데 이러한 기술은 실제 언어적 사실과 거리가 멀다. 서술절을 옹호하는 임동훈(1997)에 따르면, 다음과 같은 문장은 비문법적이다.

(64) 가. 코끼리가 코가 길다. ⇒ *코가 코끼리가 길다.
　　　나. 민수가 돈이 많다. ⇒ *돈이 민수가 많다.

그러나 '*코가 코끼리가 길다'가 이상하다면, '코끼리가 코가 길다'도 마찬가지로 '코끼리는 코가 길다'에 비해 상대적으로 어색해 보여야 한다. 실제로는 '코끼리는 코가 길다'가 자연스럽듯이, '코는 코끼리가 길다' 또한 아무런 문제가 없다. 다음 문장들의 어색한 정도를 따져 보라.

(65) 가. 코끼리가 코가 길다.
　　　나. 코끼리는 코는 길다.
　　　다. 코끼리도 코도 길다.
　　　라. 코끼리만 코만 길다.
　　　마. 코끼리까지 코까지 길다.

정보 구조의 측면에서도 다음과 같은 문장이 가장 안정적이다.

(66) 가. 코끼리는 코가 길다.
　　 나. 코끼리가 코는 길지만, 과자를 빨리 먹지는 않는다.

(67) 가. 코는 코끼리가 길죠.
　　 나. 코가 코끼리는 길지만 코뿔소는 짧대요.

마찬가지로 '*돈이 민수가 많다'가 이상한 만큼, '*?민수가 돈이 많다'도 '민수는 돈이 많다'에 비하면 상대적으로 부자연스럽다. '돈은 민수가 많다'처럼, 어순이 도치될 때 조사가 교체되어 정보 구조가 안정되면 해당 문장은 '돈이 민수가 많다'보다 훨씬 자연스럽게 성립된다. 다음 문장들도 정보 구조의 측면에서 그 자연성을 따져서 상대적인 등급을 매길 수 있다. (68가)에서 (68라)로 갈수록 자연성이 떨어진다.

(68) 가. 돈은 민수가 많지.
　　 나. 돈이 민수는 많대.
　　 다. 돈은 민수는 많다.
　　 라. 돈이 민수가 많다.

이처럼 임동훈(1997)의 주장과는 반대로, 소위 '서술절'을 내포한다고 간주된 복문인 '이중 주어 구문'의 첫 번째 명사구 NP1과 두 번째 명사구 NP2의 자리바꿈은 정보 구조에만 맞는다면 얼마든지 가능하다.[110]

---

110 다음 5장에서 살펴볼 심리 구문에서도 마찬가지이다.
　　(1) 가. 나는 호랑이가 무서워.

(69) 가. <u>나는</u> 눈이 크다.

　　　나. 눈은 말이야 <u>할아버지가</u> 크시지.

(70) 가. <u>농심은</u> 라면이 유명하다.

　　　나. 라면은 말이야 <u>농심이</u> 유명해.**111, 112**

　　(69가)를 'I have big eyes'의 통사 구조로 의미를 해석하고 (69나)를 그 기본 구조의 도치 구문으로 분석하듯이, 우리는 (70나) '라면은 농심이 유명하다' 구문을 기본 구문 '농심은 라면이 유명하다'에서 성분 도치로 유도된 유표적 구문으로 본다. 따라서 이 구문들에서 주어는 각각 밑줄 친 '농심은', '농심이' 성분이 된다. 유표적 구문에서의 '라면은' 성분은 기본 구문의 목적어 '라면이' 성분이 주제화되어 문두로 이동한 성분이다. 따라서 (69가)의 '나는 눈이 크다'가 '나는 큰 눈을 가지고 있다'로 해석되는 것과

　　　나. 그 호랑이 있잖아 나 정말 무섭다니까.

　　소위 서술절과 관련된 구문이나 일반 타동 구문에서의 '성분 이동'은 평행하다. 이동에 관여하는 것은 이동에 따른 정보 구조 변화의 문제이다. 어순 도치, 즉 성분의 뒤섞기는 정보 구조의 흐름과 잘 맞기만 하면, 다 가능하다.

　　(2) 가. 대통령은 저도 될 수 있나요?
　　　　나. 사랑은 아무나 하나?
　　　　다. 밥은 누가 해 주니?

111　임동훈(1997)은 '라면은 농심이 유명하다'류에 대해서 '부류—성원' 관계를 나타낸다고 한 양인석(1972)을 좇아, '라면으로 말할 것 같으면 농심라면이 유명하다'라는 의미를 갖는 것으로 해석하고 있다. '사과는 홍옥이 맛있다'류에 대한 분석과 같다.

112　최근 임동훈(2022)에서도 '힘은 민수가 세다' 구문이 '민수는 힘이 세다'의 기본 문형에서 첫 번째 NP1과 두 번째 NP2의 도치와 정보 구조의 조절로 이루어진 문장이라는 것에 동의하고 있지 않다. 우리는 '힘은 민수가 세다'와 '민수는 힘이 세다'의 관계는 '코는 코끼리가 길다'와 '코끼리는 코가 길다'의 관계, '민수는 돈이 많다'와 '돈은 민수가 많다'의 관계와 평행하다고 보지만, 임동훈(2022)에서는 다르다고 주장하고 있다.

마찬가지로, (70가) 또한 '농심은 유명한 라면을 가지고/보유하고 있다'와 같이 해석된다. 즉, '농심 has famous ramen'과 같이 의미 해석이 이루 어진다. 이는 '삼성은 반도체가 유명하다'—'반도체는 삼성이 유명하다'와 같 은 구조이다.

소유 구문 '있다/없다'에서도 '가형 목적어' 성분은 얼마든지 문두로 이동 할 수 있다. 그러나 이 역시 정보 구조나 정보의 흐름에 맞는 선에서만 가능 하다. 밑줄 친 성분이 여전히 주어 자리를 유지하고 있다.

(71) 가. <u>그가</u> 그리 재밌는 책이 있겠냐?
     나. 그리 재밌는 책이 <u>그가</u> 있겠냐?

(72) 가. <u>내가</u> 그만한 돈도 없을 것 같애?
     나. 그만한 돈도 <u>나는</u> 없다.

4.7. 소결

우리는 문장 형식과 문장 의미의 상관관계에 주목하여, 형식과 의미가 하 나로 연결되어 있음을 밝히고자 하였다. 우리의 주장은 통사부와 의미부를 모듈 단위로 나누어 독립적으로 작동한다고 가정했던, 해리스(Harris)의 주장 을 거부한 촘스키(Chomsky)의 생성문법(generative grammar) 입장에 맞서는 주 장이다. 즉, 해리스의 계승자이자 서술어가 실현되는 구문 안에서 서술어의 의미가 결정된다고 가정하는 그로스(Gross)의 '어휘−문법(lexique−grammaire)' 의 입장에 좀 더 가깝다고 할 수 있다.

소기의 목표를 달성하기 위해 본 장에서는 한국어의 존재동사 '있다1'과 소유동사 '있다2'가 보여주는 형태·통사론적 차이와 의미적 차이를 관찰하고 기술해 보았다. 또한 '맛있다/맛없다'라는 합성동사(또는 서술어)의 의미가 구문의 실현 형식에 따라 달라지는 것을 구체적인 예시를 통하여 설명하였다. 그리고 기능동사 구문 '맛이 있다/없다'가 연어로서 굳어지고 또 '맛있다/맛없다'로 어휘화된 예를 통해 소유동사 '있다2'의 다양한 용법을 보여주었다.

(73) 가. 이 떡은 맛이 있다. (두 자리 서술어, 소유동사 '있다')
　　　나. 이 떡은 맛없다. (한 자리 서술어, 기술동사 '맛없다')
　　　다. 이 집은 이 떡이 맛있다. (두 자리 서술어, 기술동사 '맛있다')
　　　라. 민수는 이 떡이 맛있는가 보다. (두 자리 서술어, 주관동사 '맛있다')

본장에서 다룬 형식과 의미의 동형성(isomorphism) 문제를 제대로 이해한다면, 한국어의 소유 구문의 전형은 [X-에게(는) Y-(가) V-어미]가 아니라 [X-(는) Y-(가) V-어미]의 기본 문형으로 두어야 하며, 이 구문은 두 자리 소유동사의 실현체인 일종의 약성 타동 구문으로 기술되어야 할 것이다. 즉, [X-에게(는) Y-(가) V-어미] 구문은 존재 구문이다.

'민수는 돈이 많다', '민수는 나와 놀 시간이 없다' 같은 문장은 이중 주어 구문이 아니다. 이들은 '가형 목적어'를 가진 소유 구문이다. 여기서 '돈이 많다'나 '시간이 없다'는 서술절이 아니라 서술구로 분석되므로, 이 문장들은 복문이 아니라 단문이다. 그리고 '나에게 자동차가 있다'와 같은 문형은 '나는 자동차가 있다'의 기저형이 아니라, 별도로 독자적 문형을 이루는 표면구조의 하나로서 존재동사 용법을 보여주는 문형이다. 이들 존재동사 '있다1'과 소유동사 '있다2'가 취하는 문형은 형식상 그리고 의미 해석상 차이를 보이며, 따라서 이들 두 구문은 문장 형식뿐만 아니라 문장 의미도 각각 다른 별개의 구문으로 보아야 한다. 구문의 형식적 구조가 달라지면 서술어를 포함한 문장의 의미도 그 달라진 형식의 차이만큼 달라진다. 그러니까, '아' 다르고 '어' 다르다.

5. 심리 구문

5.1. 서론: 한국어 심리 구문의 일반적 특성

한국어의 심리 구문은 서술어 자리에 심리형용사, 주관동사[113] 등으로도 불리는 '심리용언'이 사용된 구문이며, 한 자리 심리 구문과 두 자리 심리 구문으로 하위분류된다. 심리 구문은 NP1 자리의 논항이 '경험주' 의미역으로 해석되고, NP2 자리의 논항이 '대상' 또는 '자극'의 의미역을 할당받는다는 특징을 가진다. 이와 더불어 인칭 제약을 가지는데, 평서문 심리 구문에는 경험주 논항에 1인칭 대명사만 올 수 있고, 의문문 심리 구문에는 2인칭 대명사만 가능하다. '경험주' 해석을 받는 3인칭 대명사가 NP1으로 나타나려면 인칭 제약을 해소해야 하고, 이로 인해 '-(어)하다'나 양태 관련 조동사 구성을 동원하게 된다.

  (1) 가. 너/*나/*그이 춥니?
　　나. 나/*너/*그이 추워.
　　다. 그이/*나/*너 춥대/추운가 봐.

---

[113] 목정수의 문법 체계에서 기존의 형용사는 기술동사와 주관동사로 재분류되고 기존의 관형사는 형용사로 재분류된다(목정수 2013b, 2020 참고).

(2) 가. 너/*나/*그이 짬뽕 싫어?

나. 나/*너/*그이 짬뽕 싫어.

다. 그이/*나/*너 짬뽕 싫대/싫은가 봐.

(3) 가. 나는 호랑이가 무서워요.

나. 그이는 호랑이를 무서워해요.

(4) 가. 나는 네가 마음에 든다.

나. 그이는 너를 마음에 들어 한다.

이때의 인칭 제약은 행위자 인칭은 물론이고 동사(구) 자체가 그 의미부류에 따라 인칭 범주를 나타낸다는 사실과도 모두 관련된다. 심리용언의 주어 논항 인칭 제약뿐만 아니라 '-(어)주다' 구성을 통해서 드러나는 수혜주 논항 인칭 제약도 동사의 범주에 따른 행위자 인칭 제약 현상에 포함된다. 예를 들어, '이 책 좀 읽어 드려라'나 '그 책 좀 읽어 다오'와 같은 문장에서 본동사 '읽다' 행위의 혜택을 받는 이가 명시적으로 드러나지 않아도 각 문장의 수혜자가 존대 대상의 3인칭 수혜자 '그분'(← '-(어)드리다')이나 1인칭 수혜자 '나'(← '-(어)달다')가 됨을 알 수 있다.[114]

심리 구문의 이러한 행위자 인칭 제약 문제는 최근 증거성(evidentiality)의 측면에서 조명받는 선어말어미 '-더-'와의 결합에서 동사의 성격에 따라 나타나는 대명사 인칭의 제약과 비교해보면 쉽게 이해할 수 있다.

---

114 이와 관련해선 Comrie(2003, 2010)와 Kittilä(2006)의 'GIVE' 동사의 수령자 인칭 보충법 (recipient person suppletion) 논의를 참고할 수 있다.

(5) 가. 민수/*너/*나 학교에 가더냐?
　　　 민수/*나/*너 학교에 가더라.　　　　　　(행위동사)
　　 나. 민수/그 나무/*너/*나 키가 크더냐?
　　　 민수/그 나무/*나/*너 키가 크던데.　　　(기술동사)
　　 다. 너/*민수/*나 외롭더냐?
　　　 나/*민수/*너 많이 외롭더라구.　　　　　(주관동사)

　그동안의 논의에서는 '더'가 나타난 일부 구문에서 관찰되는 사실만
을 바탕으로 '더'의 대명사 인칭 제약에 대해 '3인칭 주어 제약'이나 '1
인칭 주어 제약' 등의 단편적인 개념으로 분리해서 기술해 온 측면이 크다
(송재목 2015, 이정민 2016, 유현경 2017b). 그런데 '더'와 동사 부류의 결합에 따
른 인칭 제약을 논의하려면 화청자 인칭과 행위자 인칭을 분리해서 생각해
야 한다.
　위 (5가)의 문법성 판단은 행위자 주어 인칭만을 고려한 것이다. 그러나
예문 (6)과 같이 화청자 인칭의 차원에서 보면, '더' 구문에서 행위자
인칭인 '나'와 '너'는 3인칭화된 것으로 해석하면 '민수'보다 자연성이 떨어
지지만 완전히 수용이 불가능하진 않다.

(6) 가. [너/*나/*그 (꿈에) 보니까] 민수/?나/??너 학교 가더냐?
　　 나. [나/*너/*그 (꿈에) 보니까] 민수/?너/??나 학교 가더라!
　　　　⇒ 기술동사와 행위동사의 의문문:
　　　　　청자인칭(同) 2인칭 → 행위자인칭(準同) 3인칭/?1인칭/??2인칭(O)
　　　　⇒ 기술동사와 행위동사의 평서문:
　　　　　화자인칭(同) 1인칭 → 행위자인칭(準同) 3인칭/?2인칭/??1인칭(O)

(7) 가. [너/*나/*그 (몸으로) 느껴 보니까] 너/*나/*민수 배고프더냐?

　　나. [나/*너/*그 (몸으로) 느껴 보니까] 나/*너/*민수 배고프더라!

　　　　⇒ 주관동사의 의문문:

　　　　　청자인칭(同) 2인칭 → 행위자인칭(異) 2인칭(O), 3인칭/1인칭(X)

　　　　⇒ 주관동사의 평서문:

　　　　　화자인칭(同) 1인칭 → 행위자인칭(異) 1인칭(O), 3인칭/2인칭(X)

'-더-'가 가지는 인칭 제약은 기술동사, 행위동사 대 주관동사의 구분에 앞서 화청자 인칭과 관련된 제약이다. 이는 (6)과 (7)의 '[너/*나/*그 (꿈에) 보니까](의문문)/[나/*너/*그 (꿈에) 보니까](평서문)'와 '[너/*나/*그 (몸으로) 느껴 보니까](의문문)/[나/*너/*그 (몸으로) 느껴 보니까](평서문)'를 보면 명확하다. 평서문에서 행위동사와 기술동사의 행위자 인칭은 3인칭 주어로 제약되고, 주관동사의 행위자 인칭은 1인칭 주어로 제약된다는 차이만 있다. 당연히 의문문에서는 행위동사와 기술동사의 행위자 인칭이 3인칭 주어로 제약되고, 주관동사의 행위자 인칭이 2인칭 주어로 제약된다.

5.2. 심리 구문의 유형론 개관

WALS(World Atlas of Language Structures)에 따르면, 심리 구문에서 경험주로 해석되는 논항이 여격형으로 나타나는 언어가 매우 많은 것으로 보고된다. 한편 세계 유형론 학계의 '여격 주어' 논의를 배경으로 한국어의 심리 구문의 기저문 또는 심층구조를 '여격-주격' 정렬로 보는 논의는 연재훈(1996)에서부터 본격화되었다. 물론 이런 식의 논의는 3.2에서 언급했듯이, 생성문법 계열에서도 '한 문장 한 주어' 원칙을 고수하고 격 할당(case assignment)으로 구문을 설명하기 위한 방편으로 펼치고 있다.

최근 국어학계에 제시된 '여격 주어설'을 살펴보자. 김민국(2016)은 다음 (8)과 같이 영어의 심리 술어 'like/dislike'에 해당하는 '좋다/싫다'가 실현된 구문을 '여격 주어' 구문의 예로 들고, 기본 구조를 다음과 같이 설정한다.

> (8) 가. 민수에게 바나나가 싫다. ('Paul dislikes bananas'의 의미로)
> 나. 민수에게 축구가 좋다. ('Paul likes soccer'의 의미로)

그러나 (8가)는 비문에 가깝게 느껴지며, 코퍼스 상에서도 발견되지 않는다. (8나)가 용인된다면 이때의 '좋다'는 그 반의어로 '싫다'가 상정되는 심리형용사로 해석될 수 없고, '나쁘다'와 반의어 관계에 놓이는 성상형용사 '좋다'로 해석된다.

> (9) 가. 나는/*나에게 바나나가 싫다/*나쁘다.
> 나. 민수는/*민수에게는 바나나가 싫은가/*나쁜가 보다.

> (10) 가. 민수에게 축구가 좋지만, 농구는 오히려 나쁘다/*싫다.
> 나. 인삼은 민수에게 좋지 않다. 아니 나쁘다/*싫다고 해야 한다.

따라서 (8나)는 인칭 제약과 무관한 구문이다. 심리 구문, 즉 [Experiencer-는 Stimulus-가 좋다/싫다(심리용언)]와 같은 구조에서만 경험주 자리에 인칭 제약이 발생한다. 이러한 심리 구문은 최근 유형론학계에서 자주 언급되는 '자기조응성(egophoricity)'과도 연관된다(Floyd et al. 2018, 정해권

2020a, 목정수 · 문경진 2020, 정경아 · 정해권 2021)[115].

(11) 가. 나는 바나나가 싫어.
　　나. 너는 바나나가 싫니?
　　다. 민수는 바나나가 싫대.
　　라. 민수는/나는 바나나를 싫어한다.

이와 관련된 심리용언류로는 '이해(가) 가다', '기억(이) 나다', '마음에 들다' 등의 복합서술어(=기능동사 구성) 또는 연어 구성이 있다.[116]

(12) 가. (너) 그 사람 설명이 이해가 가니/되니?
　　나. (나) 니 설명만 이해가 안 가/돼.
　　다. (그 사람) 니 말이 이해가 안 간대/된대/*가/*돼.

(13) 가. (너) 내가 마음에 드니?
　　나. (나) 니가 마음에 들어.
　　다. (민수) 내가 마음에 든대/*들어.
　　라. (민수) 나를 마음에 들어 해.

그런데 이러한 구문에서 '그 사람 설명이', '니 설명만', '니 말이', '내가', '니가'를 주어로 보기 위해 복합서술어(complex predicate) '이해(가) 가다'의 주

---

115 정경아 · 정해권(2021)은 한국어의 종결어미 '-다'를 egophoric marker(그들의 용어로는 '자향성 표지')로 보고 있다. 다만 이는 'egophoricity'를 일정 부분 오해해서 만든 개념인 것으로 보인다. 시정되어어 할 것이다.

116 본서 8장 '기능동사 구문'을 참조하라.

체(넓은 의미에서의 경험주 논항)를 여격형으로 설정하려는 논의도 존재한다(임동훈 2000). 그러나 이 역시 비문이다.

(14) 가. *?너에게 내 설명이 이해가 가니?
    나. *?나에게 네 설명이 이해가 가.
    다. *?민수에게 네 설명이 이해가 간대.

(15) 가. *?너에게 내가 마음에 드니?[117]
    나. *?나에게 니가 마음에 들어.
    다. *?민수에게 내가 마음에 든대.

이처럼 Yoon(2004), Kim(2017)에서 나온 한국어 심리용언의 여격 주어(= 경험주) 가설은 재고될 필요가 있다. 이런 유형의 논의 중 일부가 이미 세계 유형론 학계에 퍼져나가 정설처럼 자리를 잡으며 한국어의 언어사실을 호도하고 있다.

반면 목정수(2018, 2020)는 '가형 목적어' 또는 'nominative object' 개념을 내세우며 한국어의 소위 '이중 주어' 구문 중 심리용언 구문인 '나는 호랑이가 무섭다'류가 타동성 유형론(typology of transitivity)의 논의 대상이 되어야 한다고 주장한다.[118] 이는 '나는 호랑이가 무섭다'에서 '호랑이가' 성분을 주

---

117 이 구성은 다음의 인칭 제약이 없는 [NP1-은 X(의) 마음에 들다]와 차이를 보인다.
    (1) 가. 나는 니 마음에 드니?
        나. 너는 내 마음에 들어.
    (2) 가. 그 친구는 선생님 마음에 쏙 들었다.
        나. 할아버지께서는 며느리 마음에 쏙 드셨다.

118 목정수(2004, 2005), 목정수·조서희(2021)는 '코끼리는 코가 길다'류도 '코끼리는 긴 코를 가지고 있다'의 환언(paraphrase) 관계를 설정하여 '민수는 돈이 있다'의 소유 구문처럼 약성

어로 분석할 수 없는 증거가 많고, 이러한 성분이 '주어'나 '보어'로 다루어지면 유형론적 논의가 불가능해지기 때문이다.

유현경(2018, 2019)의 주장처럼 '호랑이가' 성분을 한국어 문법 내부의/고유의 전통 속에서 '보어'로 보는 논의는 받아들일 수 없다. 현재 다른 유형의 많은 언어들에서 '보어'로 기술된 문장 성분은 각기 다른 다양한 양상을 보인다. 이러한 상황에서는 그야말로 '보어 유형론 워크숍'이 따로 마련되지 않는 한, 보어를 유형론의 본격적인 논의 대상에서 제외할 수밖에 없다.[119] 더욱이 '호랑이가'를 보어로 처리하면, '나는 호랑이가 눈이 왼쪽 눈이 무섭다' 같은 구문을 이중/다중 보어 구문으로 기술해야 하는 문제가 발생한다. 이렇게 된다면 의견 차이가 좁혀지지 않고 소모적인 논쟁이 도돌이표처럼 계속될 것이다. '서울이 백화점이 미도파가 구두가 값이 천 원이 싸다'와 같이 예외적이고, 기본 구조에서 멀어진 특수한 예들을 동원하여 펼치는 이중/다중 주어 구문 논의처럼 말이다.

따라서 타동문 구성에 대해 '주격-대격 언어'와 '능격-절대격 언어' 등을 참조하고 세계 언어유형론 학계에서 언급되는 '여격 주어' 등의 개념에 대응되는 것처럼 보이는 예문을 찾거나 그런 예를 작위적으로 만들어서 마치 그런 개념이 한국어에도 적용되는 것처럼 기술하고, '여격 주어' 개념의 보편성 획득에 한국어도 기여할 수 있다는 식의 논의는 지양해야 한다. 우리는 그보다 한국어에서 자연스럽게 쓰이는 문장을 타당하고 합리적으로 분석할 수 있는 방식을 탐구해야 한다. 그리고 그러한 문장에서 보이는 구문

타동사 틀에서 다루어질 필요가 있다고 주장하였다.

[119] 이는 학교문법에서 '관형사'로 분류되는 범주가 그 용어의 고유함 때문에 'typology of adjectives' 논의에서 배제되는 것과 유사하다(목정수 2022 참조).

을 세계 유형론 학계에서 제시한 유형과 비교하여 해당 구문이 다른 언어들에서 어떻게 실현되는가를 확인해야 한다.

5.3. '나는 호랑이가 무섭다'와 '나에게 호랑이가 무섭다', '호랑이는 나에게 무섭다'의 비교

본절에서는 심리 구문의 구조를 연구한 기존 논의들의 문제를 파악할 것이다. 먼저 임홍빈(1972, 1974), 임동훈(1997, 2002) 등에서는 다음과 같은 구문을 상정하고 있다.

> (16) 가. 나에겐 꽃이 좋다/싫다.
> 나. 나의 생각에는 꽃이 좋다/싫다.
> 다. 나는 꽃이 좋다/싫다고 느낀다/생각한다.

여기서는 이들이 설정한 기저문의 구조와 주제화로 설명하려는 논의의 문제점을 살펴보고, 기저문과 도출문의 의미를 다시 생각해 보고자 한다.

5.3.1. 주관동사 구문과 기술동사 구문의 차이

먼저 '나는 꽃이 좋다'가 '나에겐 꽃이 좋다'로 해석되면 '좋다'의 반의어가 '나쁘다'로 이해되고, 이때의 '좋다/나쁘다'는 기술동사이다.

(17) 가. 건강에는 인삼이 좋다/나쁘다.
　　　 나. 인삼은 건강에 좋다/나쁘다.

(18) 가. 나에겐 인삼이 좋다/나쁘다.
　　　 나. 인삼은 나에게 좋다/나쁘다.

　그리고 기술동사 '좋다/나쁘다'의 구문은 본서 2장에서 살펴본 소위 '이중 주어 구문'으로도 실현될 수 있다.

(19) 가. 민수는 눈이 좋다/나쁘다.
　　　 나. 민수는 마음씨가 좋다/나쁘다.

　그러나 대개 '나는 꽃이 좋다'라는 문장은 'I like flowers'의 의미로 해석 되고, 이때의 반의어는 '나는 꽃이 싫다'가 된다. 이 '좋다/싫다' 짝은 '*나에 겐 꽃이 좋다/싫다'와 같은 구문을 만들지 않는다.

(20) 가. 나는 인삼이 좋다/싫다.
　　　 나. *나에게는 인삼이 좋다/싫다.

　그리고 주관동사로서의 '좋다/싫다'는 소위 기술동사의 이중 주어 구문을 이루지 않으며, 한 자리 서술어로도 쓰이지 않는다. 한 자리 서술어로 사용 되는 '좋다/나쁘다'는 기술동사로서의 '좋다/나쁘다'이다.

(21) 가. *민수는 눈이 좋다/싫다.
　　　 나. *민수는 마음씨가 좋다/싫다.

(22) 가. *좋은/싫은 날씨/남자
　　 나. 좋은/나쁜 날씨/남자

'무섭다' 또한 주관동사로서의 '무섭다2'와 기술동사로서의 '무섭다1'로 나뉘며, 이 둘은 실현하는 구문의 구조에서 차이를 보인다. 이 둘이 이루는 구성의 차이는 관계화 절차에서의 상이함으로 드러난다. 다음 (23)에서 보듯이 주관동사로 '무섭다'가 사용되면, 첫 번째 명사구만 관계화될 수 있다.

(23) 가. 나는 호랑이가 무섭다.
　　 나. 호랑이가 무서운 나
　　 다. *내가 무서운 호랑이

반면, '무섭다'가 기술동사로 쓰인 구문에서는 다음과 같은 관계절이 모두 가능하며, 이때의 '무섭다'는 존재동사인 '있다1'과 평행한 모습을 보여준다.

(24) 가. 민수에게 호랑이가 무섭다.
　　 나. 민수에게 돈이 있다.

(25) 가. 호랑이는 민수에게 무섭다.
　　 나. 돈은 민수에게 있다.

(26) 가. 민수에게 무서운 호랑이
　　 나. 민수에게 있는 돈

따라서, '돈이 있는 민수'의 관계절 구성은 '민수에게 돈이 있다'에서 관계화된 구성이 아니라 '민수는 돈이 있다' 구성에서 관계화된 구성으로 보는 것이 더 타당하다. '돈이 많으신 할아버지'의 경우 '할아버지(께서)는 돈이 많으시다'는 가능하지만 '*할아버지께 돈이 많으시다'가 불가능한 것을 보면 쉽게 알 수 있다. 후자의 문장에서는 '할아버지에게/한테/께 많은 돈'과 같은 관계화가 가능하다.[120] 이와 비슷하게, '호랑이가 무서운 민수'라는 관계절 구성도 '민수에게 호랑이가 무섭다'가 아닌 '민수는 호랑이가 무서운가 보다'에서 유도된 것으로 보아야 할 것이다.

그리고 기술동사 '무섭다1'은 '좋다/나쁘다'처럼 이른바 이중 주어 구문에도 나타날 수 있다. 이때 '무섭다1'의 의미는 '(be) scared'가 아니라 'have_scary/(be) scary'가 된다는 점에 유의해야 한다.[121]

(27) 가. 그 친구는/할아버지(께서)는 눈매가 무섭다/무서우시다.
　　 나. (그 친구의/할아버지의) 무서운/무서우신 눈매
　　 다. 눈매가 무서운/무서우신 그 친구/할아버지

주관동사 '무섭다2'의 특성과 비교해 보자.

---

120 한편 임동훈(1997)은 '부장이 싫은 직원들'과 '*직원들이 싫은 부장'의 관계화 제약을 두고 '직원들은 부장이 싫다'에서 '부장이 싫다'가 일종의 서술절로 기능하는 구조를 상정하고, 이 문장들에서 관계화의 제약이 일어나는 이유는 하위문의 주어가 관계절의 핵이 되고 상위문의 주어가 관계절의 일부가 되는 현상을 허용하지 않기 때문이라고 설명한다. 그러나 이러한 설명에서는 '부장이 싫다'가 주술 관계를 맺는 소위 '서술절'이 되는데, 즉 '민수가 대통령이 되다'와 같은 '되다' 구문에서도 똑같은 관계화 제약이 나타나기 때문에 서술절에서만의 제약으로 볼 수 없다는 문제가 생긴다.

121 한국어의 소위 '여격 주어'는 처소어로 해석된다. 즉 한국어의 여격 주어는 주관동사가 아니라 기술동사의 한 성분으로 인정된다. 중국어의 객관형용사 '可怕'와 주관형용사 '害怕'를 비교해 보라.
　 (1) 호랑이는 나한테 무섭다. (Tigers are scary to me.) (무섭다1=可怕) ⇒ 기술동사
　 (2) 나는 호랑이가 무섭다. (I am afraid/scared of tigers) (무섭다2=害怕) ⇒ 주관동사

(28) 가. 나는 호랑이가 무섭다.
　　　나. *(나의) 무서운 호랑이
　　　다. 호랑이가 무서운 나

　한편, 전 절에서 언급한 바와 같이 '나에게 바나나가 싫다'와 같은 구문
이 가능하다고 보고 해당 구문을 기저형으로 삼는 논의들은 대개 언어유형
론에서 제기된 '여격 주어' 논의에 영향을 받았다(김민국 2016, Kim 2017).[122]
그러나 한국어에는 '여격 주어'를 적용할 수 없다(목정수·이상희 2016). 한국어는
'*나에게 바나나가 싫다'라는 문장과 같은 구조를 허용하지 않는다. '*나에
게 바나나가 싫다'와 같은 구성을 정문 취급하는 것은 앞에서 본 기술동사
구문인 '민수에게 인삼이 좋다'에 잘못 이끌렸기 때문이며, 이때 '좋다'의
반의어는 '싫다'가 아니라 '나쁘다'임을 명심해야 한다.

　유형론 학계에 보고되었던 '여격 주어' 개념을 한국어의 주관동사(=심리
형용사) 구문에 적용하기 어려운 이유를 정리하면 다음과 같다. 일단, 혹여
주관동사 구문에서 '여격 주어'를 인정한다 하더라도 그 다음에 나타나는
'가형 성분'의 통사적 기능의 정체에 대한 의문점이 계속 남는다. 또한 '여격

---

122 '여격 주어' 개념에 따라 한국어의 심리 구문을 기술하는 경향은 연재훈(1996)을 필두로 하여
　　최근 김민국(2016)에 이르기까지 지속되고 있다.
　　　또한 '여격 주어'를 PP(Postpositional Phrase) 구조의 처소어가 아니라 ApplP
　　(Applicative Phrase)인 외부 논항으로 보려고 시도한 Kim(2017)은 아래의 예를 제시하였다.
　　그러나 이러한 구문 형식은 전형적인/무표적인 구성이 아니다.

　　　(1) a. Mini-eykey　Inho-ka　　　coh-ass-ta
　　　　　　 Mini-dat　　Inho-nom　　be likable-past-dec
　　　　　　 'Mini was fond of Inho.'
　　　　　b. ku　　　namca-eykey koyangi-ka kekcengi-ess-ta
　　　　　　 that　man-dat　　　cat-nom　　worry-past-dec
　　　　　　 'That man worried about the cat.'

주어 + 주어'의 이중 주어 구문은 보편문법의 가설에 모순이 된다. 그리고 주관동사 구문을 '여격 주어 + 목적어'의 단일 주어 구문으로 파악하더라도 '-시-'와의 호응이 이를 지지하지 않는다. 그렇기 때문에, 여격 주어설을 따르는 Kim(2017)에서 제시한 예문들의 문법성과 그 해석의 타당성에 강한 의구심을 갖게 될 수밖에 없다. 소위 '여격 주어' 구문에서 진짜 주어는 오히려 두 번째의 '가형 성분'이 담당하고, 소위 여격 주어라 부르는 성분은 처소어이다. 이러한 구문은 주관동사(=심리형용사) 구성이 아니라 기술동사(=성상형용사) 구성인 것이다.

5.3.2. 기본 문형으로서의 심리 구문 '나는 호랑이가 무섭다'

한국어 기본 문형에 대한 전통적 논의에서, '코끼리는 코가 길다'나 '나는 호랑이가 무섭다' 같은 문장은 기본 문형에 포함되어 있지 않다(고영근·구본관 2008, 2018). 이는 이들 문장을 서술절을 안은 복문으로 보았기 때문이다. 그리고 단문만 기본 문형으로 설정될 수 있기 때문에, 기본 문형 설정 논의에서 '코끼리는 코가 길다'나 '나는 호랑이가 무섭다'와 같이 복문으로 간주된 문장은 배제되어 왔다. 그러나 '서술절' 개념 설정의 부당성을 밝힌 목정수 (2005, 2014a, 2014b, 2018a)에 따르면, '코가 길다'나 '호랑이가 무섭다'는 '떡을 먹다'나 '떡을 좋아하다' 같은 서술구(=동사구)로 분석되며, 서술절(=문장)로는 분석되지 않는다. '발이 넓다', '기가 죽다', '화가 나다', '키가 크다' 등처럼 하나의 복합서술어(complex predicate)나 연어(collocation) 단위를 이루는 구성은 문장에서 유래할 수 없고 동사구에서만 유래된다는 범언어적 현상이 서술구 분석에 힘을 실어준다.[123] 이러한 시각은 한국어 주체 존대 선어말어미 '-시-'와 호응하는 성분의 통사적 기능을 일관되게 주어로 규정하고 기술할 수 있다는 장점을 갖는다(목정수 2013). 즉, 우리의 관점에서는 전통문법이나 학교문법에서 채택하고 있는 직접존대의 '-시1-'과 간접존대의 '-시2-'로 '-시-'를 나누는 방식을 상정할 필요가 없다. 우리는 '-시-'를 모두 문장의 진짜 주어 성분과 호응하는 것으로 파악한다. 이러한 시각에서는 문법이 한결 간명해지며, 간접존대와 청자존대 및 상황주체존대와 같은 개념을 따로 설정할 필요가 없게 된다(목정수 2013, 2017a). 다음 문장들에서 '-시-'와 호응하는 진짜 주어는 밑줄 친 성분이다.

(29) 가. <u>할아버지(께서)는</u> 호떡을 좋아하신다.
　　 나. <u>할아버지(께서)는</u> 호떡이 드시고 싶으신가 보다.
　　 다. <u>할아버지(께서)는</u> 호랑이가 무서우신가 보다.
　　 라. <u>할아버지(께서)는</u> 코가 크시다.
　　 마. <u>할아버지(께서)는</u> 기가 많이 죽으셨다.
　　 바. <u>저기 키크신 할아버지가</u> 우리 할아버지셔.
　　 사. <u>할아버지(께서)는</u> 아직 커피가 안 나오셨다네.

따라서 한국어의 기본 문형에는 고영근·구본관(2008: 271)의 【무엇이 무엇을 어찌한다】에 【누가/무엇이 누가/무엇이 어떠하다/어찌한다】를 추가해야 한다(목정수·조서희 2021 참조). 즉, 다음과 같은 문장들은 한국어의 기본 문형 가운데 하나로 자리잡아야 한다.

---

123 일본어학계 또한 三上(Mikami) 등이 草野(Kusano)와 橋本(Hasimoto)가 주장한 술어절(=서술절)설을 강력히 비판했다(홍사만 2009 참조).

(30) 기술동사류

　가. 코끼리는 코가 길다.

　나. 나는 눈이 나쁘다.

　다. 우리 엄마는 손이 크시다.

　라. 저는 머리가 좋은 편이에요.

(31) 주관동사류 1 (심리용언)

　가. 나는 짜장면이 싫다.

　나. 할아버지는 호랑이가 무서우신가 보다.

　다. 너는 고향이 그리도 그립더냐?

　라. 너 나 좋아?

　마. (너) 그 사람 마음에 드니?

(32) 주관동사류 2 (피동사)

　가. 나는 그 말이 이해된다.

　나. 나는 천사의 마음이 보인다.

　다. (나는) 너의 목소리가 들려.

　라. 할아버지는 나의 성공이 믿기시지 않나 봐요.

(33) 주관동사류 3 (기능동사 구문)

　가. (나는) 그의 설명이 납득이 간다.

　나. (나는) 마누라가 겁이 나.

　다. 나는 그의 말이 생각이 났다.

　cf. 나는 그의 의견에 화가 났다.

위와 같은 구문은 고영근·구본관(2008: 271)에서 설정한 기본 문형 중 '아니다'와 '되다' 구문과 거시적으로는 동일한 문형으로 볼 수 있다. '이다' 구문 또한 위와 같은 구문과 동일한 문형을 가진다.

> (34) 가. 할아버지(께서)는 사업가가 아니십니다.
> 나. 할아버지(께서)는 사업가가 되셨습니다.

> (35) 가. 할아버지(께서)는 사업가이십니다.
> 나. 할아버지(께서)는 제가 걱정이신가 봅니다.
> cf. 할아버지(께서)는 내 사업에 반대이십니다.

5.3.3. 심리 구문의 NP2 성분의 통사적 기능

심리동사 구문 '나는 호랑이가 무섭다'에서 '나는'이 주어 성분이라면 '호랑이가'는 어떤 통사적 기능을 수행하는가? '호랑이가'를 보어로 보자는 견해도 있지만(이홍식 1996, 유현경 2018, 2019), 보통은 이를 주어로 본다. 대표적으로 임동훈(1997)이 이러한 주장을 하였다. 임동훈(1997)은 '나는 호랑이가 무섭다'와 같은 문장을 '나는 눈이 나쁘다'와 같은 이중 주어 구문으로 본다. 즉, '호랑이가'가 '무섭다'의 주어이고, 이 '호랑이가'가 '무섭다'와 서술절을 이루어 전체 문장의 서술어가 된다고 설명한다. 그런데 그는 논증에 잘못된 예문을 사용하였다. 즉, 그는 '나는 호랑이가 무섭다'의 성격을 잘못 파악하였고, 그래서 '호랑이가' 성분을 주어로 보는 오류를 범하게 되었다.

임동훈(1997)은 (37)과 같은 '예외적 격 구문'을 바탕으로 다음 (36) 구문의 기저형으로 (38)과 같은 구문을 설정한다. 이는 최근의 임동훈(2022)에서도 마찬가지이다.

(36) 나는 호랑이가 무섭다.

(37) 가. 민수는 영미가 예쁘다고 생각한다.
　　　나. 민수는 영미를 예쁘다고 생각한다.

(38) 가. 나는 호랑이가 무섭다고 느낀다/생각한다.
　　　나. 나는 호랑이를 무섭다고 느낀다/생각한다.

임동훈(1997)은 (36)과 같은 심리용언 구문의 기저 구조로 (38가, 나)를 상정한다. 그런데 이러한 가정에는 '무섭다'의 두 가지 용법에 대한 구분이 포함되어 있지 않다. (38)에서의 '호랑이가/호랑이는 무섭다'는 '무섭다'의 기술동사(=성상형용사)로서의 용법이며, '영미가/영미는 예쁘다'와 같은 용법이다. 기술동사로 쓰이지 못하는 두 자리 서술어 주관동사 '싫다'와 한 자리 서술어 주관동사 '괴롭다, 외롭다, 춥다/덥다' 등과 비교해보면 더욱 명확하다.

(39) 가. 이 영화가 아이들한테는 무서울 것이다.
　　　나. 이 영화는 아이들한테 무서운 영화이다.

(40) 가. 나는 이 영화가 아이들한테 무서울 거라고 생각한다.
　　　나. 나는 이 영화를 아이들한테 무서울 것이라고 생각한다.

(39)와 (40)은 기술동사인 '무섭다1'의 주어 '이 영화는'이 '예외적 격 표시(ECM)'를 보여주는 구문이다. 그러나 다음 (41)과 같은 두 자리 서술어로 쓰인 주관동사 '무섭다2'의 경우에는 주어 '민수는'과 '할아버지는'만이 이 '예외적 격 표시(ECM)'로 간주될 수 있다.

(42) 가. 민수는 이 영화가 정말 무서웠나 보다.

나. 할아버지는 이 영화가 정말 무서우셨나 보다.

(43) 가. 나는 민수가 (이 영화가) 무서웠나 보다고 생각한다.

나. 나는 민수를 (이 영화가) 무서웠나 보다고 생각한다.

(44) 가. 나는 할아버지가 (이 영화가) 무서우셨나 보다고 생각한다.

나. 나는 할아버지를 (이 영화가) 무서우셨나 보다고 생각한다.

주관동사 '무섭다2'의 두 번째 명사구 '이 영화가'는 '예외적 격 표시 구문'에 참여하지 못한다.

(45) 가. 나는 (민수가) 이 영화가 무서웠나 보다고 생각한다.

나. *나는 (민수가) 이 영화를 무서웠나 보다고 생각한다.

(46) 가. 나는 (할아버지가) 이 영화가 무서우셨나 보다고 생각한다.

나. *나는 (할아버지가) 이 영화를 무서우셨나 보다고 생각한다.

한 자리 주관동사 '괴롭다'나 '춥다'의 주어는 '예외적 격 표시 구문'에 참여할 수 있다.

(47) 가. 민수는 내가 괴로울/추울 거라고 생각했단다.

나. 민수는 나를 괴로울/추울 거라고 생각했단다.

두 자리 서술어로 쓰인 기술동사 '많다'나 '크다' 또한 동일하다.

(48) 가. 민수는 애인이 돈이 많다고 생각했단다.

나. 민수는 애인을 돈이 많다고 생각했단다.

다. *민수는 애인이 돈을 많다고 생각했단다.

라. *민수는 애인을 돈을 많다고 생각했단다.

(49) 가. 민수는 애인이 눈이 크다고 생각했단다.

나. 민수는 애인을 눈이 크다고 생각했단다.

다. *민수는 애인이 눈을 크다고 생각했단다.

라. *민수는 애인을 눈을 크다고 생각했단다.

위의 예에서 보듯, 소위 '주어-목적어 상승(subject-object raising)'은 주관동사 구문에서든 기술동사 구문에서든 첫 번째 명사구에서만 일어난다. 두 번째 명사구, 즉 비주어 성분은 주어-목적어 상승이 일어나지 않는다.[124]

따라서 임동훈(1997, 2022)이 예로 든 '나는 호랑이가/호랑이를 무섭다고 생각한다' 구문에서 '호랑이가/호랑이를'의 통사적 위치는 '민수는 내가/나를 호랑이가 무섭다고 생각했단다' 구문에 등장하는 '내가/나를'의 그것과 동일하며, 두 번째의 '호랑이가' 성분과 구조적 계열(paradigm) 지위를 가지지 않음을 알 수 있다.

---

[124] 전형적인 보어 구문으로 보는 '되다' 구문에서도 동일한 양상이 나타난다. 소위 '목적어로의 상승'은 '민수는'이라는 주어 성분에서 일어나며, 보어/목적어 성분 '대통령이'는 소위 '목적어로의 상승'을 겪지 않는다.

　(1) 민수는 대통령이 될 것이다.

　(2) 가. 나는 민수가 대통령이 될 거라고 믿는다.

　　　나. 나는 민수를 대통령이 될 거라고 믿는다.

　　　다. *나는 민수가 대통령을 될 거라고 믿는다.

　　　라. *나는 민수를 대통령을 될 거라고 믿는다.

5.4. 소결

이상의 논의를 종합해 보면, 한국어 주관동사(verbe subjectif)의 기본 문형, 즉 심리 구문은 (50가, 나)가 아니라 (50다)임을 알 수 있다. (50가, 나)는 기술동사(verbe descriptif) 구문으로 파악할 수 있다.

    (50) 가. NP1-에게-(는) NP2-(가) Vd-어미 (Vd=기술동사)
        나. NP2-(는) NP1-에게 Vd-어미 (Vd=기술동사)
        다. NP1-(은) NP2-(가) Vs-어미 (Vs=주관동사)

주관동사 구문의 경험주 논항은 'NP1'의 자리에 주로 한정조사 '은/는'을 동반한 상태로 나타나며 대상 논항은 'NP2' 자리에 주로 한정조사 '이/가'가 실현된 형태로 나타난다. 그리고 'NP1' 주어에는 인칭 제약이 존재하며, 이것이 한국어 심리 구문의 특징이다.[125]

    (51) 가. 나 바나나 싫어요.
        나. 너는 돼지고기가 그렇게 싫으니?
        다. 그 사람은 개고기가 싫대요. / 그 사람은 개고기가 싫은가 봐요. /

---

125 Koizumi(2008)도 본서와 유사한 시각을 보여준다. 한편 유형론적 시각에서 일본어를 서술한 角田(Tsunoda)(2009)도 다음과 같은 심리 구문을 예시로 들어 의미역, 격, 문법기능을 구별하고 있다. 그는 인칭 제약을 구체적으로 언급하지는 않지만, 주격조사 'が'가 쓰인 논항을 무조건 주어로 분석하지 않는 입장을 보여주고 있다.

	太郎が	花子が	好きであること
意味役割	感情の持ち主	対象	
格	主格	主格	
文法機能	主語	目的語	

그 사람은 개고기를 싫어해요. / *?그 사람은 개고기가 싫어요. /
*그 사람은 개고기를 싫어요.

한국어의 주관동사 구문에서는 경험주가 모두 이른바 '명격(nominative) $\varnothing_1$'
으로[126] 실현되고 문두에 나타나면 한정조사 '은/는'을 동반해야 가장 무표
적이다. 다만 대상(theme)/자극제(stimulus) 논항은 주관동사 구문에 나타날 때
전형적인 타동 구문에서 [+Controlling Agent]와 [+Affected Patient]
의 의미자질을 갖는 '를형 목적어'가 아닌 명격(nominative) '$\varnothing_1$'으로 소위 '가
형 목적어'로 실현된다(Næss 2007, 목정수 2005, 2014a, 2014b, 2017b, 2018a). 한국
어는 '가형 목적어'를 취하는 심리용언일수록 주어의 형식과는 무관하게 의
미역의 관점에서 경험주나 비행위주 논항이 주로 주어 자리에 나타나는 특
성을 보인다. 이때 '가형 목적어' 자리에 [−Affectedness] 자질의 대상(th-
eme) 논항이 오고 이 논항은 의미역의 관점에서 원인(cause)이나 자극제
(stimulus)의 역할을 맡는다.

다음은 한 자리 주관동사(=심리형용사)와 두 자리 주관동사의 논항 실현
양상이다. 예문 오른쪽에는 주어 성분(=밑줄 친 성분)과 목적어 성분(=밑
줄 치지 않은 성분)의 심층 구조를 표상했다.

(52) 가. <u>나는</u> 춥다. ⇒ [나-$\varnothing_1$-는]
　　나. <u>너</u> 왜 외롭니? ⇒ [너-$\varnothing_1$-$\varnothing_2$]
　　다. <u>그 사람</u> 무엇 때문에 괴로워 한다니? [그 사람-$\varnothing_1$-$\varnothing_2$]

---

126 여기서 '명격(nominative) $\varnothing_1$'이라 한 것은 'nominative'의 원의(原義)를 살리고자 한 의도도
　　있지만, 우리가 조사 '이/가'를 주격조사로 보지 않으며 격 실현이 영형 후치사 '$\varnothing_1$'에 의해
　　이루어짐을 분명히 보여주기 위함이기도 하다(목정수 2022a 참조).

(53) 가. <u>나는</u> 호랑이가 무서워 죽겠어요. ⇒ [나-$\varnothing_1$-는], [호랑이-$\varnothing_1$-가]

나. <u>나</u> 그 여자 기억이 안 나. ⇒ [나-$\varnothing_1$-$\varnothing_2$], [그 여자-$\varnothing_1$-$\varnothing_2$]

다. <u>그 사람이</u> 내 말이 이해가 안 가는 모양이야.

⇒ [그 사람-$\varnothing_1$-이], [내 말-$\varnothing_1$-이]

이러한 방식으로 분석하면, 우리는 한국어 문법에서 서술절 개념의 도입 없이도 단일 주어 개념을 가지고 소위 '이중 주어 구문'과 특히 그중에서도 심리 구문을 단문으로 처리할 수 있음을 알 수 있다(목정수 2005, 2014a, 2014b, 2017b, 2018a).

결론적으로 우리는 약한 타동성에서 강한 타동성으로의 연속체를 구성할 수 있다. (54) → (55) → (56) → (57)로 갈수록 강성 타동 구문이다. 마찬가지로 주어 성분(=밑줄 친 성분)과 동사구 내의 목적어 성분(=밑줄 치지 않은 성분)의 속 구조를 오른쪽에 표시했다.

(54) 가. <u>코끼리는</u> [코가 길다]. ⇒ [코끼리-$\varnothing_1$-는], [코-$\varnothing_1$-가]

나. <u>그는</u> [동생이 셋이다]. ⇒ [그-$\varnothing_1$-는], [동생-$\varnothing_1$-이]

다. <u>네가</u> [여자친구가 많다구]? ⇒ [너-$\varnothing_1$-가], [여자친구-$\varnothing_1$-가]

라. <u>할아버지는</u> [책이 많으시다]. ⇒ [할아버지-$\varnothing_1$-는], [책-$\varnothing_1$-이]

(55) 가. <u>나는</u> [호랑이가 무섭다]. ⇒ [나-$\varnothing_1$-는], [호랑이-$\varnothing_1$-가]

나. <u>나</u> [너 싫어]. ⇒ [나-$\varnothing_1$-$\varnothing_2$], [너-$\varnothing_1$-$\varnothing_2$]

다. <u>그가</u> [내 설명이 이해가 된다니]? ⇒ [그-$\varnothing_1$-가], [내 설명-$\varnothing_1$-이]

라. <u>할아버지(께서)도</u> [호랑이가 겁이 나시는 모양이다].

⇒ [할아버지-$\varnothing_1$(께서)-도], [호랑이-$\varnothing_1$-가]

(56) 가. <u>내가</u> 어떻게 [그 사람을 몰라]? ⇒ [나-$\emptyset_1$-가], [그 사람-$\emptyset_1$-을]

　　 나. <u>그는</u> [나를 마음에 들어 했다]. ⇒ [그-$\emptyset_1$-는], [나-$\emptyset_1$-를]

　　 다. <u>그는</u> 어제 [내 편지를 받았다 한다]. ⇒ [그-$\emptyset_1$-는], [내 편지-$\emptyset_1$-를]

　　 라. <u>너도</u> [꿈을 꾸니]? ⇒ [너-$\emptyset_1$-도], [꿈-$\emptyset_1$-을]

(57) 가. <u>나</u> 오늘 [등심 먹었다]. ⇒ [나-$\emptyset_1$-$\emptyset_2$], [등심-$\emptyset_1$-$\emptyset_2$]

　　 나. <u>할아버지(께서)는</u> [독주를 잘 드신다].

　　　　 ⇒ [할아버지-$\emptyset_1$(께서)-는], [독주-$\emptyset_1$-를]

　　 다. <u>그는</u> [사람을 죽였다]. ⇒ [그-$\emptyset_1$-는], [사람-$\emptyset_1$-을]

　　 라. <u>네가</u> [그 놈만 때린] 이유는 도대체 뭐니?

　　　　 ⇒ [너-$\emptyset_1$-가], [그 놈만-$\emptyset_1$-$\emptyset_2$]/[그 놈-$\emptyset_1$만-$\emptyset_2$]

위 문장들에서는 밑줄 친 성분이 주어(=S)로 분석되고, 나머지 [　] 부분은 동사구(=VP)로 분석되어 이들 [S + VP]가 단문을 이룬다. 그리고 동사구 안에서 서술어의 어휘적 성격에 따라 '가형 목적어'와 '를형 목적어'가 나뉜다. '가형 목적어'는 서술어가 [+화자 내부적], [+주관적], [+주체 지향적], [+자발적], [+비의도적], [+인력(引力)], [+구심력] 자질을 가지는가에 따라 정해지고, '를형 목적어'는 서술어가 [+화자 외부적], [+객관적], [+객체 지향적], [+통제적], [+의도적], [+척력(斥力)], [+원심력] 자질을 가지는가에 따라 정해진다.

이러한 이유로 목정수(2015a, 2015b, 2018)는 기본적으로 한국어가 타동사의 주어(A)와 자동사의 주어(S)를 같은 형식으로 실현하는 '주격(nominative)─대격(accusative)' 정렬 언어로 보지만, 한국어의 타동성 타입을 포괄하려면 '쪼개진 목적어(split-O)' 패턴을 따로 설정하여 타동 구문을 하위분류할 필요가 있다고 주장하였다. 이를 그림으로 나타내면 다음과 같다.

(58) Split-O system

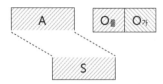

　　이러한 유형론을 통하여 한국어의 약한(weak)/낮은(low) 타동성 구문에서
부터 강한(strong)/높은(high) 타동성 구문에 이르기까지의 연속체를 구성할
수 있다(Hopper & Thompson 1980, Næss 2007). 약성 타동성 구문은 '주격-대격'
의 패턴을 유지하며, 주어를 명격(nominative) [$\varnothing_1$-(은)]으로 실현하고 목적
어를 명격 [$\varnothing_1$-(이)]으로 실현한다. 반면에 강성 타동성 구문은 주어를 약
성 타동성 구문에서와 동일하게 명격 [$\varnothing_1$-(은)]으로 실현하고 목적어를 명
격 [$\varnothing_1$-(을)]으로 실현한다. 이렇게 한국어의 타동 구문은 서술어의 성격에
따라 '약한/낮은 타동성 구문'과 '강한/높은 타동성 구문'으로 쪼개져 있는
'split-O' 유형의 언어로 하위분류할 수 있다. 정리하자면, 경험주 논항과
대상 논항을 취하는 심리 구문은 약성 타동 구문이다.

6. 가능 피동 구문

6.1. 서론

목정수(2003, 2018b) 등에 따르면, 한국어 동사는 다음과 같이 객관동사(기술동사, 행위동사), 주관동사(심리동사) 부류로 대별된다. 이때 객관동사는 다시 자동사 부류와 타동사 부류로 나뉘고, 주관동사도 자동사 부류와 타동사 부류로 나뉜다. 행위동사의 타동사는 '를형 목적어'를 취하고, 기술동사나 주관동사의 타동사는 '가형 목적어'를 취한다.

(1) 한 자리 서술어
    가. 기술동사류
        개는 영리하다. / 백두산이 한국에서 제일 높다.
    나. 주관동사류
        나는 외롭다. / 너 춥니? / 저는 쟤만 보면 화나요.
    다. 행위동사류
        민수가 죽었다. / 나는 오후 늦게까지 일한다.
        민수는 저만 보면 화내요.

(2) 두 자리 서술어
    가. 기술동사류
        코끼리는 코가 길다. / 민수는 돈이 많다. / 민수는 그녀를 보자 눈물이 흘렀다.

나. 주관동사류

나는 호랑이가 무섭다. / 저는 감자가 그렇게 싫었어요. /
민수는 내 얘기가 마음에 드나 보다.

다. 행위동사류

민수는 눈을 깜박거렸어요. / 저는 눈이 저절로 깜박거려요. /
민수는 나를 보자 눈물을 흘렸다. / 민수는 축구를 좋아해요. /
민수는 내 얘기를 맘에 들어 해요.

(1)에서 (2)에 이르는 예들을 종합하면, 한국어의 '나다 - 내다', '흐르다 -
흘리다', '떨어지다 - 떨어뜨리다' 등 수많은 동사가 이러한 '자동 vs. 타동'
대립쌍을 이루고 있음을 확인할 수 있다. 이는 한국인의 인식 구조에 이러한
동사들의 대립 관계가 반영되어 있기 때문일 것이다. 그리고 이와 비슷하게
한국어에는 '먹다 - 먹히다', '잡다 - 잡히다', '보다 - 보이다', '듣다 - 들리
다', '믿다 - 믿기다/믿어지다', '열다 - 열리다/열어지다', '걷다 - 걸어지다',
'이해하다 - 이해되다', '존경하다 - 존경받다' 등 능동사에 대응하는 피동사
의 짝이 존재한다. 이처럼 한국어에는 피동 접사에 의해 형태적으로 구성된
일군의 어휘들인 '피동사'가 발달되어 있다. 이들의 대표적인 특징 중 하나는
동일한 형태로 '피동적(passive)' 의미와 '사동적(causative)' 의미를 동시에 나타
낼 수 있는 경우가 많다는 것이다. 예를 들어, '그의 모습이 보였다' vs.
'아빠한테 내 모습을 보였다', '모기한테 물렸다' vs. '아이에게/아이를 젖을
물렸다'에서는 모두 피동과 사동이라는 두 상이한 개념이 동일한 형태소로
표현되고 있다. 이는 그 자체로도 매우 흥미로운 현상이지만, 동사만으로는
그 뜻을 구분하기 어려운 경우가 종종 발생한다.

본 장에서는 피동사가 실현된 문장의 전체 구조를 파악하는 적절한 방식

과 문형의 설정에 따른 의미 해석 차이를 살펴본다. 특히 [NP1-은 NP2-가 피동사-어미] 구조를 중심으로, 능동태와 수동태/피동법이라는 논리적 관계에서의 명제 내용 파악을 넘어서서 인칭(person)과 서법(mood)/양태(modality)의 구조를 동시에 고려해야만 한국어 문장의 전체 구조를 파악할 수 있음을 보일 것이다.

아울러 [NP1-은 NP2-가 피동사-어미] 구문에 대한 논의는 필연적으로 '코끼리는 코가 길다'류나 '나는 호랑이가 무섭다'류로 대표되는 소위 '이중 주어 구문' 문제에 연결된다. 그 까닭은 이 장의 중심 주제인 '가능 피동 구문'의 구조가 이들 이중 주어 구문과 평행하기 때문이다. 여기서 우리는 조사 '이/가'를 주격조사 또는 주어 표지로 보지 않고 정보 구조를 조율하는 한정사(determiner)로 보므로(목정수, 1998, 2004, 2005, 2018), 이러한 피동 구문에 나타나는 'NP2-가' 성분의 통사적 기능을 주어가 아닌 목적어(또는 보어)로 파악한다. 그래야만 바로 피동문 구성의 의미 해석이 '피동'이라는 단순한 논리적 의미보다는 양태적(modal)인 '가능(potential)'의 의미로 해석될 가능성을 적절히 설명할 수 있기 때문이다.

6.2. 한국어 피동문의 전형성

6.2.1. 인구어의 수동태

인구어의 수동태(passive voice)는 형식적으로 능동문의 서술어가 수동태 서술어로 바뀌면서 목적어가 주어로 승격(promotion)되고, 주어는 사격어로 강등

(demotion)되며 만들어진다. 이때 수동태의 서술어는 전형적으로 'be + 과거
분사' 구성을 보이나, 'get/become/seem + 과거분사' 등도 유사 수동태
구성을 이룬다.

(3) 가. The cat killed the rat.
　　나. The rat was killed by the cat.
　　다. The rat seemed killed by the cat.

그리고 능동문의 주어가 사격어로 강등되면서 나타나는 전치사구 구조를
기반으로 수동태의 전형성이 매겨지기도 한다. 이때 'by'로 나타나는 구조
가 전형적이고 나머지 전치사 'with, in, at' 등으로 나타나는 구조가 주변
적인 수동태 구성이다.

(4) 가. I was surprised at the news.
　　나. He is interested in classical music.

따라서 수동태 구성의 가능 여부는 (5)에서 보듯, 타동성의 정도를 판단
할 때 유효한 기준으로 삼을 수 있다.

(5) 가. He killed her. ⇒ She was killed by him.
　　나. I like her. ⇒ ?*She is liked by me.
　　다. I have time. ⇒ *Time is had by me.

6.2.2. 한국어의 피동문

한국어의 피동문과 영어의 수동태 구문은 차이를 보인다. 가령, 영어에서는 'The cat killed the rat'이라는 능동문에 대응되는 수동태 문장 'The rat was killed by the cat'이 종종 쓰이지만, 한국어에서는 '쥐가 고양이에 의해 죽어졌다/죽임을 당했다'라는 식의 전형적인 피동문은 잘 사용되지 않는다. 그 대신 한국어에서는 '쥐는 고양이가 죽였다'와 같이 목적어가 주제화된 도치 구문이 빈번하게 쓰인다. 이는 정보 구조에 충실한 방식이라고도 할 수 있겠다.

한국어 서술어의 타동성 정도는 먼저 피동 구문의 전환 여부, 즉 능동문의 주어가 사격어로 강등되는 양상에 따라 판가름할 수 있다.

(6) 가. 민수가 톱을 구부렸다. ⇒ 톱이 민수에 의해 구부려졌다.
　　나. 민수는 학교를 다닌다. ⇒ *?학교가 민수에 의해 다녀진다.
　　다. 민수는 공부를 싫어한다. ⇒ *공부는 민수에 의해 싫어진다.

한국어 서술어의 타동성은 (6가)와 같이 피동문에서 행위자가 '-에 의해(서)'라는 복합후치사에 의해 실현될 때 가장 크고, 다른 후치사로 실현될 때 작아진다.

(7) 가. 민수는 영미를 살해했다/죽였다. ⇒ 영미는 민수에 의해 살해당했다.
　　　　　　　　　　　　　　　　　　cf. 영미는 민수에게 살해됐다.
　　나. 민수는 범인을 잡았다. ⇒ 범인은 민수에게/*때문에/*?에 의해 잡혔다.
　　다. 민수는 영미를 놀랬다. ⇒ 영미는 민수한테/때문에/*에 의해 놀랐다.

그런데 한국어의 피동형 문장 중 상당수는 대응되는 능동문을 상정하기 어렵기 때문에, 능동문의 대응형으로서 피동문을 논의하기는 힘들다. 그렇다면 피동사는 별도로 어휘로 규정해야 할 것이다(홍재성 1987).

> (8) 가. 시위 때문인지 경찰이 거리에 쫙 깔렸다. ⇐ *경찰을 깔다
> 나. 일이 말려 버렸다. ⇐ *일을 말다
> 다. 일감이 떨어졌다. ⇐ *일감을 떨다

또 (9)와 같이 행위자가 불분명하거나 행위자의 행위보다 피동자의 가능(potential)이나 속성과 관련 있어 보이는 부류에 대해서는 어떤 틀에서 논의해야 할지 분명하지 않다(남수경 2007, 2011).

> (9) 가. 이 펜은 잘 써진다.
> 나. 이 책이 잘 팔린다.
> 다. 이 톱은 잘 썰린다.

(9)와 같은 그러한 피동사 구문을 설명하기 위해 (10)과 같은 중간태(middle voice) 구문과 연결시키기도 했다(Kemmer 1993).

> (10) 가. His book sells well.
> 나. This book reads easily.

영어의 타동문에 전형적으로 사용되는 타동사 또한 자동사 용법 유무에 따라 자타 양용 동사로 분류하기도 했고, 자동사 용법을 절대적 용법으로 처리하기도 했다.

(11) 가. He eats much. (자타 양용 동사 'eat')

　　나. He reads well. (타동사 'read'의 절대적 용법)

　이제 본격적으로 한국어 피동문의 구조를 논하기 전에, 먼저 한국어 능동문, 타동사 구문에 대해 살펴보자. 일반적으로 한국어 타동사문을 규정할 때는 대개 'NP2-를' 형태의 목적어 성분의 출현 여부를 따진다(연재훈 1997 참조).

(12) 가. ~는 고개를 숙이다 – *~는 고개가 숙이다.

　　나. ~는 친구를 기다리다 – *~는 친구가 기다리다

　그러나 어떤 서술어가 조사 '을/를'이 동반된 성분과 함께 나타난다고 해서 해당 동사를 바로 타동사로 규정하기는 어렵다. 이는 '을/를'을 단순하게 '대격조사' 또는 '목적어 표지'로 볼 수 없는 경우가 많고, 또한 이러한 일반화가 실제로 여러 가지 문제를 낳기 때문이다.[127]

(13) 가. 바닷가로 놀러를 갈 건데는, 너도 같이 갈래?

　　나. 학교에를 뭐하러 가느냐?

　　다. 도대체가 빨리를 안 가고 뭘 그리 꾸물거리고 있는가?

　　라. 한 나흘을 먹지를 못했더니, 꼴이 말이 아니네![128]

127　조사 '을/를'이 가지는 이러한 특징은 수많은 연구에서 지적되었다. 이광호(1988), 임홍빈(1998), 김귀화(1994), 연재훈(1996, 1997) 등을 참고하라.

128　필자는 특히 '이/가'와 '을/를'의 교체 여부를 둘러싼 문장의 수용성 판단이 생성문법 이론의 영향을 받고 있다는 문제를 조심스럽게 제기하고자 한다. 이는 한국어 예문의 문법성 판단에 있어서 다소 이념적인 문제 제기로 비추어질 수 있다. 아래 문장들에서 왼쪽에 제시된 문장은 주로 생성문법 계열의 논의에서 다루어지고 있는 예이고, 오른쪽의 cf.에 제시되어 있는 예문은

또한 같은 자리의 성분이 '을/를'과 '이/가'가 교체되어도 동일한 통사적 기능을 유지하는 현상 역시 학계에서 이미 여러 번 논의되고 지적되었다.

(14) 가. 귀가 먹었다 – 귀를 먹었다

　　나. 나이가 먹었다 – 나이를 먹었다

　　다. 손목을 삐었다 – 손목이 삐었다

　　라. 손목을 잡혔다 – 손목이 잡혔다

(15) 가. 민수가 제일 예쁘다고 생각한다. – 민수를 제일 예쁘다고 생각한다.

　　나. 나는 우리 할머니가 제일 고우시다고 봐. – 나는 우리 할머니를 제일 고우시다고 봐.

(16) 가. 떡이 먹고 싶어. – 떡을 먹고 싶어.

　　나. 할아버지가 뵙고 싶습니다. – 할아버지를 뵙고 싶습니다.

(17) 가. 시골티를 벗다 – 시골티가 벗다

　　나. 어깨를 들먹거리다 – 어깨가 들먹거리다

　　다. 비를 퍼붓다 – 비가 퍼붓다

필자가 자주 목격하는 실제 예들이다. 필자의 판단으로는 왼쪽 계열의 문장보다 오른쪽의 예가 훨씬 자연스러운 문장이다.

(1) 코끼리가 코가 길다. – cf. 코끼리는 코가 길다.

(2) 민수가 동생이 떡이 먹고 싶다. – cf. 민수는 떡이 먹고 싶은가 봐. 너 떡이 그리도 먹고 싶니?

(3) 내가 죽으라고? – cf. 뭐, 날 죽었다고 (했다고)?

(4) 그이한테 열을 받았다. – cf. 순간 열이 팍 받는 거야 미치겠더라구.

(5) 민수가 영미에게 미희의 소개한다. – cf. 영미에게 미희 소개를 해 줄까?

　　　　　　　　　　　　　　cf. 너 나한테 미희는 언제 소개해 줄 거야?

위와 같은 예를 통해 조사 '을/를'의 동반 여부만으로 타동사 여부를 확정하기 어려움을 확인할 수 있으며, 이와 더불어 '이/가'도 반드시 주어와 연결되리라는 보장이 없음도 유추할 수 있다. '이/가'가 붙은 성분이 가지는 통사적 기능을 판단하기 위해서는 서술어의 논항 구조, 각 성분들의 상대적 의미와 기능, 실현된 종결어미에 의한 인칭 구조를 종합적으로 고려해야 한다. 즉, '가능 피동 구문'이라 불리는, [(NP1-은) NP2-가 Vpass-어미] 구문의 'NP2-가' 성분은 단순히 조사 '이/가'가 붙었다고 해서 주어로서의 통사적 기능을 가진다고 단정할 수 없다.

피동 구문의 주어를 제대로 밝히기 위해 선결되어야 하는 작업이 존재한다. 바로 [NP1-은 NP2-가 Vpass-어미]라는 기본 문형과 동일한 구성을 보이는 다른 동사 부류를 통해 한국어 문장의 전체 구조를 검증하는 작업이다. 이렇게 가능 피동 구문과 외형적으로 동일한 문장 패턴을 보이는 동사 부류에는 기술동사(=기존의 성상형용사)와 주관동사(=기존의 심리형용사)가 있다. 따라서 기술동사와 주관동사가 쓰인 소위 '이중 주어 구문' 가운데, 대표적으로 '코끼리는 코가 길다'류와 '나는 호랑이가 무섭다'류를 살펴볼 필요가 있다.

6.3. 기술동사와 주관동사 앞 '가형 성분'의 통사적 기능

한국어의 가능 피동 구문의 구조로 넘어가기 전에 기술동사와 주관동사와 결합하는 '가형 성분'을 목적어(또는 소극적으로 표현해서 비(非)주어)로 분석해야 하는 이유에 대해 간략히 설명하겠다.

학교문법에서는 "너 돈 좀 있니?"에서 '돈'의 통사적 기능(=문법관계)을 주어로 처리한다. 이는 해당 성분에 주격조사 '이/가'가 붙어 있거나 붙을 수 있다는 이유에서이다. 다르게 말하자면, '이/가'는 주격조사니까 당연히 '너 돈 좀 있니?'에서 '돈' 성분은 주어이자 '돈이'의 생략형이라고 보는 것이다. 그러나 '돈'이 '있다'의 주어라면, 이 문장에서 '너'라는 성분의 통사적 기능을 설명하기 어려워진다.

이 문장의 '돈'을 보어로 보는 논의도 있다(유현경 2018, 2019). '돈'은 '을/를'을 취할 수 없고, 동사 '있다'는 행위성이 약하며, 소유의 의미를 가지고 있으므로 '돈' 성분을 주어나 목적어로 볼 수 없다는 것이 그 근거이다. 이러한 논의에서는 그럼에도 불구하고 '돈'이 필수 성분인 점을 고려하여 '보어'로 규정한다.[129]

그러나 우리의 입장은 이와 다르다. '돈'은 '목적어, 목적보어'에 해당한다. 우리는 이러한 목적어를 '를형 목적어'에 대비하여 '가형 목적어'라 명명하였다. 이 '가형 목적어'는 기술동사 '있다, 없다, 많다, 길다, 크다, 파랗

---

[129] 그렇다면, 인구어에서 {have/avoir/haben}류에 해당하는 동사들이 지배하는 명사구 성분의 통사적 기능을 비교언어학적 시각을 통해 알아볼 필요가 있다(Benveniste 1966, 각종 외국어 사전 참조). 필자는 영어의 'have' 동사에 대응하는 전형적인 한국어 동사는 소유동사로서의 '있다2'라고 생각한다. 이 '있다2'는 존재동사로서의 '있다1'과 구분되는 용법을 갖는다. 그러나 일반적으로는 '가지다'를 'have'의 대응형으로 생각하는데, 이는 'have'를 타동사로 보고 한국어에서 '를형 목적어'를 취하는 타동사를 찾았기 때문이다. ex) have a book = 책을 가지다 ⇒ 책이 있다

한국의 영어학습서나 사전에도 이러한 태도가 그대로 반영되어 있다. 실례로 "뜯어먹는 중학영단어 1800"에서 'have'의 대역어로 {가지다, 가지고 있다}를 제시하고, 후반부의 활용 연습문제에서 "너는 시간이 많지 않다"를 영어로 옮길 때 사용해야 할 동사로 'have'를 고르는 문제가 제시되어 있다. 해당 문제를 그대로 옮겨본다.

> III. 괄호 속에 들어갈 단어를 보기에서 골라라.
> 1. 너는 시간이 많지 않다. → You don't (　　) much time.

다…'나 주관동사 '좋다, 싫다, 그립다, 무섭다…' 바로 앞에 나타나는 '가형 성분'이다. 그리고 이 성분이 목적어로 분석될 가능성이 높다는 사실은 주체존대 선어말어미 '-시-'를 통해 이미 검증하였다(목정수 2013, 2018 참조).[130] 피동사는 이들 동사 부류가 실현된 문장과 동일한 문장 구조 속에서 나타나므로 우리와 같은 문장 분석을 따라야만 [NP1-은 NP2-가 Vpass-어미]라는 구문을, 단순한 피동이 아닌 '가능 피동'이라는 그 양태적(modal) 의미와 연관 지어 파악할 수 있다.

6.4. 서술절 대 서술구(=동사구) 논쟁

명제는 주부와 술부로 구성되며, 술부는 동사가 나타내는 사태를 명명하는 부분이다. 본 절에서는 절과 구 구성의 차이를 밝히고, 동사의 기본 의미 단위가 단어(word) 차원이 아닌 구(phrase) 차원에서 구성되는 이유를 살펴본다. 그리하여 술부 내의 '목적어 + 타동사'가 VP 묶음(node)으로 분석된다는 우리의 입장이 언어보편적으로 타당함을 논증하겠다.

---

130 동사 '있다'는 동사 구문 유형에 따라 존대표지 '-시-'의 결합형을 달리하기 때문에 '-시-'와 주어와의 호응/일치 관계를 보여주는 데 적절하게 이용될 수 있다. 아래의 예문에서 확인할 수 있듯이, 존재동사로서의 용법은 '계시다'에 대응하고 소유동사로서의 용법은 '있으시다'에 대응한다.
    (1) 가. 할아버지는 친구가 하나도 없으세요.
        나. 나는 할아버지가 있다.
    (2) 가. 할아버지는 지금 안방에 계신다.
        나. 나에게는 존경하는 선생님이 두 분 계신다.
        다. 할아버지는 지금 신문을 읽고 계신다.

동사의 다의성(polysemy) 논의에서 밝혀진 바 있듯, 동사의 의미는 그 자체로 발현되지 않는다. 동사의 의미 단위는 해당 동사가 명사와 연결되어 사태를 명명하는 순간에 실현된다. 예를 들어, 『표준국어대사전』에서는 {먹다}의 기본의미로 '①음식 따위를 입을 통하여 배 속에 들여보내다'를 설정하고 있지만, 그 의미라는 것도 기실 '음식(을) 먹다'라는 연결 속에서의 {먹다}의 의미이다.

따라서 '무엇무엇'과 구체적으로 결합해야 비로소 의미를 발현하는 동사의 의미 단위는 [N + V] 구성 자체가 되어야 한다. 이때 명사와 동사의 결합에서 해당 동사의 의미 자질에 따라 선행 명사에 결합하는 조사의 형태가 결정된다. 그런데 대부분 이 조사는 두 단위의 결합에 필수 요소가 아니므로 보다 정확히 표현하자면 [N(을) V] 또는 [N(이) V] 구성으로 나타낼 수 있다. 이러한 명사와 동사가 결합하여 하나의 사건이나 사태를 명명하는 자격을 갖게 될 때, 그 두 단위의 결합을 '단어결합(word combination)'이라고 부른다. 이 단어결합을 하나의 단어처럼 취급하는 게 이론적으로도, 응용적으로도 경제적이다(조의성 1995, 2001, 노마 2002 참조). 따라서 'N + V' 구성도 VP를 구성하는 것으로 볼 수 있고, 이 VP 구성의 N이 통사적으로 주어로 해석될 수 있는가를 따져볼 필요가 있다. 언어보편적으로도 N이 주어로 해석되면 주로 문장 S, 더 정확하게 말해서 [S → N(P) + V] 구조의 명제(proposition)로 표상되기 때문이다.

예를 들어, '맛(이) 있다', '빛(이) 나다', '키(가) 크다', '머리(가) 나쁘다', '돈(이) 많다'와 같은 구성은 어떤 상태나 성질을 표현하는 하나의 단위로[131] 굳어졌거나 굳어져 가는 경향을 보인다. 이는 해당 구성에서의 '맛,

---

131 이러한 단위는 그 성격에 따라 'idiom', 'chunk', 'collocation' 등으로 세분화할 수 있다.

빛, 키, 머리, 돈'이 '있다, 나다, 크다, 나쁘다, 많다'에 대해 주어로 해석될 가능성이 적음을 의미한다. 즉, '맛(이) 있다', '빛(이) 나다', '키(가) 크다', '머리(가) 나쁘다', '돈(이) 많다'가 하나의 단위로 명명 기능을 하고 있다면 이들은 VP의 내부 구성을 이룬다. 따라서 그 성분이 되는 '맛, 빛, 심성, 돈'은 V와 결합하여 문장 S가 아닌 동사구 VP를 구성한다고 보는 것이 옳다는 결론에 도달하게 된다. 반면에 [사람이 (시장에) 있다], [고사리가 (산에서 많이) 나다], [민수가 (키가) 크다], [닭이 (머리가) 나쁘다], [미국이 (돈이) 많다]와 같은 구성은 '사람(이) 있다', '고사리(가) 나다', '민수(가) 크다', '닭(이) 나쁘다', '미국(이) 많다'와 같이 굳어질 수 없다. 이는 N의 자리에 나타나는 성분이 모두 주어로 해석되어 명명 단위 VP가 될 수 없기 때문이다.

이상의 논의에서 우리는 '코끼리는 코가 길다'에서의 '코가 길다'라는 구성은 하나의 구 구성(VP)이나 하나의 단어결합 차원에 머물며, 문장(=명제) 차원의 구성이 아니라고 본다. 이를 바탕으로 '코(가) 길-'은 '밥(을) 먹-'과 통사적으로 구조적 평행성을 보인다고 할 수 있다. 그리고 여기에서 더 나아가 '구더기(가) 무섭-', '고향(이) 그립-'의 통사 구조도 '밥(을) 먹-'의 통사 구조와 동일함을 알 수 있다.

(18) 가. NP1-은 [밥(을) 먹다] – [욕(을) 먹다] – [더위(를) 먹다] …
　　　　예) 민수는 먹었대! → 뭘 먹었대? → 떡(을 먹었대!)
　　　나. NP1-은 [코(가) 크다] – [눈(이) 크다] – [키(가) 크다] …
　　　　예) 민수는 크대! → 뭐가 크대? → 코(가 크대!)
　　　다. NP1-은 [호랑이(가) 무섭다] – [벌레(가) 무섭다] …
　　　　예) 민수는 무섭대! → 뭐가 무섭대? → 호랑이(가 무섭대!)

6.5. 한국어 가능 피동 구문의 구조와 의미

6.5.1. 피동문과 주관동사 구문의 평행성

한국어 피동문을 인구어의 수동태 논리에 따라 그 구조를 상정하면, 다음과 같이 해당 타동사의 목적어가 주어 자리로 상승하고 타동사의 주어가 사격어로 강등된 구문을 모두 피동문 구성으로 볼 수 있다. 그러면 타동사의 대상 목적어가 주어 자리를 차지한다고 볼 수 있다.

> (19) 가. 건물을 보다 → 건물이 보이다
> 나. 물건을 도둑질하다 → 물건이/을 도둑(질) 맞다
> 다. 누구를 존경하다 → 누구가 존경 받다
> 라. 책을 읽다 → 책이 읽히다/읽어지다

그러나 이러한 논리적 구성은 문장 전체의 모습을 보여주지 못하는 경우가 많다. (19가)에서만 보아도, '건물을'은 논리적으로는 목적어에서 주어로 상승하여 '건물이'가 된 것처럼 보이지만, 이 '건물'이라는 성분 이외의 다른 성분이 (19가)의 명시적/암시적 주어로 복원될 수 있다. 아래 (20)에서 밑줄 친 부분이 그러한 성분에 해당된다.

> (20) 가. <u>난</u> 건물이 잘 안 보이는데, <u>넌</u> 잘 보이니?
> 나. 이상하네, 요즘 <u>민수도</u> 신문이 잘 안 읽힌다네.
> 다. <u>나는</u> 요즘 논문이 잘 안 써져 죽겠어.

(20)의 예에서 밑줄 친 성분의 통사적 기능과 의미역을 적절히 분석하려면 주관동사 구문과의 비교·대조 작업은 필수이다.[132] 이 둘은 주목할 만한 평행성을 지니고 있기에, 우리는 이와 같은 작업이 가능 피동 구문의 구조를 이해할 수 있는 힌트를 줄 것으로 기대한다.

서론에서 언급한 바와 같이, 주관동사 부류는 논항 구조나 의미역의 관점에서 (21)처럼 경험주(=주어)와 대상(=목적어)을 요구하는 두 자리 서술어와 (22)처럼 경험주만 요구하는 한 자리 서술어로 나뉜다. 또한 이 동사 부류는 의미상 행위자 인칭에 대한 제약이 따른다.

(21) 가. (너) 음악이 그리 좋냐? = You like music so much?
　　 나. 어 무지하게 좋아. = Yeah, I like it so much.
　　 다. (그 사람) 음악이 싫대. = He doesn't like music.
　　 라. 선생님, 음악이 싫으세요? = Sir, do you dislike music?
　　 마. 할아버지는 재즈를 싫어하신다. = Grandpa doesn't like jazz.

(22) 가. 추워라! = Ah, j'ai très froid!
　　 나. (너) 배고프니? = Are you hungry?
　　 다. 아이구, 똥마려워. = I feel a bowel urge.

주관동사에 인칭 제약이 선명하게 드러난다는 점을 감안하면(이정민 1976, 노용균 1989 참조), 단어의 결합으로 하나의 동사처럼 행동하는 '맛있다'가 주어의 인칭성에 따라 서로 다른 해석 구조를 갖는다는 사실이 매우 흥미롭다. 이는 동사의 의미가 논항 구조와 인칭의 문형 패턴에 따라 결정된다는 사실

---

132 본서의 5장 '심리 구문'을 참조할 수 있겠다.

을 보여주는 현상으로, 어휘의 의미를 단문의 구조 속에서 파악하려는 '어휘-문법(lexique-grammaire)' 기조와 일맥상통한다.

(23) 이 케이크는 맛있다. This cake has a taste.
　　⇒ This cake is delicious.
　　← 한 자리 서술어(기술동사)

(24) 저 중국집은 짜장면이 맛있습니다.
　　⇒ That chinese restaurant serves delicious zzajangmyeon.
　　← 두 자리 서술어(기술동사)

(25) 너는 짜장면이 그렇게 맛있니?
　　⇒ Do you like zzajangmyeon so much?
　　← 두 자리 서술어(주관동사)

6.5.2. 한국어의 피동사

한국어 피동 표현을 형성하는 요소로는 접사 '-이/히/리/기', '-(어)지다' 구성, '되다, 받다, 당하다' 등의 기능동사(verbe support) 구성을 들 수 있다. 여기서는 앞의 두 가지 경우만을 다룬다.[133]

전 절에서 살펴보았듯이, 한국어에는 본유적인 주관동사 이외에 파생적 절차에 의해 형성된 파생동사들이 두 자리 서술어로서 주관동사(=심리형용

---

[133] 본고와 같은 시각에서 기능동사에 의한 피동문에 대한 의미 해석이 양태(modality)와 관련이 있음은 본서의 8장 기능동사 구문에서도 지적하는 사실이다.

사)와 유사한 통사적 행동을 보이는 경우가 많다.[134] 그리고 피동 접사 '이/히/리/기'가 그러한 역할을 한다고 볼 수 있다. 또한 이처럼 피동 접사가 붙어 형성된 동사 중에는 주동사와의 관계가 규칙적이지 않고 의미적으로도 불투명한 관계를 보이는 동사들이 많은데, 이는 이들 동사가 단순히 능동-피동 관계로만 기술되기는 어려움을 말해 준다. 이러한 동사들은 독립된 표제어로 사전에 등재될 필요가 있고, 그 논항 구조 또한 사전에서 독자적으로 제시되어야 할 것이다. 다음과 같은 피동사가 들어간 구문과 주관동사가 쓰인 구문의 짝을 생각해 보자.

(26) 가. (너) 저 글씨 잘 보이니?
　　　　cf. (너) 재즈 싫으냐?
　　나. *(너) 저기 계신 할아버지 잘 보이시니?
　　　　cf. *(너) 저기 계신 할아버지 싫으시니?
　　다. (너) 그 논문이 잘 읽히더냐?
　　　　cf. (너) 재즈가 그리 좋더냐?
　　라. *?할아버지께서는 내 논문이 안 읽히신다.
　　　　cf. *?할아버지는 재즈가 좋으시다.
　　마. 나는 네 목소리가 안 들려. 좀 크게 말해.
　　　　cf. 난 재즈가 안 좋아. 다른 음악 좀 틀어 봐.

보조동사 '-(어)지다' 구성도 '가형 성분'과 잘 어울린다. 보조동사 '-(어)

---

134 주관동사 구성과 피동 구성의 공통점은 관계절화를 통해 알 수 있다. 두 구문 모두 관계절의 핵어로 가능한 것이 NP1 주어 성분으로 한정된다.
　(1) 음악이 싫은 나 - *내가 싫은 음악
　(2) 귀신 소리가 들리는 나 - *내가 들리는 귀신 소리

지다'가 나타나면 일반 타동사의 '를형 성분'이 '가형 성분'으로 바뀌면서 태와 상의 의미에 변동이 일어난다. 그런데 '-(어)지다' 구성에서 '가형 성분'의 통사적 기능이 피동 구문의 '가형 성분'과 평행한지 생각해 보아야 한다. 일단 우리는 어미에 의해 행위자가 분명히 드러나거나 명시적인 행위자 명사가 외현된 구성, 즉 [NP1-은 NP2-가 Vt어지-어미] 구성에서 '가형 성분'을 비주어로 분석하는 시각을 유지할 수 있다. 이러한 구성에서 실현될 수 있는 동사는 기본적으로 [NP1-은 NP2-를 Vt-어미]의 논항 구조를 갖는 타동사이고, 경우에 따라 [NP1-은 Vi-어미]의 논항 구조의 자동사도 실현될 수 있다.

(27) 가. 그는 요즘 글을 쓴다.
　　　He is writing these days.
　　나. 나는 요즘 글이 잘 안 써진다.
　　　I can't write well these days.
　　다. 왜 요즘 글이 잘 안 써지십니까?
　　　Oh, can't you write well these days?
　　라. 그가 요즘 글이 잘 안 써진다니?
　　　You heard he can't write well these days?

(28) 가. 나는 문을 열고 있다.
　　　I'm opening the door.
　　나. 어, 문이 잘 안 열어지네.
　　　Wow, I can't manage to open the door.
　　다. 그 문이 잘 열어지지 않나 봐요.
　　　Seems that he can't open the door.

(29) 가. 아이가 (걸음을) 걷는다.

   A baby walks.

   나. 아이는 (걸음이) 걸어지지 않나 봐.

   It seems that the baby can't walk.

이상의 보조동사 '–(어)지다' 구성도 앞서서 설명한 접사 파생에 의한 피동사와 마찬가지로, 타동사 앞 목적어에서 유도된 논리적 주어(우리의 분석에 따르면 '비주어')뿐만 아니라 전체 구문을 지배하는 명시적 또는 암시적 주어(우리의 분석에 따르면 '진짜 주어')를 상정하면 이들 구문이 단순한 논리적 피동의 의미를 넘어서는 제3의 의미를 가짐을 알 수 있다. 즉, 전체 주어(=NP1)에 대한 관련된 행위의 실현 여부인 '가능(potential)'이라는 양태적 의미와 연관되는 것이다. 이러한 의미 해석의 타당성은 대응되는 영어의 대역을 통해서도 짐작할 수 있다.

이처럼 가능 피동 구문을 단순히 [주어 + 피동사]로 파악하는 것을 넘어서서,[135] 전체 논항 사이의 관계에 입각하여 [NP1–은 NP2–가 피동사–어

---

[135] 그렇다면 한국어에서 논리적인 능동–피동의 관계는 실제로 어떻게 표현되는가에 대한 문제가 제기되어야 할 것이다. 예를 들어, '민수는/할아버지는 영미에게 잡혔다/잡히셨다'와 같이 [주어 + 피동사]로만 분석될 수 있는 피동 구문은 '민수/할아버지'가 주어 자리를 차지하고 있으므로 이를 전형적인 피동구문으로 인정할 수 있다. 그런데 이보다는 목적어 주제화로 인한 주어–목적어 도치 구문이 논리적 능동–피동의 관계를 잘 실현시켜주는 기제라고 보는 논의가 있다(전성기 2003). 예를 들면, '민수는 편지를 보냈다'에 대해 '편지는 민수가 보냈다'가 '편지가 민수에 의해 보내졌다'보다 훨씬 자연스럽게 'A letter was sent by Paul' 같은 문장에 대응된다는 것이다.

한편 전태현·목정수(2004)도 인도네시아어가 한국어처럼 타동사를 중심으로 해서 논리적인 능동과 피동의 관계를 일반적으로 어순의 기제에 의해 표현한다는 점을 잘 보여주고 있다.

(1) 고양이는 쥐를 잡았다.

(2) 가. 쥐는 고양이가 잡았다.

   나. 쥐는 고양이에게 잡혔다.

   다. 쥐는 고양이에 의해 잡혔다/잡아졌다.

미라는 기본 문형을 충분히 설정할 수 있으며, 이때의 인칭 제약과 '가능 (potential)'의 양태적 의미를 가지는 이유를 심리 구문과 관련하여 설명할 수 있다.

6.5.3. 생성문법의 분석

만약에 생성문법 계열에서 논의하는 바와 같이 '능동문–피동문'의 관계를 유지하는 상태에서 피동사 구문을 분석하고자 한다면, '나는 그 말이 이해가 안 된다' 구문처럼 잉여 성분처럼 보이는 경험주/인식주 논항을 '주제어'로 설정할 수도 있다. 그러면 '화제–평언' 분절 양식으로 그 통사 구조를 상정하고, '주제어' 자리를 기본 문장의 상위 자리로 상정할 것이다. 그리고 생성문법의 시각을 따른다면 이 '주제어'는 능동문의 주어가 사격보어로 강등된 성분이 '주제화'되어 문두로 이동한 것으로 파악할 것이다.

(30) 나는 그 말을 이해(를) 했다.

(31) 가. 그 말이 나에게/나에 의해서 이해(가) 됐다.
　　 나. 나에게는/나에 의해서는 그 말이 이해(가) 됐다.
　　 다. 나는 그 말이 이해(가) 됐다.

그러나 이러한 분석은 피동문 구조 (31가, 나)가 매우 어색하다는 결정적인 문제점을 가진다. '여격 주어' 구문이라 불리기도 하는 이런 구조는 문장 구조의 어색함, '–시–'와의 호응 양상, 실제 코퍼스 상의 출현 빈도 등을 종합적으로 고려해 볼 때 재고가 필요하다.

여기서 더 나아가 피동 구문을 논하다 보면 (31가, 나)와 같은 구문보다는 (31다) 같은 이른바 '이중 주어 구문'이라 불리는 형식이 훨씬 빈도수가 높다는 것을 알 수 있는데, 학계가 주목해야 하는 곳도 바로 이 지점이다. 예를 들어, '이해(를) 하다'와 같은 타동사는 '이해(가) 되다' 같은 피동사로 전환될 수 있고, 그에 따라 '이해하다'의 목적어는 주어로 승격되고 '이해하다'의 주어가 사격어로 강등되는 구문이 만들어질 수는 있다.

(32) 민수는 그의 말을 이해했다. ⇒ 그의 말은 민수에게/?민수에 의해 이해됐다.

그런데 이러한 피동 구문은 실제로는 잘 사용되지 않는다. 오히려 다음과 같은 구문이 훨씬 높은 사용 빈도를 보인다.

(33) 가. 나는 그의 말이 이해가 됩니다.
　　　나. 그런 설명이 이해가 되십니까?
　　　다. 민수는 내 말이 이해된대.

여기서 '나는'이나 '민수는' 같은 성분은 복합서술어 '이해(가) 되다'의 주체로서 '인식주/경험주'의 의미역을 갖는다. 그런데 (34나)에서 보듯, '이해되다'의 주체는 문맥이나 종결어미를 복원의 단서로 남긴 채 얼마든지 생략될 수 있다.[136]

---

136 타동사 구문에서도 주어 성분의 생략은 빈번히 일어난다. '내 밥을 먹었니?'에서 주어 성분은 외현적으로 나타나 있지 않지만, '먹다'의 논항 구조, 종결어미 '–니?' 그리고 문맥 상황이나 정보 구조의 흐름 등에 의해 주체를 복원할 수 있다. '내 말이 싫대요?'에서도 '내 말이 싫은', 즉 '내 말을 싫어하는' 주체는 3인칭 주어로 복원된다.

(34) 가. 그의 말이 이해가 됩니다. ⇒ '나/저'

　　　나. 내 말이 이해되니? ⇒ '너'

　　　다. 내 말이 이해된대? ⇒ '민수'

그러면 (34)의 세 문장은 '이해하다'의 목적어 '그의 말'이나 '내 말'이 주어로 승격된 피동문으로 보아야 하는가, 아니면 '이해(가) 되다'라는 복합서술어의 주체 '나'나 '너'가 생략된 구문으로 봐야 하는가? 만일 (34)의 주체가 앞선 문맥에서 이미 제시된 구정보라면 (34)는 주체가 생략된 문장으로 분석될 수 있다. 그리고 이 주체 논항은 후보충(afterthought)으로 나타날 수도 있다.

(35) 가. 그의 말이 이해가 돼 나.

　　　나. *내 말이 이해가 돼 민수.

(36) 가. 내 말이 이해되니 너는?

　　　나. *내 말이 이해가 되니 민수는?

(37) 가. 내 말이 이해가 된다니 민수?

　　　나. *내 말이 이해가 된다니 너도?

이런 점에서, 피동사 구문은 주관동사 '싫다' 구문과 매우 유사한 성격을 갖는다. 즉, 피동사 구문은 '-(어)하다'에 의한 3인칭화나 행위동사화를 제외하면 인칭 제약의 측면에서 '싫다'와 같은 통사·의미적 행태를 보여준다.

(38) 가. 아빠 싫어. – 아빠 이해 안 돼.

나. 아빠 싫니 너? – 아빠 이해되니 너?

다. (민수는) 아빠 싫대. – (민수는) 아빠 이해된대.

라. 아빠가 싫은 나 – 아빠가 이해되는 나

마. *내가 싫은 아빠 – *내가 이해되는 아빠

'생각(이) 되다/나다', '기억(이) 되다/나다'와 같이 인지, 느낌, 감각 등의 의미를 갖는 동사 부류가 만드는 구문도 모두 이러한 주관동사 구문으로 수렴한다.

(39) 가. 선생님은 국어학이 어떤 방향으로 나아가야 한다고 생각되십니까?

나. 난 그때가 기억 안 나.

6.5.4. 가능 피동 구문에서 '-시-'와 성분의 호응

피동 구문 [NP1-은 NP2-가 Vpass-어미]의 '가형 성분' NP2를 주어로 분석할 수 없음은 주체 존대 선어말어미 '-시-'와의 호응 여부로도 확인할 수 있다. 이때 '-시-'를 '주어(=행위주) 지시(=존대) 요소'로 파악하여야 한다는 점에 주의해야 한다. '-시-'에 의해 지칭되는 명시적/암시적 행위주를 주어로 해석하면, 부가적으로 '가형 성분' NP2의 통사적 기능이 비주어임을 포착할 수 있다. 그 근거는 다음과 같다.

첫째, 주관동사 앞 '가형 성분'은 대상(theme)의 의미역을 할당받는 목적어로 확실하게 분석되면 '-시-'와 호응하지 못한다. 이는 가능 피동 구문에서도 마찬가지이다.

(40) 가. 너 저기 계신 할아버지가 마음에 드니?

　　　나. *너 저기 계신 할아버지가/께서 마음에 드시니?

(41) 가. 너 저기 계신 할아버지가 보이니?

　　　나. *너 저기 계신 할아버지가/께서 보이시니?

둘째, 기술동사 구문에서도 '가형 성분' 외에 다른 성분 NP1이 '-시-'와 호응하는 것으로 판단되면, 가형 성분 NP2는 주어로 볼 수 없다.[137]

(42) 가. 어머니는 눈이 크시다.

　　　나. *그 녀석은 눈이 크시다.

(43) 가. 어머니는 내 말이 이해되신단다.

　　　나. *그 녀석은 내 말이 이해되신단다.

즉, '-시-'와 행위자 주어가 일치한다고 보면 위에서 언급한 피동문 구성의 '-시-'도 마찬가지로 행위자 주어와 일치할 것이다. 따라서 이러한 구성에 나타나는 '가형 성분' NP2는 주어보다는 비주어(목적어)로 해석하는 것이 전체 구문 분석에 유리할 것이다. 결론적으로, NP1이 이들 구문의 주어

---

137 혹자는 '민수는 어머니가 예쁘시다', '민수는 아버지가 돌아가셨다' 등의 이른바 이중 주어 구문에서 두 번째 'NP2-가' 성분이 '-시-'와 호응하므로 주어라고 주장할 수도 있다. 우리는 기본적으로 이러한 문장이 코퍼스 상에서 거의 나타나지 않을 것으로 추정하지만, 이러한 문장이 등장하더라도 '-시-'와 호응/일치하는 성분은 '어머니, 아버지'이므로 이들이 주어이고, '민수는' 성분은 단순히 앞에서 말을 시작하다가 다른 말로 전환되는 과정에서 던져진 말로 분석한다. 우리는 '민수는'이라는 성분은 다음 예문처럼 후행절 '무척 슬퍼했다'의 주어로 쓰일 것이라 예상한다.

　　(1) 민수는 아버지가 돌아가셔서 무척 슬퍼했다. His father died, so Paul was very sad.

이다.

(44) 가. 할아버지는 내가 쓴 것이 안 보이시나 봐요. (← 내가 쓴 것을 보다)
　　　(주어: 할아버지, 목적어: 내가 쓴 것)
　　나. *나는 할머니가 안 그려지세요. (← 할머니를 그리다)
　　　(주어: 나, 목적어: 할머니)
　　다. 할머니, 왜 걸음이 잘 안 걸어지세요? (← 걸음을 걷다)
　　　(주어: 할머니(YOU), 목적어: 걸음)

6.6. 피동사의 의미

6.6.1. 가능 양태의 의미

[NP1-은 NP2-가 Vpass-어미]의 피동 구문의 구조를 상정하고 'NP2-가' 성분을 비주어(=목적어)로 분석한다면, 피동사의 기본의미에서 도출되는 의미는 논리적인 피동과 다를 것이다. 파생접사가 단순히 '능동-피동'의 의미관계만을 전환한다고 확언할 근거는 없다. 우리는 '가형 타동사' 구성과 동일한 구성에 실현된 피동사의 접사가 기본적으로 '가능(potential)'의 의미 기능을 갖는다고 파악한다. (27)~(29)에서 조동사 'can'을 사용하여 대역한 이유도 이와 같다. 따라서 한국어의 피동사 개념은 본질적으로 인도유럽어의 수동태에 대응한다고 볼 수 없다.

한국어와 유사한 일본어의 피동 구문을 살펴보자.

(45) 가. 見る(miru) – 見える(mieru) – 見られる(mirareru)

나. 聞く(kiku) – 聞ける(kikeru) – 聞かれる(kikareru)

(46) 가. 研究する – 研究される

나. 検索する – 検索される

다. 理解する – 理解できる

(47) 가. 보다 – 보이다 – 보아지다

나. 듣다 – 들리다 – 들어지다

다. 막다 – 막히다 – 막아지다

다. 믿다 – 믿기다 – 믿어지다

(48) 가. 이해하다 – 이해되다/이해가다

나. 생각하다 – 생각되다/생각나다

다. 기억하다 – 기억되다/기억나다

라. 걱정하다 – 걱정되다

마. 존경하다 – 존경받다

바. 쓰리하다 – 쓰리당하다/쓰리맞다

일본어의 피동문은 가능 양태를 나타내는 '–e(ru)'와 피동을 나타내는 '–rare(ru)'로 형성되며, 한국어의 피동문은 '이/히/히/기' 피동접사 구성과 보조동사 '–(어)지다', 기능동사 구성 '되다/당하다/받다' 등이 통합되어 나타난다.

그런데 (45)의 '–rareru' 구성은 그 동사가 실현되는 전체 문형 구조에 따라 '피동적(passive)'으로도 해석되고 '가능적(potential)'으로도 해석된다.

(49) 가. 今日は新聞が買われないよ。

오늘은 (나) 신문이 안 사지네요.

[N1-は N2-が Vt-rareru] → '가능'의 의미

나. あのビールは1956に建てられた。

저 건물은 1956년에 건설되었다.

[N1-は Vt-rareru] → '피동'의 의미

그 밖에 피동 형식의 구조가 의미적으로 자발적 사건 또는 상태를 표시하거나 가능의 의미로 해석되는 경우를 여러 언어에서 찾아볼 수 있다(연재훈 2003, 2004 참조). 이러한 유형론적 사실 또한 한국어의 특정 구조 피동문을 '가능'의 의미로 해석할 수 있는 근거가 될 것이다.

(50) Hindi (Shibatani 1985:828)

larke se   cal - aa   nahii   ga- yaa.

boy   Inst walk-PPLE   Neg   Pass-Past

"The boy was not able to walk"

(51) Turkish (Davison 1980:60)

Cevap yaz-mak icin   kagit-la   kalem kullan -il -ir.

answerwrite-Inf for   paper-and pen   use-Pass-Pres

"Paper and pencil may be used to write the answer"

(52) Spanish (Shibatani 1985:828)

?Se   va por   aqui   a la estacion?

REFL go via   here   to the station

"Can one go to the station from here?"

6.6.2. 피동 구문의 그 밖의 다른 의미

한국어의 능동문과 피동문 쌍에는 [의도성/인위성 vs. 자발성/자연성] 자질의 대립 또한 나타난다.

(53) 가. 그는 날마다 아들을 걱정한다.
    나. 그는 아들이 걱정돼 죽겠단다.

(54) 가. 나는 의도적으로 하루에 만 걸음씩 걷습니다.
    나. 왜 걸음이 안 걸어지지? 미치겠네.

6.7. 무늬만 피동문?

한국어 피동 구문 가운데 소위 '목적어가 있는 피동문'은 유형론적 시각으로 새롭게 다루어 볼 필요가 있다(김지혜 2015, 정해권 2020b). 다음 예를 보자.

(55) 가. 민수는 영미에게 돈을 빼앗았다.
    나. 영미는 민수에게 돈을 빼앗겼다.

(55)는 '빼앗다'의 목적어가 피동사 '빼앗기다'의 주어로 승격되지 않고 그대로 목적어 자리에 남고, '빼앗다'의 주어와 '빼앗다'의 원천(source)인 사격어만 교체된 특이한 구성이다.[138] 이는 영어의 'deprive'나 'rob' 같은 탈취동사의 구문과 비교 가능하다.

(56) 가. He robbed the bank of money and check.

나. The bank was robbed of money by him.

다음의 대응 쌍도 같은 차원의 설명이 가능하다고 판단된다.

(57) 가. 민수는 영미에게 돈을 빌렸다.

나. 영미는 민수에게 돈을 빌려주었다.

그 외에 조사 '을/를'이 개입되는 경우에 대해서도 유형론적 시각에서 접근해 본다면 흥미로운 결과를 얻을 수 있을 것이다.

(58) 가. 민수는 영미를 존경한다.

나. 영미는 민수에게 존경을 받는다.

(59) 가. 민수는 영미에게 욕을 했다.

나. 영미는 민수에게 욕을 먹었다.

6.8. 소결

한국어의 피동 구문은 인구어의 수동태 구조에 대응하는 전형적인 피동

---

138 정해권(2020b)은 이러한 능동문에 나타나는 부사어 '영미에게'가 피동사 구문에서 주어 '영미가'로 바뀌었다고 보아서 'applicative'로 설명을 시도했다. 그러나 그는 'applicative(부가격/부가태)' 개념을 올바르게 이해하고 적용하지 못한 것으로 보인다.

문으로 나타나는 경우가 드물다. 실제로 한국어 피동 구문은 피동 사건을 경험하는 경험주 NP1이 주어 자리에 오고 피동사가 요구하는 대상역으로서의 논항이 NP2 자리에 오는, 이른바 '이중 주어 구문' 형식으로 실현된다. 이는 심리 구문과 평행하다. 그러므로 '이/가'를 단순하게 주격조사 또는 주어 표지로 본다면 피동문의 구조를 올바르게 설명할 수 없다.

한국어 피동 구문을 분석하려면 논리명제적 차원의 분석에만 그칠 것이 아니라 전체 문장 성분이나 어미를 통한 인칭 구조를 고려해야 한다. 기존에 해당 동사의 논항 구조(argument structure)에 입각하여 한국어의 문장 구조를 파악하려던 시도는 오히려 명제 구조 내에 갇히는 것을 자초하는 셈이다. 한국어 문장 자체를 온전히 파악하기 위해서는 논항 구조를 넘어서서 한국어의 동사나 양태 관련 어미가 암시적으로 드러내는 인칭 구조(person structure)를 고려해야 한다.

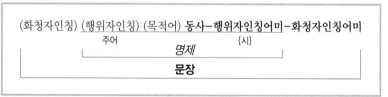

〈그림 4〉 한국어의 문장 구조 (목정수 2014: 50)

이러한 거시적 구조를 염두에 두면 한국어 피동문이 보여주는 의미 해석의 한 양상으로서 '가능'의 양태적 의미를 상정할 수 있다. 또한 이러한 해석은 문장의 구조 [NP1-은 NP2-가 Vpass-어미]에 기반하고 있으며, 논리적인 관계가 아니라 인칭 구조라는 또 다른 차원에 의해 제약받고 있음을 알 수 있다. 본장에서 밝히고자 한 바는 이렇게 피동 구문과 관련된 양태적 해석, 즉 '가능(potential)'의 의미의 연원을 구조에서 찾아냄으로써 의미(meaning)와 형태(form)가 상관성(isomorphism)을 가진다는 사실이다.

7. 비인칭 구문

7.1. 서론

목정수(2014)는 지금까지의 한국어 문장 분석이 명제(proposition)나 논항 구조 (argument structure)에 치우쳐서 이루어졌다는 점을 지적한다. 또한 그는 한국어의 어미 체계가 문장 구성에 관여하는 면을 무시하거나 소홀히 다루어 온 측면을 비판하고, 진정한 한국어 문장 분석은 어미에서 시작된다고 강조한다. 한국어에서 주어를 비롯한 목적어, 상황보어 등의 문장 성분은 생략이 가능한데, 이러한 수의적 성격은 복잡한 어미 구조와 연관된다. 이를 이해하려면 우선 한국어의 인칭 체계가 '화청자 인칭'과 '행위자 인칭'의 이중 구조(double structure)로 이루어져 있음을 이해해야 한다.

그리고 이 이중 구조적 인칭성의 핵심은 바로 한국어에서 다양하게 발달되어 있는 어미들이다. 그러나 그동안의 문장 분석에서 한국어의 어미들과 인칭 문제를 연관시켜 다룬 적은 거의 없다. 이는 한국어 문장에서 인칭대명사에 일치하는 인칭어미가 없는 것처럼 보이고, 또 인칭대명사 역시 필수적으로 쓰이는 문장 요소가 아니기 때문이다.

그러나 준명사법(mode quasi-nominal) 종결어미, 인용·접속법(mode subjonctif) 종결어미, 직설법(mode indicatif) 종결어미 등 각양각색의 어미들이 인칭 분화 체계를 이루고 있다. 또한 동사의 의미 부류에 따른 행위자 인칭 제약도 인칭 분화 기제로 작동한다는 사실을 놓쳐서는 안 된다. 그동안 가장 큰 주목을 받았던 '인칭대명사에 의한 인칭 실현'은 화자가 문장 실현의 마지막 단계에서 꼭 구체적으로 드러내고자 할 때만 나타나며, 그것도 수의적으로 이루어지는 작업에 불과하다.[139]

문장을 주술 관계로 분석하는 인구어 중심 시각에서 한국어의 문장을 분석할 때 마주치는 제일 까다로운 문제는 무엇이 주어인지 분명하지 않다는 점이다. 다음 문장 몇 개만 보더라도 이들 문장의 '가형 성분'을 단순히 주어로 보기 어렵다.

    (1) 가. 너의 목소리가 들려.
        나. 목 선생이 이해가/납득이/의심이 가.
        다. 잠이/감이/느낌이 와.

위 문장에서 '너의 목소리가', '목선생이' 또는 '이해가/납득이/의심이', '잠이/감이/느낌이'는 주어로 분석되기 어렵다. 일차적으로, (1가)는 '나 너의 목소리가 들려'라는 문장과 동일한 의미로 해석된다는 사실을 무시할 수 없기 때문이다. 또한 '들리다', '이해가 가다'나 '잠이 오다'가 '좋다/싫다'와 같은 심리술어(=주관동사/심리형용사)가 선어말어미 '-더-'와 결합할 때 3인칭 주어를 취하지 못한다는 사실과 평행한 것으로 받아들여지기 때문이다(본서 5장 심리 구문 참조).

    (2) 가. 민수는/*?나는 사람을 정말 싫어하더라구.
        나. 나는/*민수는 그 사람이 정말 싫더라구.

---

139 외국인 한국어 학습자들이 "선생님, 당신의 이름이 무엇입니까?", "선생님, 당신이 저를 가르칩니까?"나 "친구야, 네가 어디에 가니?" 같이 대명사가 외현화된 어색한/비문법적인 문장을 많이 산출하게 되는 배경 또한 이와 연관되어 있음을 짐작할 수 있다.

(3) 가. 나는/*민수는 너의 목소리가 들리더라.

　　나. 나는/*민수는 목선생이 이해가 가더라구.

　　다. 나는/*민수는 잠이 오더라.

(2)에서 보듯, 화자의 지각을 통해 과거에 알게 된 사실을 나타내는 '-더-'는 평서문에서 1인칭 주어를 취하지 못한다. 그러나 (2나)와 같이 심리술어 구문에서는 '-더-'가 1인칭 주어만 취할 수 있다. 그렇다면, 만약 (3)에서 '너의 목소리가', '목선생이' 혹은 '이해가', '잠이'를 각각 '들리더라', '가더라구', '오더라'의 주어로 여긴다면, '들리더라', '가더라구', '오더라'가 '민수는'과 공기하지 못하는 현상을 설명할 수 없다. 즉, (4가, 나)와 같이 서로 다른 양상을 보이는 두 경우를 적절히 설명하지 못하거나 같은 방식으로 처리하는 오류를 범해서는 안 된다.

(4) 가. (민수 그 녀석/*?나) 밥만 잘 먹더라.

　　나. (*민수 그 녀석/나) 너만 마음에 들더라.

기존의 한국어학계에는 '주어' 개념이 '주제' 개념과 얽혀 있고, 소위 '이중 주어'라는 개념이 확고히 자리 잡고 있어, '진정한 의미에서의' 주어에 대한 일치된 의견이 없다.[140] 그러나 '잠(이) 오다'의 '잠(이)'를 전체 문장의 주어로 보기 어려운 점에 견주어 보면, '비(가) 오다', '눈(이) 오다', '천둥(이) 치다', '바람(이) 불다'와 같은 부류인 날씨/기상 표현(meteorological expression)의 주어 문제가 단순하지 않다는 사실로 문제의식이 확장된다. 따라

---

[140] 목정수(2014a, 2014b), 문창학·목정수(2015)는 이러한 문제의식을 바탕으로 이중 주어 구문의 진성 주어를 설정할 수 있는 방법을 제안한 논의이다.

서 본장에서는 '비(가) 오다' 구성을 인구어의 '비인칭 구문'과 대조하여 공통점을 찾아내고 이를 단일/우주 인칭 구문, 또는 무주어(subjectless) 구문으로 정립할 수 있는지를 살펴볼 것이다.

본장에서는 주로 Ogawa(2006), Eriksen et al.(2010)의 날씨 표현의 유형 분류 체계와 Malchukov & Ogawa(2011)의 'R-impersonal, A-impersonal, T-impersonal'의 비인칭 구문 유형 분류 체계를 중심으로 한국어 '비(가) 오다' 구성의 유형론적 위상을 가늠해 볼 것이다. 이러한 우리의 논의는 소위 '주술' 관계로 파악되었던 '잠(이) 오다', '이해(가) 가다' 등의 연어 구성 'X(가) V'에 대한 새로운 인식의 출발점으로써 한국어 구문 유형론의 중요한 지점을 형성할 것이다(연재훈 2011).

7.2. 인칭의 개념과 비인칭 구문

인구어의 소위 '비인칭 구문(impersonal construction)'은 주로 날씨, 시간, 공간의 배경을 나타내는 구문이나 제시(presentational) 구문에서 동사가 특정한 벙어리 대명사(dummy pronoun)와 결합하거나 단일 활용형(주로 3인칭 단수형)으로 굴절하는 구문을 가리킨다. 이때 비인칭 구문에 사용된 동사를 '비인칭 동사(impersonal verb)' 또는 '불구동사(defective verb)'라 부르기도 한다. 일반적으로 이러한 구문은 '비인칭/무인칭 구문'으로 알려져 있다.

Benveniste(1966) 이후로 3인칭 대명사를 비인칭(non-personne)으로 불러 왔기 때문에, 여기서의 '비인칭(impersonal)'과 3인칭 대명사를 혼동할 소지가 있다. 그런데 본 장에서 문제 삼는 비인칭 동사 구문의 벙어리 대명사는

3인칭 단수형이긴 하지만, 이는 선행사를 지시하는 대명사가 아니며 'R-impersonal'(Malchukov & Ogawa 2011)에 해당한다. 따라서 3인칭을 무조건 '비인칭(impersonal)'이라고 부르는 것은 바람직하지 않으며, 3인칭 단수/복수 활용형이 가리키는 대상이나 3인칭 대명사가 지시적인 대상이 아닌 것으로 해석되는 경우에만 이를 비인칭/무인칭 구문으로 보아야 한다. 또 이러한 비지시적 용법의 3인칭 단수형 벙어리 대명사는 활용형의 제약을 보이는 동사를 불구동사(defective verb)라고 부르는 것처럼 불구대명사(defective pronoun)로 볼 수도 있고 '단일인칭(uni-personne) 대명사'로 볼 수도 있다(Joly 1994 참조).

'rain(=비(가) 오다)'이라는 사태는 일반 상황이나 'ambience'를 나타내지, 특정한 대상인 사건 참여자를 가리키지 않는다. 따라서 해당 사태는 특정 지시물을 주어로 갖지 않는다. 이런 까닭에 프랑스의 언어학자 기욤(Guillaume)은 이러한 형식적인 인칭을 '우주 인칭(personne d'univers)'이라고 부르기도 했다.[141]

---

[141] 복단대 강보유(姜宝有) 교수와 사적으로 언어학 담론을 나누던 가운데 중국어의 '下雨'를 술빈(=술목) 관계로 포착하는 관점에서는 주어를 '天'이라고 본다고 들었다. 실제로 '天下雨'라는 구성이 잘 쓰이지는 않으나, 이런 생각은 기욤의 '우주 인칭'을 연상시켜 흥미롭다고 할 수 있다. 이 자리를 빌려 강 교수에게 감사의 뜻을 전한다. 이어 필자의 발표를 들은 상해외대의 짜오신지앤(赵新建) 교수가 필자의 견해에 동의를 표하며 손수 '天下雨' 같은 예가 고대 한어와 현당대 한어에 어떻게 나타나는지를 조사해 필자에게 전해 왔다. 여기에 그것을 밝힘으로써 짜오 교수에게 깊은 감사의 말을 대신하고자 한다.

중국어에서는 오래전부터 술어-목적어 구조인 '하우(下雨)' 앞에 주어 '天(하늘)'이 나타날 수 있었다. 중국 춘추시대 〈맹자〉에서 다음과 같은 예문을 찾을 수 있는데, 여기서 '下雨' 앞에 '天'라는 주어가 나타나 있음을 볼 수 있다. ○ 天油然作云, 沛然**下雨**, 则苗浡然兴之矣！《孟子·梁惠王上》(하늘이 구름을 뭉게뭉게 피어오르게 하고 비를 쉼없이 세차게 내리게 하면 작물이 무성해질 수 있다.)

북경대학의 인터넷말뭉치(http://ccl.pku.edu.cn:8080/ccl_corpus/)에서 '下雨'가 들어간 예문을 찾아보면 고대한어에 310개, 현대와 당대한어에는 2815개가 나온다. 다음은 각각

7.3. 날씨 표현의 유형론

날씨 표현(meteorological expression)은 비인칭 구문의 대표적 사례이다.

고대한어와 현당대한어에서의 주어 사용 양상이다.

총 예문 수	310		
부적격 예문 수	18		
'下雨'가 들어간 예문 수	292		
주어가 있는 예문	47	16.1%	
주어	天	35	70.0%	天油然作雲，沛然[下雨]
	青天	2	4.0%	但得青天不[下雨]，上無蒼蠅下無鼠
	雨师	2	4.0%	于時風師使風，雨師[下雨]
	五岳四渎	2	4.0%	葉尊師便令計會五嶽四瀆，速須相將[下雨]
	他	1	2.0%	若要雨時，就教他[下雨]
	四天	1	2.0%	令四天[下雨]妙寶衣
	上天	1	2.0%	上天[下雨]，已經三日，爾靴不必著也
	老天爷	1	2.0%	千不是，萬不是，總是老天爺今天[下雨]的不是
	天师	1	2.0%	天師在此尚然不能[下雨]
	天神	1	2.0%	羅義神災劫重，戰退天神，不令[下雨]

총 예문 수	2815		
부적격 예문 수	36		
'下雨'가 들어간 예문 수	2779		
주어가 있는 예문	240	8.7%	
주어	天	179	74.9%	天一直在[下雨]
	老天	19	7.9%	即使烈日当头或老天[下雨]
	老天爷	12	5.0%	看来老天爷爱[下雨]便[下雨]
	云彩	10	4.2%	谁知道哪片云彩要[下雨]呢
	龙王	3	1.3%	它尝到了苦头就会去求龙王别[下雨]
	云	2	0.8%	西北方向有块云欲要[下雨]
	天气	2	0.8%	虽然天气依旧不停[下雨]
	天空	2	0.8%	天空还在[下雨]
	上天	2	0.8%	上天下雪不[下雨]
	你	2	0.8%	你[下雨]我栽
	乌云	1	0.4%	盼望飘来一片乌云[下雨]
	天老爷	1	0.4%	就象祈求天老爷[下雨]而无云
	天公	1	0.4%	可是咱们不能坐等天公[下雨]
	她	1	0.4%	她是挺会[下雨]
	它	1	0.4%	看它还下不[下雨]
	龙	1	0.4%	龙多不[下雨]

Eriksen et al.(2010)은 20여 개의 언어를 대상으로 날씨 표현의 형식적인 유형을 다음과 같이 제시하였다.

(5) 날씨 표현의 형식에 따른 유형 분류

Ⅰ. PREDICATE TYPE: VALENCY VARIATION:
Atransitive type
Expletive type
Intransitive predicate type
Transitive predicate type
PARTS OF SPEECH VARIATIONS
Verbal type
Adjectival type
Adverbial type
Nominal type
Locative type

Ⅱ. ARGUMENT TYPE: Intransitive argument type
Existential type
Transitive argument type

Ⅲ. ARGUMENT-PREDICATE TYPE: Cognate type
Split type

Eriksen et al.(2010)은 일차적으로 '날씨 표현'을 서술어를 중심으로 이루어지는 유형과 논항을 중심으로 이루어지는 유형, 논항-서술어의 결합으로 이루어지는 유형으로 하위분류한다. 그리고 서술어 중심 유형을 다시 주어 자리가 명시적으로 채워지지 않는 유형과 그 자리를 형식적 주어(formal subject)인 벙어리 대명사(dummy pronoun)나 군더더기 주어(pleonastic subject)로 채우는 유형으로 나눈다.

다음에 제시되는 예가 첫 번째인 'atransitive type'에 속한다. 인구어뿐만 아니라 기타 다른 어족에서도 이러한 유형의 구문이 나타난다. 이 유형은 명시적인 주어 명사구가 나타날 수 없고 공범주로 남는다는 통사적인 특징을 가진다. 이 경우 해당 서술어는 대개 3인칭 단수형으로 활용된다. 몇몇 예를 보자.

(6) 가. Nevó ayer. (스페인어)

　　나. Nevou ontem. (포르투갈어)

　　다. Ha nevicato ieri. (이탈리아어)

　　라. A nins ieri. (루마니아어)

　　마. Sniježilo je jučer. (크로아티아어)

　　바. Havazott tegnap. (헝가리어)

　　사. Вчера вееше снег. / Včera veeše sneg. (마케도니아어)

두 번째로, 비지시적인 3인칭 단수형 대명사를 사용하여 주어 자리를 명시적으로 채우는 'expletive type'은[142] 인구어에 집중적으로 나타난다. 영어를 비롯한 게르만어와 로망스어의 프랑스어 등이 대표적인데, 영어의 'it', 프랑스어의 'il', 독일어의 'es', 네덜란드어의 'het', 덴마크어의 'der(=there)'나 'det'가 이러한 'expletive'에 해당한다.[143] 다음은 그 예이다.

---

142 'expletive'의 라틴어 어원 'expletivum'은 원래 문장을 형식적으로 완전체를 구성하게 만든다는 의미의 'completion'을 의미하며, 문장을 빈 자리 없이 채우는 데 동원되는 허사(=형식요소)를 가리킨다.

143 파로어(Faroese)에서는 3인칭 중성 대명사가 아니라 남성형이 사용된다고 한다(Eriksen et

(7) 가. It snowed yesterday. (영어)

　　나. Il a neigé hier. (프랑스어)

　　다. Es schneite gestern. (독일어)

　　라. Het sneeuwde gisteren. (네덜란드어)

　　바. Det sner udenfor. (덴마크어)

　　　　it snow.PRES outside

　　　　'It is snowing outside.'

이처럼 많은 인구어의 날씨 표현은 비인칭 구문으로 나타난다. '비(가) 오다'를 의미하는 표현도 마찬가지로, 'atransitive type'과 'expletive type'으로 나뉜다. 전자의 예가 (8)이고, 후자의 예가 (9)이다.[144]

---

al. 2010: 574).

　　(1) Hann kavar.

　　　　he　　snow.PRES

　　　　'It is snowing.'

　　영어의 3인칭 복수형 대명사의 비지시적 용법도 우리의 주의를 끈다.

(2) They have much rain in Africa.

[144] 아이슬란드어는 이 표현에 대해 특이한 양상을 보인다. 아이슬란드어는 문두 위치에서는 허사가 필수적인데, 동사 뒤의 위치에서는 이 허사가 수의적으로 생략(drop)될 수 있다(Eriksen et al. 2010: 574).

　　(1) 가. Það rigndi (í gær).

　　　　　　EXPL rained (yesterday)

　　　　　　'It rained (yesterday).'

　　　　나. í gær rigndi (*Það).

　　　　　　yesterday rained EXPL

　　　　　　'Yesterday, it rained.'

(8) 가. Plouă. (루마니아어)
    나. Llueve. (스페인어)
    다. Piove. (이탈리아어)
    라. Chove. (포르투갈어)
    마. Pluit. (라틴어)
    바. Βρέχει. (그리스어)
    사. No-wande(=mo) (투캉베시어(Tukang Besi))
        3R-rain(=PERF)
        'It is raining.'

(9) 가. It is raining. (영어)
    나. Es regnet. (독일어)
    다. Il pleut. (프랑스어)

세 번째 유형은 'intransitive predicate type'이다. 이 유형에서는 기상 표현 서술어가 자동사 용법을 보이고, 주어 자리에는 허사 대명사보다는 기상 사태의 배경을 나타내는 표현이 온다. 주로 'world', 'place', 'nature', 'surroundings', 'land', 'ground', 'village' 등이 주어 자리에 나타난다.

(10) 가. Palestinaian Arabic (Givón 2001: 119)
        Id-dunya   ti-shti.
        ART-world   3F.SG-rain.IMPF
        'It is raining.'
    나. Ma'di (Blackings & Fabb 2003: 88)
        Vʋ   k'-āgū.
        earth/world/land   3-(N)-flash

'It (lightning) is flashing.'

다. Udihe (Nikolaeva & Tolskaya 2001: 510)

Ba: maga.

place bad.weather

'to be bad weather/storm'

라. Kham (Watters 2002: 234)

Nəm wa-ke.

sky rain-PERF

'It rained.'

한국어의 (11)과 같은 구성도 다소 어색하긴 하지만 여기에 속할 수 있다. 그런데 '날이'와 같은 시간 관련 명사가 주어 자리에 나타나는 일은 범언어적으로 드물다.

(11) 가. 날씨가 덥다.

나. ?날이 바람이 많이 분다.

(12) 가. Malagasy (Keenan 1976: 254)

Mafana ny andro.

hot ART day

'It is hot.'

나. Bozo Tigemaxo (Thomas Blecke, p.c.)

Waxadi gu gula.

time ART become.hot

'It has become hot.'

네 번째 유형인 'transitive predicate type'은 흔치 않은 유형이다. 날

씨 표현에서 이 유형이 기본 구문을 이루는 언어는 아직 보고된 바가 없다. (13)에서 보이는 핀란드어 예문이 이 유형에 해당한다.

(13) Kisasta oli ehditty ajaa noin kolmasosa
'We had driven one third of the race'
kun harmaa taivas alkoi vihmoa vettä.
when gray.NOM sky.NOM start.PST.3SG drizzle water.PART
'when it started to rain from the gray sky.'
(lit. when the gray sky started to drizzle water)

위 문장에서 'vihmoa'는 '비'와 관련된 타동사이다. 또한 주어는 주격 형태의 'harmaa taivas'이고 목적어는 부분격(partitive) 형태의 'vettä'이다.

Eriksen et al.(2010)의 기상/날씨 표현의 유형 분류에서 이 글의 주제와 제일 관련이 있는 유형은 'Ⅱ. Argument type'의 하위분류이다. 한국어의 '비(가) 오다' 구성이 바로 여기에 해당되는 것처럼 보인다. Argument type의 첫 번째 유형은 'intransitive argument type'인데, 여기에 동원되는 동사는 주로 'happen'이나 'come' 또는 'fall'이다.[145]

---

[145] 러시아어에선 '비(가) 오다'를 'Идёт дождь'라고 표현하는데, 'идёт'는 'идти(가다)'의 3인칭 단수형이고 'дождь(비)'는 명사 논항으로서 동사에 일치하는 주어로 분석된다. 이때 동사로 'идти(가다)'가 쓰이는 것이 유형론적으로 매우 유표적인 현상이다.

필자가 따로 미얀마어, 폴란드어를 조사했을 때에도 이들 언어에서 '비(가) 오다'에는 대개 'fall'에 해당하는 동사가 사용됨을 확인할 수 있다. 스리랑카 싱할라어는 '비(가) 오다'에 한국어와 같이 'come'에 해당하는 동사를 사용하고 있다.

(1) 미얀마어 mou: jwa thi. (rain drop/fall) = ('it is raining.')
(2) 폴란드어 Pada deszcz. (fall.3S rain) = ('it rains.')
(3) 스리랑카 싱할라어
වැස්ස එනවා (wæssa enawa). (rain come) = ('it rains.')
වැස්ස+ක එනවා (wæssa+k enawa). (a rain come) = ('it rain.')

(14) 가. Motuna (Masayuki Onishi, p.c.)

Hiing   ngo-wo-ito-no

wind   happen-3SG.S.MID-PRES.PROG-L

'The wind is blowing.'

나. Fongbe (Lefebvre & Brousseau 2002: 245)

Jí   jà

rain falls

'It is raining.'

(14)에서 기상사태를 나타내는 서술명사인 'Hiing'이나 'Jí'는 문법적으로 주어 자리에 실현되었다고 분석해야 한다. 서술명사와 동사가 수(number) 일치를 보이는 것이 그 증거이다. 그러나 (15)와 같은 언어에서는 기상사태의 의미를 담당하는 논항 'vrodés'가 형태·통사적으로 목적어로 분석된다. 이 서술명사라는 유일한 통사적 논항이 동사 'ríxni'와 일치하지 않는다는 데서 알 수 있다.

(15) 가. 그리스어 (Stavros Skopeteas, p.c.)

Ríxni   vrodés.

throw.3SG   thunder.PL.ACC.F

'It is thundering.'

나. Northern Sami (Salo: to appear.)

Dahka-t   borgga   /arvvi.

make-INF   snowstorm.ACC /rain.ACC

'To begin to snow heavily./To begin to rain'

반면 'transitive argument type'을 사용하는 언어는 매우 희귀하다.

이는 기상 사태에서 적절한 참여자를 상정하기 어렵기 때문으로 추정된다. (16)과 같은 예가 드물게 이 유형으로 분류될 뿐이다.

(16) Northern Akhvakh (Denis Creissels, p.c.)
    Miλi-de   gõʁwel-āri   duna.
    sun-ERG   illuminate-PERF world
    'The sun is shining.' (lit. 'The sun has illuminated the world.')

그밖에 기상 표현의 하위 유형으로는 논항과 서술어가 각기 기상 표현과 관련을 맺고 있는 'argument-predicate type'이 있다. 이 유형은 다시 'cognate type'과 'split type'으로 나뉜다. 'cognate type'은 'intransitive predicate type' 및 'intransitive argument type'과 형식적으로 유사한 측면이 있다. 그러나 'cognate type'의 논항과 서술어는 모두 동일한 기상 사태를 가리키며, 원칙적으로는 둘 중 하나만으로도 충분하다. (17)은 이렇게 동족어 주어와 서술어가 나타나는 'cognate type'의 전형적인 예이다.

(17) 가. Toqabaqita (Frank Lichtenberk, p.c.)
    Thato   e   thato.
    sun   3SG.NFUT   (sun)shine
    'The sun is shining.'
나. Udihe (Nikolaeva & Tolskaya 2001: 510)
    Bono   sagdä-nku   bono-ini.
    hail   large-PL   hail-3SG
    'Large hail is falling', i.e. 'it is hailing.'

알타이제어 가운데는 만주어 등이 이 유형의 날씨 표현을 사용한다.[146]

(18) 가. Aga agambi. (rain rains) = '비가 온다.'

나. Bono bonombi. (hail hails) = '우박이 내린다.'

다. Edun edumbi. (wind winds) = '바람이 분다.'

라. Nimanggi nimarambi. (snow snows) = '눈이 온다.'

'split type'은 기상 사태가 논항에 집중되어 있느냐(19가), 서술어에 집중되어 있느냐(19나, 다)에 따라 다음 두 가지의 모습을 보여준다.

(19) 가. Motuna (Masayki Onishi, p.c.)

Hiing　　hurir-u-ito-no.

wind　　blow-3S.ACT-PRESPROG-L

'The wind is blowing.'

나. Romanian

Plouă　　cu　　grindină.

rain.3SG　with　hail

'It is hailing.'

다. Northern Akhvakh (Denis Creissels, p.c.)

Ža(ri)　　c'-āre　　godi.

ice　　rain-PROG　COP.N

---

146 만주어의 'aga agambi' 구성을 단순히 '주어 + 서술어'로 볼 수 있는지에 대해서는 의문을 제기할 수 있다(강민하 2022). 주격형 'aga' 앞에 주격형 'abka(하늘)'가 나타나는 예가 많기 때문이다.

　　(1) abka aga agame. (하늘이 비를 내리며 = 하늘에서 비가 내리며)

　　한편 몽골어는 만주어 같은 'cognate type'이 아니라 'intransitive argument type'에 속한다.

　　(2) 가. Boroo orno. (비 들어가다) = '비가 온다.'

　　　　나. Mondor orno. (우박 들어가다) = '우박이 내린다.'

　　　　다. Salih salihilna. (바람 불다) = '바람이 분다.'

'It is hailing.' (lit. 'Ice is raining.')

그러면 이제 위에서 제시한 Eriksen et al.(2010)의 날씨 표현의 유형 분류와 Ogawa(2006)의 날씨 표현의 유형론을 비교해보자. Ogawa(2006: 38)는 Sasse(2001)를 원용하여, 다음 세 가지 날씨 표현 유형을 설정하고 있다.

(20) 가. 1유형: nouny construction
    'semantically full subject + formal or zero-like verb or predicate'
    예) Dozhdji idjot ("Rain goes", Russian), Xià Yu ("falls rain", Chinese),
    Ame-ga furu ("rain falls", Japanese)

나. 2유형: verby construction
    'zero or zero-like subject + semantically full verb or predicate'
    예) It rains (English), Es schneit (German), Piove (Italian), Plouă (Romanian)

다. 3유형: cognate construction
    'semantically full subject + semantically full verb or predicate'
    예) Grom gremit ("Thunder thunders", Russian),
    Sniegs sneg ("snow snows", Latvian),
    Kaminari-ga naru ("God's sound sounds = thunder thunders", Japanese)

이 유형 분류에 따르면, Ogawa(2006)는 러시아어의 'Идёт дождь', 중국어의 '下雨', 일본어의 '雨が降る'를 'semantically full subject + formal or zero-like verb or predicate'로 분석 제시하고 있다고 볼 수 있다. 이 점이 본고의 입장과 다른데, 이는 다음 7.4절에서 자세히 논의하겠다.[147]

또한 Eriksen et al.(2010: 593)도 날씨 표현의 유형을 다음과 같이 나누고 있는데, 이 분류는 Ogawa(2006)와 거의 유사하다.

(21) The scalar typology of p-encoding[148]

---

[147] Ogawa(2006)에서도 다음과 같은 날씨 표현과 연대기 표현을 제시하고 그 특성을 기술하고 있다.

    (1) 가. Ame-ga   furu. (雨が降る。)
          rain-NOM fall
          'It rains.'

       나. Yiki-ga   furu. (雪が降る。)
          snow-NOM fall
          'It snows.'

       다. Kaminari-ga   naru. (雷が鳴る。)
          thunder-NOM sound
          'It thunders.'

       라. Inabikari-ga   hikaru. (稲光が光る。)
          lightning-NOM flash
          'It lightens.'

    (2) 가. Haru-ga   ki-ta/(sugi)sa-tta/owa-tta. (春が来た/過ぎ去った/終わった。)
          spring-NOM come-PAST/go away-PAST/end-PAST
          'Spring has come/gone away/ended.'

       나. Oshoogatsu-ga ki-ta/owa-tta. (お正月が来た/過ぎ去った/終わった。)
          New Year-NOM come-PAST/end-PAST
          'New Year has come/ended.'

[148] 여기서 'p-encoding'의 p는 'precipitation'을 가리킨다.

Argument p-encoding *rain falls,* *snow falls*	Generalized p-encoding *(it/place) rains,* *snow rains*	Predicate p-encoding *(it/place) rains,* *(it/place) snows*
	Argument-predicate p-encoding *rain rains,* *snow snows*	

7.4. 한국어의 비인칭 구문의 설정 가능성

7.4.1. 한국어의 '비(가) 오다' 구성의 유형론적 특성

'비(가) 오다' 구성이 가지는 가장 큰 문제는 '비(가)'라는 성분의 통사적 기능에 대한 분석이다. 본고는 '비(가)'를 단순히 주어로 분석하기는 어렵다는 입장을 취한다. 이와 관련하여, 앞장에서 살펴본 그리스어나 북(北)사미어의 예를 다시 가져올 수 있다. 그리스어에서 '비(가) 오다'를 표현하는 "Ríxni vrodés"은 동사가 'ríxni(throw.3SG)'이고 논항이 목적어로 실현된 vrodés(thunder.PL.ACC.F)인 문장이다. 또한 '천둥(이) 치다'나 '바람(이) 불다' 구성에서의 '치다'나 '불다'가 일반적으로는 전형적인 타동사로 쓰일 수 있다는 점을 고려하면, 이와 평행하게 '비(가) 오다'의 구성도 분석할 수 있다.

러시아어, 중국어의 날씨 관련 구문에 나타나는 어순 문제도 우리에게 한국어의 비인칭 구문에 대한 실마리를 어느 정도 제공한다.[149] 중국어에서 '비(가) 오다'는 다음과 같이 표현된다.

(22) 下雨。

중국어의 '下雨'에서는 논항명사 '雨 [yǔ]'가 동사 '下 [xià]' 뒤에 나타나고 이때 '雨'는 주어 자리인 앞으로는 이동할 수 없다. 즉, '雨'를 주어 자리에 놓고 자동사 '下'를 서술어 자리에 놓은 '雨下了' 같은 문장은 비문이다. 이런 점에서 '雨[yǔ]'를 宾语(=목적어)로 분석할 수 있다. 뿐만 아니라 중국어 화자들도 '下雨'가 '이합사(離合詞)'로서 마치 한 단어처럼 어휘부에 등재되었다고 인식한다는 점 또한 (22)가 '주어 + 서술어'의 문장 단위가 아니라는 사실을 강력히 시사한다. 중국어의 다음과 같은 구성도 '下雨'와 동일하게 분석할 수 있다.[150]

---

149 물론 중국어의 宾语는 타 언어의 목적어와는 달리 통사적 요소보다 화용적인 요소가 강한 용어이고, '这场雨下得很大.(이번 비는 많이 내린다)'와 같이 한정 명사로 기능하면 문두에서 주어로 쓰일 수도 있으므로 단순히 '下雨'의 '雨'를 목적어로 분석하는 것에 반론이 제기될 수도 있다. 이러한 반론에서는 중국어의 어순 제약을 통사적 제약이 아니라 화용적 제약, 즉 정보구조에 따른 제약으로 보아야 한다고 주장할 것이다. 무슨 일이 일어났는지에 대한 대답의 예시인 "出瞭一個車禍.(차 사고가 났다.)"라는 대답에서도 '車禍'는 동사 앞으로 이동하지 않지만, 그렇다고 해서 이를 중국인들이 어휘부에 한 단어로 기재되어 있는 것으로 인식한다고 보기는 쉽지 않을 것이기 때문이다. 그러나 여기서 '下雨' 구성이 '人來了'(The man came)와 대립하는 '來人了'(A man came)의 구성과 비교해 볼 때 어휘화 정도에 있어서 차이를 보인다는 사실을 생각해야 한다. 주어가 동사 뒤로 이동하여 신정보를 표시하게 되는 '來人' 구성이 하나의 단어로 굳어질 가능성은 전혀 없지만, '下雨' 경우는 이와 달리 그 가능성이 많다.

150 한편, 스페인어의 비인칭 구문에 나타나는 3인칭 단수형 동사는 후행 명사 논항과 주술관계를 보이지 않으며, 3인칭 단수 동사와 일치하는 구체적인 논항이나 3인칭 대명사를 채워 넣을 수 없다.
　　(1) 가. Hace buen tiempo. (좋은 날씨이다) ― *El/eso hace buen tiempo.
　　　　나. Hace mucho fresco. (날이 선선하다) ― *El tiempo hace mucho fresco.
　　　　다. Hay niebla. (안개가 끼어 있다) ― *El hay niebla.
　　　　라. Está nublado. (구름이 끼어 있다) ― *El clima está nublado.
　　이에 비해 'tener frío'는 인칭에 따른 굴절이 가능하다.
　　(2) 가. Yo tengo frío.

(23) 가. 刮风 [guā fēng] = 바람(이) 불다

　　　나. 打雷 [dǎ léi] = 천둥(이) 치다

　　　다. 打闪 [dǎ shǎn] = 번개(가) 치다

　　　라. 下雾 [xià wù] / 起雾 [qǐ wù] = 안개(가) 끼다

　　　마. 下冰雹 [xià bīngbáo] = 우박(이) 내리다

　　　바. 下霜 [xià shuāng] = 서리(가) 내리다

　　　사. 下雪 [xià xuě] = 눈(이) 오다/내리다

　　김충실(2010)도 '下雨'와 '雨停'의 대립을 정보 구조의 차이로 설명한다. 그는 '下雨了(비가 내렸다)'의 '비'는 신정보이지만 '雨停了(비가 그쳤다)'의 '비'는 신정보가 아니므로, 정보 구조상 신정보는 서술어 뒤에 온다는 제약에 의해 '*停雨了'는 비문이 된다고 설명한다. 그러나 이러한 설명은 결국 '下雨'의 구조를 '동사 + 목적어'인 술빈 구조로, '雨停'의 구조를 '주어 + 동사'인 주술 구조로 파악하고 있음을 보여준다. 그리고 주술 관계의 '雨停'이 하나의 합성동사가 되는 경우도 없으므로, '*停雨'가 비문법적인 이유는 정보구조상 '雨'가 구정보이기도 하지만 통사 구조상 '雨'가 주어 자리를 차지하고 있기 때문으로도 볼 수도 있다.[151]

　　　나. ¿Tienes tú frío?

151 정보 구조상 '주술 구조'에서 표면상 '술빈 구조'로 바뀌는 예가 많으나, 이 '술빈 구조'가 목적어 자리를 유지하여 하나의 동사구를 형성하지 못하면 앞의 '下雨'와 같은 하나의 동사구로 보기 어렵다. 다음 두 문장에서 '客人'이 위치에 관계없이 주어로 파악되는 것과 동일하다. (1가)의 '客人'은 '那个客人来了/*一个客人来了'처럼 양사의 구조가 제한되는 구정보를 나타내고, (1나)의 '客人'은 '来了一个客人/*来了那个客人'의 구조만 가능한 신정보를 나타낸다.

　　(1) 가. 客人来了.

　　　　나. 来客人了.

　　이때 전통 중국어 문법에서 이 경우에도 표면의 어순에 따라 명사가 동사 뒤에 오는 경우를 '술빈 구조'로 파악한다는 사실을 상기해야 한다. 그러나 '來客人'과 '下雨'가 평행한 관계를

러시아어에서도 '눈이/비가 오다'라는 표현은 'Идёт снег/дождь'인데, 'идёт'는 'идти(가다)'의 3인칭 단수형이고 'снег(눈)/дождь(비)'는 명사 논항으로서 동사에 일치하는 주어이다. 그리고 그 순서가 'Снег/дождь идёт'로 도치될 수 있기는 하지만, 여전히 기본 어순은 [V + N]의 어순으로 볼 수 있다.[152] 러시아어의 이러한 예문은 기상 현상을 나타내는 독립적인 동사 대신에 기상 관련 명사와 서술어 'идти(가다)'를 사용한다는 점에서 중국어와 유사하다. 그러나 서술어가 기상 명사 논항과 수의 일치를 보이기 때문에 주술 관계로 포착될 수 있다는 점이 기상 관련 명사와 서술어가 술목 관계로 포착되는 중국어와 다르다.

(24) 가. Идёт снег. cf. 下雪 [xià xuě]
     나. ?Снег идёт. cf. ?*雪下 [xuě xià]

그런데, 인구어의 비인칭 구문에 대응하는 한국어 표현은 대개 조사 '이/가'가 관여하는 'X(가) V' 구성을 하고 있다. 그래서 표면적으로 'X(가)' 성분을 주어로 보려는 시각이 당연하게 여겨질 수 있다. 이 때문에 기존의 한국어 학계에서 날씨 표현에 대한 논의가 '서술명사 + 기능동사'의 구성에 대한 논의로까지 확장이 되어 서술명사가 주어 자리에 놓이는 구성도 가능하다는 주장이 나오게 된 것이다. 대표적으로 Lim(1996)은 다음과 같은 구

이루는지에 대해선 의문의 여지가 있으므로 더 깊은 연구가 필요하다.

152 폴란드어 또한 동일한 현상을 보여준다.
   (1) Pada   deszcz.
       fall.3S rain
       'It rains.'

성의 대응관계를 바탕으로 주어 자리의 '비(가)'가 서술명사이고 '오다'가 기능동사임을 입증할 수 있다고 주장한다.[153]

(25) 가. 엄청난 비가 왔다. ⇔ 엄청나게 비가 왔다.
　　나. 큰 비가 왔다. ⇔ 크게 비가 왔다.

그리고 비술어명사의 경우, 위의 (25가, 나)처럼 대응관계가 성립되지 않는다.

(26) 귀한 선생님이 우리 집에 오셨다. ⇎ 귀하게 선생님이 우리 집에 오셨다.

우리는 이러한 분석에 대해 어느 정도는 동의할 수 있다. 그런데 Lim(1996)에서처럼 프랑스어의 'La pluie tombe' 구문의 'la pluie'와 '비(가) 오다'의 '비(가)' 성분을 평행하게 보려 한다면, 서술명사가 주어 자리에 나타나는 독특한 예라고 기술할 수밖에 없다. 왜냐하면 프랑스어를 비롯한 인구어에서는 서술명사가 주어 자리에 잘 나타나지 않으며, '기능동사 + 서술명사'의 어순처럼 대부분 목적보어 자리에 실현되기 때문이다.

또한 '비(가)'가 서술명사이고 '오다'가 기능동사라면 논항을 요구하는 성분은 서술명사 '비'나 전체 '비(가) 오다'가 된다. 이는 서술명사 '비'가 주어나 목적어 논항을 요구할 것을 예측한다. 그러나 실제로는 영어의 'rain'이라는 동사가 무가(avalent) 동사이듯이, 서술명사 '비' 또한 명시적인 논항을

---

153 Lim(1996)은 'Il pleut' 구문이나 'Tombe la neige' 구문보다는 'La pluie tombe' 구문을 중심으로 주어 자리에 서술명사가 오는 구성을 중심으로 논의하고 있다. 참고로 일반적으로 프랑스어에서 '비(가) 오는' 사태를 표현하는 무표적 방식은 'Il pleut'이다.

요구하지 않는다. 따라서 '비(가)'가 주어 자리를 차지한다면 이 '비(가)'는 비주어 논항을 취하지 않는 무가(avalent) 서술명사가 되는데, '비'의 서술성은 자동사적이므로 목적어 논항을 요구한다고 보기 어렵다.

이제 '비(가)'를 주어 자리가 아닌 목적어 자리를 차지하는 서술명사로 보고 이 '비(가)'가 자동사적인 서술성을 갖는다고 볼 가능성이 남아 있다. 그렇게 되면 '비(가)'의 논항이 비인칭 논항, 무주어 논항으로 실현된 것으로 볼 수 있게 된다. 이는 '비가 오다'가 '비(가) 오다'를 거쳐 '비오다'라는 합성동사로 어휘부에 등재될 가능성을 고려한다면 더욱 그러하다. '비가' 성분이 진정한 주어라면 이런 일은 불가능하다. '주어 + 서술어' 구성, 즉 문장이 어휘화되는 사례는 범언어적으로 어떤 유형의 언어에서도 보고된 바가 없으며, '비주어 + 서술어', 즉 '목적어 + 서술어', '보어 + 서술어', '부사어 + 서술어' 구성만이 어휘화의 과정을 거쳐 하나의 동사가 될 수 있다. 아울러 조사 '이/가'가 붙었다고 무조건 주어로 볼 수는 없음은 이미 수 차례 지적한 바 있다(목정수 1998, *inter alia*).

(27) 가. 마음을 먹다 ⇒ 마음먹다
　　　나. 존경을 받다 ⇒ 존경받다
　　　다. 키가 크다 ⇒ 키크다
　　　라. 맛이 있다 ⇒ 맛있다
　　　마. 돈이 많다 ⇒ 돈많다
　　　바. 함께 하다 ⇒ 함께하다
　　　사. 달리 하다 ⇒ 달리하다
　　　아. 마음에 들다, 계산에 넣다, 염두에 두다

7.4.2. 비인칭 구문의 검증법

우리는 결국 '비(가) 오다' 구문을 비롯하여 소위 한국어의 무주어 구문으로 지칭했던 구문들을 모두 '단일인칭' 구문으로 수렴하여, 소위 '비인칭 구문'을 한국어에도 설정할 수 있음을 보여주려고 한다. 이를 위해선, '비인칭 구문'임을 입증할 만한 기준이나 진단법을 우선 마련해야 한다.

전술하였듯이, '비가 오다 → 비(가) 오다 → 비오다'의 과정을 거쳐서 '비오다'라는 합성동사가 되었다고 설명하는 것은 언어이론의 측면에서 난처한 상황에 처할 수 있다. [주어 + 서술어]가 합성동사가 되는 것이 일반적이지 않기 때문이다. 그런데 이러한 문제는 곧바로 국어의 이른바 '이중 주어' 구문와 관련된다. 이중 주어 구문에서 첫 번째 명사구와 서술어가 결합하여 합성동사를 이루는 경우는 없지만, 두 번째 명사구와 서술어가 결합하여 어휘화되는 현상은 종종 관찰된다.

(28) 선생님은 키가 크시다.

(29) 가. 선생님(이) 크다 ⇒ *선생님크다
　　　나. 키(가) 크다 ⇒ 키크다

(30) 부자는 돈이 많다.

(31) 가. 부자(가) 많다 ⇒ *부자많다
　　　나. 돈(이) 많다 ⇒ 돈많다

목정수(2005) 등에서는 이러한 유형의 두 번째 '가형 성분'을 일종의 보어 성분(급진적으로는 '목적어 성분')으로 분석할 가능성을 보여주었다. 즉, 두 번째 '가형 성분'은 결코 주어로 분석될 수 없으며, 비주어로 보아야 한다. '비오다'가 하나의 합성동사로 성립할 수 있다면 '비'는 주어 성분이 될 수 없기 때문이다. 또한 서술어 '비오다'의 주어 자리를 채울 수 없다면 바로 이 '공주어'가 인구어의 비인칭 벙어리 대명사(dummy pronoun)에 대응할 것이다. 다음 (32)와 같이 주어가 나타나지 않고(subjectless) 그렇게 비어 보이는 주어를 다른 무엇으로 채울 수 없는 구문들이 이와 평행하다. 이때 해당 구문에서 의미적으로 전제된 화제(presupposed topic)는 일반 날씨 상황(situation)이나 Bolinger(1977)의 'ambience' 개념일 것이다.

(32) 가. 비온다.
　　 나. 와, 비/눈/번개/천둥-이다.[154]

이처럼 '비(가) 오다' 구성은 하나의 단어로 굳어져 사전에 등재될 가능성이 있다. 실제로는 『표준국어대사전』의 경우 '비가 오다'라는 형식의 예문

---

[154] 기상 관련 표현뿐만 아니라 연대(chronology) 표현도 계사 '이다' 구성으로 나타날 수 있다.
　　(1) 가. 바야흐로 봄이다.
　　　　 나. 벌써 두 시다.
　　　　 다. 지금 몇 시예요?
　　　　 라. 오늘 영하 10도입니다.
　　그리고 이른바 '불이야!' 구성도 이와 평행하게 파악할 수 있다. Ogawa(2006)도 'haru-da'에서 'haru'를 주어로 볼 수 없으며, 이때의 'haru-da'는 무주어(subjectless) 구문이라고 주장한다. 따라서 'amega furu'와 'haru-da' 구성은 다음과 같이 대조시킬 수 있다.
　　(2) 가. [e] haru -da
　　　　 나. [e] amega furu

으로만 제시하고 있으며,『연세한국어사전』의 경우는 연어 구성으로 제시하고 있다. 이 '비(가) 오다'는 '잠(이) 오다'와 달리 주어 자리에 특정 인칭 대명사가 올 수 없다는 특징을 갖는다. 따라서 우리는 '비(가) 오다'의 주어 자리에 무형으로 나타나는 요소를 비인칭 주어((33)의 '[e]')로 보고, '비(가) 오다'를 비인칭 동사(impersonal verb) 또는 비인칭 동사구(impersonal verb phrase)로 간주하겠다.

(33) 가. [e] [비(가) 온다]
    나. *[나는] [비(가) 온다]
    다. *[그는/그것은] [비(가) 온다]

(34) 가. [e] [잠(이) 온다]
    나. [나는] [잠(이) 온다]
    다. [그는] [잠(이) 온대]

그렇다면 '비(가) 오다' 구성에서 '비(가)' 성분이 서술어 '오다'의 진정한 주어가 아니라는 사실을 입증하는 것이 핵심으로 부상한다. 다시 말해, '비가 오다'는 '민수가 오다'와 구문상 평행한 구조가 아니라는 것을 보여야 한다. 물론 우리는 직관적으로 '민수가'와 '오다'의 관계가 '비가'와 '오다'의 관계와 서로 다름을 알고 있다. 그러나 '민수가'는 주어 자리를 차지하는 성분이고 '비가'는 그렇지 않다는 주장의 객관적인 근거를 제시해야 할 것이다.

목정수(2014a, 2018a)에서는 이른바 '서술절' 비판을 통해 최초로 한국어 비인칭 구문의 설정 가능성을 논의하였다. 목정수(2014a)는 기욤(Guillaume)을 따라 어떤 유형의 언어라도 문장을 구성할 때 가장 기본적인 절차로 '누구/무엇에 대해서 어떠하다/어찌하다/무엇이다'를 서술한다고 보고, 이것이 인간 언어활동의 기본이라고 보는 이론을 토대로 삼았다(Hirtle 2007, 2009). 이러한 관점에서 '주어'의 개념을 새롭게 정립하면 '비(가) 오다'를 비인칭 동사(구)로 볼 여지가 생긴다.

그러면 우리는 '서술절'에서 과연 '주어'에 대한 '서술어'의 관계가 유지되고 있는지 의심할 수 있다. 그리고 간단한 예문으로 우리는 그 관계가 성립하지 않음을 알 수 있다. 예를 들어 '떡이 먹고 싶어요'라는 문장을 '무엇에 대해 어떠한 서술이 덧붙었는가'의 관점에서 보면, '떡'에 대해 그 서술 내용은 '먹고 싶다'가 될 수 없다. 오히려 '떡이 먹고 싶다' 전체가 명시적으로 나타나지 않은 화자 자신에 대해 진술하고 있다고 판단해야 직관에 더 부합한다. 다시 말해, 해당 문장은 화자인 '나'에 대해서 '떡이 먹고 싶다'라는 서술을 행하는 문장이다. 따라서 '떡이 먹고 싶어요'라는 문장의 주어로 '나'를 상정해야 전체 문장의 구조를 밝혀낼 수 있다. '떡이' 성분을 주어로 보면 다음과 같은 밑줄 친 성분들의 통사적 기능을 할당하기 매우 어렵다.

(35) 가. 떡이 먹고 싶어요 <u>나</u>.
　　　나. <u>쟤는</u> 떡이 먹고 싶대요.
　　　다. <u>저도</u> 먹고 싶어요 떡이.

이런 관점에서 다시 '비가 온다'라는 문장을 보면 그 구조가 간단하지만은 않음을 알 수 있다. 이 문장은 '비'라는 객체에 대해서 '오다'라는 서술이 행해지는 문장이 아니다. 오히려 '비오는' 기후나 날씨의 일반적인 상황이 화자의 머리에 먼저 떠오르고 그에 대한 서술로서 '비가 온다'를 발화하는 것으로 보는 게 옳다. 즉, 다음과 같은 구성은 매우 이상한 문장이 된다.[155]

(36) 가. *?비에 관해서 말하자면, 온다.

나. *?비는/*비란 온다.[156]

'비가 온다'가 '비오다'라는 하나의 동사(구)처럼 어휘부에 등재될 가능성이 존재한다는 사실은 이 구성이 절이 아니라 구 구성일 가능성이 높음을 의미한다(목정수 2005, 2014a, 2014b, 2015, 2018a). 이는 전절에서 제시한 인구어의 소위 '비인칭 구문'에 대응될 수 있다. 프랑스어의 예를 보자.

(37) 가. Il pleut. (비(가) 온다.)

나. Il fait du vent. (바람(이) 분다.)

다. Il fait chaud. (날이 덥다.) cf. J'ai chaud. (나 더워.)

라. Il fait froid. (날이 춥다.) cf. J'ai froid. (나 추워.)

---

155 '비(가) 오다'는 다음과 같은 통사적 특징을 가진다. '비(가) 오다' 구성에서 서술명사 '비'가 '비는'으로 실현되면, 장면 층위(stage-level)적 해석이 불가능해진다. 그리고 '비'에 한정조사 '은/는'이 결합하여 '비는'이 되고 문두에 놓이면, 개체 층위(individual-level)적 읽기만 가능해진다.

　(1) 비는 여름 우기에 많이 온다.

　(2) 가. 지금 비(가) 온다.

　　　나. *지금 비는 온다.

　(2)에서 보듯이, 현재 비가 오는 상황은 (2가)로는 표현될 수 있지만, (2나)의 형태로는 불가능하다. 이는 서술명사의 주어성 여부와 연관되며, 비인칭 구문, 외치 구문, 도입/제시 구문에서의 '한정성 효과(definiteness effect)'와 관련이 있다. 또한 이러한 성분이 동사 뒤에 (post-verbal) 위치하는 것과도 관련이 있다. 프랑스어와 스페인어의 예를 들어 보면 다음과 같다.

　(3) 가. Il est arrivé un/*le train.

　　　나. Il y a un/*le livre sur la table.

　　　다. Delante de la escuela hay una/*la cafetería.

156 '그때 비는 왔지'가 성립하는 상황은 '그때 공부는 열심히 했지'와 평행하다.

전절 후반부에서 제기했던 문제인 '비(가) 오다' 구성에 대한 '비(가)' 성분의 주어성 여부를 다시 한 번 살펴보겠다. 먼저 '비(가) 오다'와 '잠(이) 오다'의 통사 구조를 비교해 보자. 이 둘은 표면적 구성이 동일하긴 하지만, '잠오다'는 그것의 경험주 주어를 상정할 수 있다. '잠오다'는 주관성을 띠는 동사이며, 주어 자리에 항상 '잠오는' 감각을 느낄 수 있는 화자 인칭 주어를 상정한다. 즉, '잠오다'는 소위 '주관동사(subjective verb)(=심리용언)'와 유사한 성격을 띤다. 반면에, '비오다'는 그렇지 않다.

(38) 가. 잠이 안 와서 수면제를 복용하고 잠을 잤다. (1인칭)
    나. 어 피곤해. 잠 온다. (1인칭)
    다. 너 벌써 잠 오니? (2인칭)
    라. 민수 쟤 벌써 잠 오나 봐. (3인칭)

(39) 가. *너 어제 비 왔니?
    나. *민수는 이제 비가 오나 봐.
    다. *나는 이상하게 비가 와.

따라서 '비오다'는 그 상위 주어를 상정할 수 없으며, 그 빈자리를 공범주로 남겨두어야 한다. 인구어에서는 프랑스어나 영어처럼 비인칭 주어를 비인칭 대명사 'il'이나 'it'으로 채우거나, 이탈리아어나 루마니아어, 그리고 스페인어처럼 그 자리를 채우지 않는다. 한국어는 후자의 언어들과 그 유형이 유사하다고 할 수 있다.

(40) 가. It is raining. (영어)
    나. Il pleut. (프랑스어)

다. Plouă. (루마니아어)

라. Llueve. (스페인어)

마. Piove. (이탈리아어)

문창학·목정수(2015)는 이 문제를 일본어로까지 확장하여 주어의 문제를 해결하고자 했다. 여기에서는 한국어 비인칭 구문의 설정 가능성을 타진하기 위해 소위 '이중 주어 구문'에 대해 '서술절' 설정의 부당성을 지적하고 '서술구' 설정의 필요성과 당위성을 주장하였다. 이어지는 내용에서는 문창학·목정수(2015)의 핵심 논의를 통해 한국어에서 비인칭 구문을 설정하는 것이 '비(가) 오다' 구성을 제대로 설명할 수 있는 지름길임을 논증하고자 한다.

목정수(2014a, 2014b)나 문창학·목정수(2015)는 '서술절' 개념의 부당성을 드러내기 위해 다음 네 가지의 진단법을 사용한다. (ⅰ)대용언을 통한 진단법, (ⅱ)복문 구성을 통한 '진짜주어' 찾기 진단법, (ⅲ)주어 존대를 통한 진단법, (ⅳ)결합가 이론(=논항구조)을 통한 진단법이 그것이다. 여기서는 (ⅱ)복문 구성을 통한 '진짜주어' 찾기 진단법을 중심으로 '비가 오다' 구성에 등장하는 '비가' 성분은 진성 주어가 되기 어렵다는 것을 보이기로 한다.

한국어에는 연결어미의 성격에 따라 선행절과 후행절의 주어 인칭 제약이 걸리는 복문 구성이 존재한다. 대조적 연결어미의 하나인 '-고도'가 그러한 제약을 유발하는 대표적인 연결어미인데, 이 연결어미는 선행절과 후행절의 주어가 동일할 것을 요구한다. 이 '주어 동일성 제약'을 어기면 해당 복문은 비문법적인 문장이 된다.

(41) 가. 영미는 퇴사를 하고도 일을 계속하고 싶어 했다.

나. *영미는 퇴사를 하고도 민수는 일을 계속하고 싶어 했다.

일본어 접속조사 '*ながら*' 또한 마찬가지로 선행절과 후행절의 주어가 동일해야 문법적인 복문을 형성한다.

(42) 가. あの人たちは私たちに見守られながら今まで自力でやってきた。
　　　나. *あの人たちは私たちが見守りながら今まで自力でやってきた。(野田 2002: 57)

　　이러한 한국어와 일본어의 복문에서 볼 수 있는 '동일 주어 제약'의 통사적 양상을 소위 '이중 주어 구문'에 적용하여 이중 주어 구문에 나타나는 두 성분 중에서 진성 주어를 가려낼 수 있다. 먼저 '잠이 오다' 구성을 가지고 논의를 펼쳐 보자.[157]

(43) 가. 수면제를 먹고도 잠이 안 온대요.
　　　나. 수면제를 드시고도 잠이 안 오세요?
　　　다. *잠이 수면제를 먹고도 (잠이) 안 온대요.
　　　라. *잠이 수면제를 드시고도 (잠이) 안 오세요?

　　위의 (43가, 나)에서 후행절의 주어가 '잠이'라면 연결어미 '-고도'가 가지는 동일 주어 제약에 따라 선행절 [수면제를 먹다]의 주어도 '잠이'가 되어야 한다. 그러나 (43다, 라)에서 확인할 수 있듯이, 그러한 문장은 부자연스럽다. 반면 (44가, 나)와 (45가, 나)에서는 주어로 '민수는' 혹은 '할아

---

[157] 이 검증법은 이중 주어 구문의 전형적인 예시인 '코끼리는 코가 길다'나 '민수는 눈이 나쁘다'에 적용해도 똑같은 결과를 얻을 수 있다.
　　(1) 민수는 간유구를 먹고도 눈이 나쁘다.
　　(2) 잠을 많이 자고도 민수는 키가 안 크다/큰다.

버지는'을 복원할 수 있고, (44다)와 (45다)와 같이 '민수' 혹은 '할아버지'에 대해 동일 주어의 제약이 적용되는 모습을 확인할 수 있다. 따라서 후행절의 '잠이'는 주어가 될 수 없으므로, '잠이 오다'를 절 구성으로 보기 어렵다는 결론에 도달한다.

(44) 가. (민수는ᵢ) 수면제를 먹고도 (∅ᵢ) 잠이 안 온대요.
　　 나. (∅ᵢ) 수면제를 먹고도 (민수는ᵢ) 잠이 안 온대요.
　　 다. *민수는ᵢ 수면제를 먹고도 영미는ⱼ 잠이 안 온대요.

(45) 가. (할아버지는ᵢ) 수면제를 드시고도 (∅ᵢ) 잠이 안 오세요?
　　 나. (∅ᵢ) 수면제를 드시고도 (할아버지는ᵢ) 잠이 안 오세요?
　　 다. *할아버지는ᵢ 수면제를 드시고도 그분은ⱼ 잠이 안 오세요?

위 (42)에서 살펴본 일본어 연결어미 'ながら'의 경우도 마찬가지의 설명이 가능하다.

(46) 가. 手紙を読みながら、腹が立った。
　　 나. *(腹が)手紙を読みながら、(腹が)立った。

(47) 가. (私はᵢ)手紙を読みながら、(∅ᵢ)腹が立った。
　　 나. (∅ᵢ)手紙を読みながら、(私はᵢ)腹が立った。
　　 다. *彼は手紙を読みながら、私は腹が立った。

(46가)에서 후행절의 주어가 '腹が'라면 'ながら'의 동일 주어 제약에 따라 선행절 [手紙を読む]의 주어도 '腹が'가 되어야 한다. 그러나 (46나)에서와 같이 그러한 문장은 부자연스럽다. 반면 (47가, 나)에서는 주어로서

'私は'를 복원할 수 있고 (47다)에서와 같이 '私'에 대해 동일 주어 제약이 적용되는 모습을 확인할 수 있다. 따라서 후행절의 '腹が'는 주어가 아니며, '腹が立つ'는 절 구성이 아니다.

이상의 논의를 한국어의 '비(가) 오다'와 같은 날씨 구문에 적용하면 다음과 같은 결과를 예상할 수 있다. 첫째, '비가 오다'가 비인칭 구문이라면 '비가' 성분은 진성 주어가 아닐 것이다.[158] 둘째, '비가'를 주어로 보면 동일 주어 제약의 연결어미 '-고도'로 비인칭 구문과 인칭 구문이 연결될 경우 그 복문은 비문이 될 것이다. 예문을 통해 살펴보자.

> (48) 가. 비가 왔다.
> 나. 바람이 불었다.
> 다. 천둥이 쳤다.
> 라. 구름이 잔뜩 꼈다.
> 마. 잠이 안 왔다.
> 바. 민수가 드디어 왔다.

위의 (48가~바)의 문장은 표면적으로 모두 'X가 V' 구성을 하고 있기에 주어와 서술어의 결합으로 이루어진 절(=문장)처럼 보인다. 그러나 연결어미 '-고도'를 사용하여 대등절을 구성하면 동일 주어 제약 조건에 의해 이들이 문법적인 복문이냐 비문법적인 복문이냐가 밝혀지고, 어떤 것이 진성 주어인지 확인할 수 있을 것이다. 다음 복문의 문법성을 살펴보자.

---

158 '비(가) 오다'의 '비(가)' 성분이 진성 주어가 아님을 뒷받침하는 논거로 다음도 존재한다. '비(가) 오다'와 구성상 평행한 '바람(이) 불다'와 '천둥(이) 치다'의 '불다'와 '치다'도 기본적으로는 타동사 용법이 강한 서술어이다.

(49) 가. *?비가 오고도 민수가 드디어 왔다.

　　나. *비가 오고도 잠이 왔다.

(50) 가. 비가 오고도 바람이 불었다.

　　나. 천둥이 치고도 비가 안 왔다.

(49가)가 비문이 되는 이유는 '비가 오고도'와 '민수가 드디어 왔다'의 주어가 다르기 때문이다. 물론 '비(가) 오다' 구성의 주어가 비인칭 주어인 공주어 [e]이지만, 이 공주어와 '민수가'는 다른 주어이므로 여전히 이 복문은 비문이다. 반면, (50가, 나)는 모두 문법적이다. 이러한 관측은 표면적으로 주어처럼 보이는 '비가'와 '바람이'의 짝과 '천둥이'와 '비가'의 짝이 사실 주어가 아니라는 점을 강력히 시사한다. 이들은 모두 비인칭 주어인 공주어 [e]를 공유함으로써 즉 동일 주어 제약을 지키고 있기 때문에 정문이 된다고 볼 수 있다.**159**

---

159 필자는 배주채(가톨릭대), 김용하(안동대) 등의 국어학자들과 연결어미 '–면서'의 동일 주어 제약에 대해 논한 경험이 있다. 이들은 문법서에 '–면서'의 통사적 구문 제약으로 동일 주어가 와야 한다는 기술이 잘못되었다고 주장하였다. 즉, 다음과 같은 문장이 성립한다고 말하였다.

　　(1) 민수가 노래를 부르면서 영미가 춤을 춘다.

필자는 이러한 문장은 성립할 수 없다고 반박하였다. 그들은 그러한 문장이 어색함이 남아있지만 여전히 충분히 성립 가능하다고 주장했다. 반면에 필자는 다음과 같은 문장만 성립한다고 보았다.

　　(2) 가. 민수는 노래를 부르면서 춤을 췄다.

　　　　나. 민수가 노래를 부르면서 춤을 춘 까닭은 무엇일까?

그러자 그들이 (3)과 같이 주어가 달라도 완벽한 정문이 성립되는 예를 새로 제시하였다.

　　(3) 가. 천둥이 치면서 비가 왔다.

　　　　나. 바람이 불면서 비가 오겠습니다.

필자 또한 (3)의 문장은 완벽하게 성립한다는 데에 동의한다. 그러나 필자는 (3)에서도 동일 주어 제약이 그대로 유지된다고 본다. [천둥(이) 치다], [바람(이) 불다], 그리고 [비(가) 오다]는 그 자체로서는 서술어(구)만 이루고 선행절과 후행절을 구성하지 않기 때문이다. 이때 이들

(51) 가. [eᵢ] 비가 오고도 [eᵢ] 바람이 불었다.

　　 나. [eᵢ] 천둥이 치고도 [eᵢ] 비가 안 왔다.

(52) 가. [eᵢ] 영하 10도이고도 [eᵢ] 춥지 않은데 왜 그럴까?

　　 나. *[eᵢ] 영하 10도이고도 [그는ᵢ] 추위를 못 느꼈다.

(53) 가. [eᵢ] 구름이 잔뜩 끼고도 [eᵢ] 비가 오지 않는다.

　　 나. *민수가 집에 오고도 [eᵢ] 구름이 잔뜩 꼈다.

　마지막으로, 비인칭 구문의 공주어 [e] 자리는 상위자 주어로 대체될 수 없으므로 주체존대 선어말어미 '-시-'와 호응하지 않을 것이라 예상할 수 있고, 실제로도 그러하다. 일반적으로 한국어 타동사 구문이나 자동사 구문에서 선어말어미 '-시-'에 호응/일치하는 존대의 대상은 주어 자리를 차지한다(목정수 2013a). 예를 들면 다음 (55가)의 자동사 구문과 (55나)의 타동사 구문의 경우, '-시-'가 '할아버지'에 호응/일치하므로 '할아버지'가 존대의 대상으로 기능한다. 즉, '할아버지'는 주어로 분석된다.

서술어(구)의 주어가 공주어/비인칭 주어로서 서로 동일하다고 보면, 위의 (3)을 동일 주어 제약을 준수하는 문법적인 문장으로 볼 수 있다. 따라서 다음과 같은 문장은 불가능하다.

　(4) 가. *천둥이 치면서 내가 티비를 봤다.
　　 나. *내가 티비를 보면서 천둥이 쳤다.
　　 다. *나는 티비를 보면서 천둥이 쳤다.

다음 (5가)와 (6가)의 문장이 문법적인 이유 또한 이들이 동일 주어 제약을 어기지 않았기 때문이다. (5나)와 (6나)에서 선행절과 후행절의 주어는 모두 동지표되는 인물이다.

　(5) 가. 화가 나면서 눈물이 흘렀다.
　　 나. 나는 화가 나면서 나도 모르게 눈물이 흘렀다.
　　 다. *나는 화가 나면서 그는 눈물이 흘렀다.

　(6) 가. 화가 나면서도 화를 내지 않았다.
　　 나. 그는 화가 나면서도 의도적으로 화를 내지 않았다.
　　 다. *그는 화가 나면서도 나는 의도적으로 화를 내지 않았다.

(55) 가. 할아버지께서 오늘은 안 오실 것 같다.

　　　나. 할아버지는 나를 혼내셨다.

　주어가 두 개 이상이라고 하는 소위 '이중 주어 구문'에서는 다음과 같은
통사적 양상이 관찰된다. 다음의 (56가, 나)에서 '-시-'는 'Y가('낚시가'나
'관심이')'가 아니라 'X는('할아버지는')'에 호응/일치함을 확인할 수 있다.
이를 일반적인 자동사 구문이나 타동사 구문의 경우와 대조해 본다면, 소위
'이중 주어 구문'에서는 'X는'이 주어이고 'Y가'는 주어가 아님을 알 수 있
다. 결국 'Y가'의 이하, 즉 '낚시가 좋다'나 '관심이 많다'도 절 구성이 아니
라는 결론에 이르게 된다.[160]

(56) 가. 할아버지는 낚시가 그리 좋으신가 보다.

　　　나. 할아버지는 음악에 관심이 많으시다.

　동사로는 'お〜になる'로 표현되고 형용사로는 'お〜'가 부가되어 표현되
는 일본어의 존대형 또한 마찬가지이다. 타동사 구문인 (57나)와 자동사
구문 (57라)에서 볼 수 있듯이, 일본어의 존대형 또한 문장의 주어와 호응
하며 주어를 존대한다.

(57) 가. 王様が裸のまま町を歩いた。

　　　나. 王様が裸のまま町をお歩きになった。

　　　다. 課長さんは毎朝駅で牛乳を飲む。

　　　라. 課長さんは毎朝駅で牛乳をお飲みになる。(柴谷 1978: 60)

---

160 '〜에 관심이 많다/있다' 등의 기능동사 구문에 대해서는 8장을 참고하라.

이러한 존대형의 통사적 양상을 일본어의 이중 주어 구문이라 알려진 (58)에 적용하면 한국어와 마찬가지의 결과를 얻을 수 있다. 일본어의 존대형은 다음과 같이 'Yが'('花子が')가 아니라 'Xは'('山田は')에 호응/일치하므로 'Xは'를 주어로 보아야 마땅할 것이다. 다시 말해, 문중의 'Yが'는 주어로 보기 어려우므로 'Yが'의 이하도 절 구성으로 보기 어렵다.

(58) 가. 山田先生が花子が好きな(コト)
　　　나. 山田先生が花子がお好きな(コト)
　　　다. *花子が山田先生がお好きな(コト) (久野 1983: 71)

따라서 비인칭 구문의 주어가 공주어 [e]라면 이것이 상위자 행위 인칭 표시인 선어말어미 '-시-'와 호응할 수 없음이 자명하다.

(59) 가. 비가 왔다.
　　　나. *?비(님)이 오셨다.[161]
　　　다. *나는 비가/비님이 왔다.
　　　다. *할아버지께서 비가 오셨다.

이러한 '비(가) 오다' 구문은 '잠이 오다'나 '사람이 오다'의 구문과는 확연히 다른 행태를 보여준다.

---

161 고대하던 비가 오는 상황을 의인화하여 '비 오신다'라고 하는 경우가 있다. 이때의 '-시-'가 '비'를 일종의 의인화를 통해 높임의 대상으로 취급하여 쓰인 것인지, '비오는' 상황을 만든 절대자(=하느님)을 의식하여 쓰인 것인지 따져볼 일이다. '비가/비를 퍼붓다'와 관련하여 '와~ 완전 비를 퍼부으시네 퍼부으셔.' 같은 구문이 사용될 수 있을 것 같다.

(60) 가. 잠이 오니?

　　나. *너 잠님이 오시니?

　　다. 나는 잠이 온다.

　　라. 할아버지께서는 잠이 오시나 보다.

(61) 가. 너 드디어 왔구나.

　　나. *재가 드디어 오셨다.

　　다. 내가 드디어 왔도다.

　　라. 할아버지가 드디어 오셨다.

7.5. 소결

　(i)'비가 오다' 구성이 '비오다'라는 합성동사로 어휘화될 가능성이 높은데 비해, '학생이 오다'는 '#사람오다'라는 합성동사로 어휘화될 가능성이 전혀 없다는 사실은 무엇을 함의하는가, (ii)'잠이 오다' 구성에서는 경험주 논항을 상정할 수 있지만 '비가 오다' 구성에서는 경험주나 행위주 논항을 상정할 수 없는 이유는 무엇인가, (iii)선어말어미 '-시-'를 단일하게 설명하려면 이와 호응/일치하는 성분을 일정하게 '주어'로 보아야 하는데, 소위 '이중 주어 구문'에서 이 '-시-'와 호응하지 않는 비주어 '가형 성분'의 통사적 기능은 무엇으로 규정해야 하는가, (iv)한국어에는 주어는 명시적으로 나타나지 않는 문장이 많으며, 논리적으로는 상정할 수 있지만 실제로는 주어 자리가 비어 있는 구문이 많은데 이를 어떻게 설명해야 하는가?

　본장에서는 이상의 몇 가지 문제를 가지고 한국어의 통사 구조를 올바로 밝히려는 작업을 하였다. 결론적으로, 이러한 문제를 일관되고 말끔하게 풀기 위해서는 '비(가) 오다' 구성의 심층구조를 '[e] 비(가) 오다'로 설정하고, 이를 '비인칭 구문(impersonal construction)'으로 일반화할 필요가 있다.

지금까지의 논의를 바탕으로 '학생이 오다', '잠이 오다', '비가 오다'의 구문적 차이, 즉 '학생이', '잠이', '비가' 성분이 보여주는, 패러다임에 입각한 통사적 기능의 차이를 다음과 같은 도표로 나타낼 수 있다. 이 도표를 본장의 결론으로 삼겠다.[162]

---

[162] 그밖에 다음과 같은 구문들을 '비인칭 구문'의 하위 유형으로 다룰 수 있을지의 문제가 남는다. 먼저, 영어에서 다음과 같은 구문의 주어 'one'은 특정한 선행 명사를 지시하거나 특정한 개체에 대응되는 지시성이 없다. 이를 '일반 인칭'이라 할 수 있다. 프랑스어에서는 이러한 일반 인칭이 벙어리 대명사(dummy pronoun) 'on'으로 나타나는데, 이와 앞에서 살펴본 '비가 오다'류의 비인칭 구문과 어떻게 연관되는지를 알아볼 필요가 있다.

  (1) 가. One would [You'd] think the inner dome of heaven had fallen.
     나. The young comedian was awful; one felt embarrassed for him.
     다. If one fails, then one must try harder next time.
  (2) 가. Tu n'as rien entendu? Je crois qu'on a frappé à la porte.
     나. En Chine, on ne mange pas avec des fourchettes.
     다. Il n'y a pas très longtemps encore, on circulait à cheval dans cette région.

프랑스어와는 달리, 영어에서는 대명사 'one'이 숫자로 쓰이면 이후 동일한 개체를 가리키기 위해 다른 대명사가 사용된다.

  (3) 가. We watched as one [of the ospreys] dried its feathers in the sun.
     나. One [driver] pulled her car over to the side.

두 번째로, 러시아어나 루마니아어에서 동사 활용이 3인칭으로 제한되고 해당하는 명시적인 주어 논항을 상정할 수 없는 경우도 비인칭 구문에 포함되는지에 대해서 후속 연구가 필요하다.

  (4) 가. Как вас зовут? (어떻게 당신을 부릅니까? = 이름이 뭡니까?)
     - Меня зовут Анна. (나를 안나라고 부릅니다. = 이름이 안나입니다.)
     나. Cum te cheamă? (어떻게 너를 부르냐? = 이름이 뭐야?)
     - Mă cheamă Radu. (나를 라두라고 불러. = 이름이 라두야.)

(4가)에서 'зовут'는 원형 'звать'의 3인칭 복수형이고, (4나)에서 'cheamă'는 원형 'a chema'의 3인칭 단수형이다. 그러나 대명사나 명사구 논항으로는 비인칭 구문의 주어 자리를 채울 수 없다.

주어	논항/(부가어)	서술어	
		서술명사+기능동사	
학생(이)	(앞으로)	죽다	
학생(이)		기(가)	죽다
나(는)	호랑이(가)	무섭다	
그(는)	호랑이(를)	무서워 하다	
나(는)	고향(이)	그립다	
그(는)	고향(을)	그리워 하다	
학생(이)	눈(이)	크다	
한강(이)	(한국에서 제일)	길다	
학생(이)	**집에**	**오다**	
나(는)		**잠(이)**	**오다**
[e]		**비(가)**	**오다**
[e]		비(가/를)	퍼붓다
[e]		바람(이)	불다
[e]		천둥(이)	치다

한국어 문장에서는 앞의 비인칭 구문과 마찬가지로 논리적으로는 행위자 주어를 상정할 수는 있지만, 실제로는 명시적인 주어 없이 동사가 사용된 구성이 매우 많다(강창석 2011, 고석주 2011, 박창영 2014). 이들은 비인칭 구문과 마찬가지로 명시적인 주어 자리를 설정하면 매우 어색한 문장이 된다.

(4) 가. 4에 3을 곱하면 12이다.
　　나. 한글은 언제 만들었죠?
　　다. 공부할 때는 정신 집중이 우선입니다.

(5) 가. ??4에 3을 민수가 곱하면 12이다.
　　나. ??한글은 언제 세종이 만들었죠?
　　다. ??당신이 공부할 때는 정신 집중이 우선입니다.

따라서 우리는 문장 (5)의 심층구조를 다음과 같이 일반인칭이 실현된 공주어를 상정한 구조로 파악하고자 한다.

(6) 가. 4에 3을 [e] 곱하면 12이다.
　　나. 한글은 언제 [e] 만들었죠?
　　다. [e] 공부할 때는 정신 집중이 우선입니다.

주어	논항/(부가어)	서술어 서술명사+기능동사	
[e]		새벽	이다
[e]		가을	이다
[e]		불	이다
그(는)	내 의견에	반대	이다
그것(은)	이것과	정반대	이다
그(는)	나와	친구	이다
그(는)	영미(의)	동생	이다
그(는)		시인	이다
나(는)	설명(이)	이해(가)	가다
나(는)	여자(가)	기억(이)	나다
나(는)	그에게/그말에	화(가)	나다
나(는)	여자(가)	겁(이)	나다
그(는)	책(이)	있다	
할아버지(께서는)	돈(이)	있으시다	
책(은)/책(이)	(책상 위에)	있다	
할아버지(께서는)	(안방에)	계시다	
나(는)	음악에	관심(이)	있다
그것(은)	이것과	관련(이)	있다
그 음식(은)		맛(이)	있다
나(는)	짜장면(이)	맛(이)	있다
그(는)	짜장면(을)	맛(이)	있어 하다
학생(이)	설명(을)	이해(를)	하다
학생(이)	선생(을)	존경(을)	하다
학생(이)	(공원에서/을)	산책(을)	하다
학생(이)	(공원에서)	운동(을)	하다
학생(은)	-다고/-다는	생각이	들다
나(는)	여자(가)	마음에	들다
학생(이)	여자(를)	고려에	넣다

8. 기능동사 구문

8.1. 서론

기능동사 구문은 하나의 서술어 대신 서술명사(predicative noun)와 해당 명사의 동사적 실현을 돕기 위한 형식적 차원의 동사가 결합한 구성을 일컫는다. 예를 들어 '돕다'라는 단일 서술어 대신 '도움(을) 주다'와 같이 표현하거나, '만나다' 대신 '만남을 가지다/갖다'와 같이 표현하는 구성이 바로 기능동사 구문이다. 물론 '만남을 가지다'처럼 기능동사 구문으로 표현해도, 동사 '만나다'나 서술명사 '만남'이 갖는 논항 구조 [~와 만나다/~와(의) 만남]은 그대로 유지된다.[163] 또한 '관심(이) 있다' 또는 '관심(을) 갖다', '결정(을) 하다/내리다', '결론(을) 내리다' 등도 대응하는 단일 서술어는 없지만 기능동사 구문이라 할 수 있다.

(1) 가. 민수는 영미를 도왔다. – 민수는 영미에게 도움을 주었다.
　　나. 민수는 영희와 만났다. – 민수는 영희와 만남을 가졌다.

(2) 가. 민수는 음악에 관심을 가졌다.
　　나. 민수는 음악에 관심이 있다.

---

163 다만 'NP2-ø1-(를) 만나다' 구조는 '*NP2-ø1-(를) 만남(을) 가지다'의 기능동사 구문에서는 성립되지 않는 차이를 보인다.

다. 민수는 음악을 전공하기로 결정을 했다.
라. 민수는 음악이 우울증 치료에 유익하다고 결론을 내렸다.

이러한 기능동사 구문에서 가장 일반적으로 사용되는 기능동사는 '하다'이다. 한국어의 '하다'는 영어의 'make'나 'do'에, 프랑스어의 'faire'에 비견된다. 한국어의 모든 동사적 서술 내용은 '서술명사(를) + 하다'의 구성으로 표현될 수 있으며, 외래어 동사도 마찬가지로 '스케치 + 하다', '스터디 + 하다', '터치 + 하다'처럼 모두 이 구조로 한국어에 차용할 수 있다.

그밖에 능동의 '하다'의 피동 짝인 '되다'도 대표적인 기능동사이다. 이러한 기능동사는 크게 둘로 나뉜다. 먼저, '내리다', '내다', '짓다' 등의 '하다' 계열을 둘 수 있다. 다음으로 '있다', '나다' 등의 '되다' 계열을 둘 수 있다.

(3) 가. 민수는 언어학에 대해 연구를 열심히 했다.
　　나. 민수는 영미가 제일 미인이라고 결론을 내렸다.
　　다. 민수는 영미에게 화를 냈다.

(4) 가. 언어학은 연구가 많이 된 학문이다.
　　나. 민수는 대중에게 인기가 많이 있다.
　　다. 나는 영미에게 화가 났다.

8.2. 파생접사 vs. 기능동사

한국어의 '연구하다'와 '연구를 하다'에 등장하는 두 '하다'가 같은 '하다'

인지에 대한 논의는 매우 오래되었다. 이 문제는 '명사 + 조사' 구성을 형태론적 구성으로 볼 것인지 통사적 구성으로 볼 것인지의 문제와 동일 선상에 놓여 있다(본서 1장 참조). 이는 한국어 형태론과 통사론의 영역 구분의 핵심 문제일 뿐만 아니라(시정곤 1994, 김창섭 1997, 2005, 목정수 2007, 채희락 2007, 최성호 2018), '하다'의 문법적 지위 설정과 관련된 사전학적인 처리 문제에도 연결된다.[164]

'연구하다', '키스하다'와 같은 'X하다' 구성을 보는 시각은 '하다'를 동사파생접미사로 보아 'X하다'를 파생동사로 보는 형태론자의 시각과 '하다'를 기능동사로 보아 'X하다'를 합성동사로 보는 통사론자의 시각으로 나눌 수 있다. 전자의 시각처럼 '연구하다'를 파생동사로 보면 형태론적 차원에서 그 동사의 의미 중심인 '연구'는 이른바 '어근'이 되고 '하다'는 '(동사)파생접사'가 된다. 따라서 형태론자의 시각에서는 '연구를 하다'를 '어근 분리 현상'으로 다루게 된다(임홍빈 1979). 그런데, 이때의 어근 '연구'는 '연구를 지켜보다/좋아하다/즐기다'의 '연구'처럼 통사적 단위로도 쓰인다는 사실을 알 수 있다. 이는 방금 전에 '어근'이라고 칭했던 '연구'는 바로 통사적 단위인 '단어'로서의 지위를 가짐을 의미한다. 따라서 '연구를 하다'를 통사적 구성으로 보는 한, '어근 분리' 현상은 온전한 개념이 될 수 없다. 그리고 '연구하다'는 '연구를 하다'와 부정문 만들기[165], 부사 수식의 양상 등 동일한 통사적 현

---

164 전통적으로는 '하다'를 파생접사로 보는 시각이 우세하다. 사전에서는 이를 고려하여 '연구하다'를 표제어 내지 부표제어로 등재하는 것이 관례이다.

165 '정하다', '피하다'와 같은 '일음절 한자어 + 하다' 구성의 일음절 한자어는 단어의 지위를 갖지 못하므로 '어근'으로 봐야 한다고 주장할 수도 있다. 그러나 우리의 시각으로는 이러한 구성도 처음에는 한문 문법의 영향으로 '정(定)'과 '피(避)'라는 단어의 지위를 가진 것으로 보며, 그 단위와 '하다'의 결합으로 '정하다'와 '피하다'가 구성된 것으로 간주한다. 유길준의 『서유견문』 같은 개화기 자료를 보면 이러한 소위 '한문투'의 구성을 많이 발견할 수 있다.

상을 공유한다. 이러한 점에 근거하여 우리는 '하다'를 통사적 단위로 기능하는 기능동사로 보고 'X-하다' 구성은 합성동사화되었기 때문에 하나의 단위처럼 보이는 것으로 분석하겠다.

(5) 가. 연구하다 – 연구 안 하다, *?안 연구하다
    나. 연구하다 – 연구 열심히 하다, 열심히 연구하다
    다. 연구하다 – ?엄청난 연구하다[166]

(6) 가. 연구를 하다 – 연구를 안 하다, *안 연구를 하다
    나. 연구를 하다 – 연구를 열심히 하다, 열심히 연구를 하다
    다. 연구를 하다 – 엄청난 연구를 하다

즉, '일음절 한자어 + 하다' 역시 통사적 구성으로 결합된 것으로 보아야 한다. 다만 '정'이나 '피'가 '결정'이나 '회피'처럼 독립적인 단어로 쓰이지 못하므로, '정하다'나 '피하다'로 합성되어 단일어에 준하는 동사처럼 쓰이게 된 것이라고 볼 수 있다. 따라서 부정문도 '안 정하다 / *정 안 하다', '안 피하다 / *피 안 하다가 되는 것이다. 또한 'X-하다' 구성이 완전히 합성어처럼 굳어져 어휘적 구성으로 기능하게 되면 부정부사 '안'이 선행하는 구문도 경우에 따라서 구어 발화에 나타나기도 한다.
　　　ex) '안 설명해 주던데…'

166 '엄청난 연구하다'에 '?'를 붙인 것은 해당 문장이 비문에 가깝다는 사실을 표시하기 위한 장치가 아니다. 이 표시는 해당 문장에 '엄청난'이라는 수식어가 붙을 경우는 대개 '실로 역사에 남을 만한 엄청난 연구를 하다'처럼 조사가 붙는 것이 더 일반적이라는 점에서 상대적으로 붙여진 표시이다. '엄청난 연구했어'는 통사적으로 '엄청난 연구'와 '하다'의 통사적 구성이 어휘적으로 통합(syntagme)되지 않고 접합(synthème)되었음을 의미한다(박형달 1975, 목정수 1991).

8.3. 기능동사 구문의 논항 구조와 전형성

기능동사 구문의 기본 서술어 기능은 서술명사가 담당한다. 그리고 기능동사는 서술명사가 동사 차원으로 나타날 수 있도록 그 문법적 실현을 돕는다. 그래서 서술명사는 일반 서술어처럼 논항 구조를 갖는다. 가령, 서술명사인 '연구'는 행위자와 대상 논항을 요구한다는 점에서 타동성 서술명사이다. 그런데 논항의 격 실현 양상은 문형에 따라 각기 다르게 나타날 수 있다. 그러면 (7)에서 가장 기본적인 문형을 생각해 보자.

(7) 가. 민수는 고고학 연구를 한다.
　　나. *?민수는 고고학의 연구를 한다.
　　다. 민수는 고고학을 연구한다.
　　라. 민수는 고고학을 연구를 한다.

(8) 가. 민수는 고고학 연구에 몰두했다.
　　나. *민수는 고고학을 연구에 몰두했다.[167]

지금까지의 논의에서는 전형적인 기능동사 구문으로 (7나)나 (7라)와 같은 예가 부각되었다(채희락 1996, 멜축 2015).[168] 그러나 필자의 직관에 (7나)와 같은 문장은 비문이며, 대신 (7가)와 같은 구문이 가장 전형적인 구조라 판

---

167 중국어권 학습자들은 한국어 서술명사의 용법과 관련하여 이와 같은 오류를 가장 많이 범한다.

168 논의의 대상이 된 구문을 그대로 소개한다.
　(1) 철수가 영희에게 미희의 소개(를) 했다. (채희락 1996)
　(2) 존이 언어학의 공부를 했다. (멜축 2015)

단된다. 여기에서 대상 논항인 '고고학'은 속격(genitive)으로 실현되는데, 그 형태가 후치사 '$\varnothing_1$'과 결합한 '고고학'으로 실현된다는 사실에 주의해야 한다. 즉, '고고학'은 소유한정사 '의'와 결합한 '고고학의'로는 실현되지 않는다. 그리고 (7가)와 (7나)의 심층구조는 명사구 확장 구조 [N → N'(= N + Post) → N"(= N' + Det)]에 따라 다음과 같이 표상할 수 있다.

(9) 가. [민수-$\varnothing_1$-는] [[고고학-$\varnothing_1$-$\varnothing_2$] [연구-$\varnothing_1$-를]] 한다.
　　나. *[민수-$\varnothing_1$-는] [고고학-$\varnothing_1$-의] [연구-$\varnothing_1$-를] 한다.

대상 논항인 '고고학'이 서술명사 '연구'와 분리되면 대격(accusative)으로서 후치사 '$\varnothing_1$'과 결합할 수도 있다. 이때 한정조사가 동반되지 않으면 (10가)의 구조가 된다. 반대로 (10나)와 같이 한정조사 '을/를'을 동반한다면, 이때는 타동성 기능동사 '하다'의 영향을 받은 것으로 분석할 수 있다.

(10) 가. [민수-$\varnothing_1$-는] [고고학-$\varnothing_1$-$\varnothing_2$], [연구-$\varnothing_1$-를] 한다.
　　나. [민수-$\varnothing_1$-는] [고고학-$\varnothing_1$-을], [연구-$\varnothing_1$-를] 한다.

타동성 서술명사가 자동성 기능동사와 결합하는 경우에도 서술명사와 대상 논항이 한정조사 '이/가'로 실현된다는 점만 제외하면 구조적으로 (10)과 동일한 양상을 보인다(목정수 2017).

(11) 가. 나는 고향 생각이 났다.
　　나. *?나는 고향의 생각이 났다.
　　다. 나는 고향이 생각났다.
　　라. 나는 고향이 생각이 났다.

(12) 가. 나는 고향 생각에 젖어 들었다.

　　나. *나는 고향이 생각에 젖어 들었다.

　　다. *나는 고향을 생각에 젖어 들었다.

(11)에서 타동성 서술명사 '생각'이 자동성 기능동사 '나다'와 결합하는 경우, 영형 후치사 '$\emptyset_1$'이 대상 논항을 실현한다는 사실을 관찰할 수 있다. 대상 논항 '고향'의 격은 속격으로 분석되는데, 마찬가지로 그 형태가 후치사 '$\emptyset_1$'으로 실현되며 소유한정사 '의'로는 실현되지 않는다. 즉, 한국어 기능동사 구문의 전형적인 구조는 (11가)의 형태이며, 기존의 연구에서 주장하는 (11나)와 같은 구문은 비문법적이다. (11가)와 (11나)의 속 구조를 명사구의 확장 구조 $[N \rightarrow N'(= N + Post) \rightarrow N''(= N' + Det)]$에 따라 (13)과 같이 제시할 수 있다.

(13) 가. [나-$\emptyset_1$-는] [[고향-$\emptyset_1$-$\emptyset_2$] [생각-$\emptyset_1$-이]] 났다.

　　나. *[나-$\emptyset_1$-는] [[고향-$\emptyset_1$-의] [생각-$\emptyset_1$-이]] 났다.

대상(theme) 논항인 '고향'이 서술명사 '생각'과 분리되면 대격으로서의 영형 후치사 '$\emptyset_1$'이 결합한 형태로 분화할 수도 있다. 이때 한정조사가 사용되지 않으면 (14가)의 구조가 되고, 자동성 기능동사 '나다'의 영향으로 한정조사 '이/가'가 쓰이면 (14나)의 구조가 된다.

(14) 가. [나-$\emptyset_1$-는] [고향-$\emptyset_1$-$\emptyset_2$], [생각-$\emptyset_1$-이] 났다.

　　나. [나-$\emptyset_1$-는] [고향-$\emptyset_1$-이], [생각-$\emptyset_1$-이] 났다.

그리고 서술명사 '생각'이 기능동사 '하다'와 연결되는 경우에도 '하다'의 타동성으로 인해 한정조사 '이/가' 대신 '을/를'이 사용된다는 차이만 존재하며, 나머지 상황은 평행하다.

    (15) 가. 나는 고향 생각을 했다.
          나. *?나는 고향의 생각을 했다.
          다. 나는 고향을 생각했다.
          라. 나는 고향을 생각을 했다.

    (16) 가. 나는 고향 생각을 떨쳐 버렸다.
          나. *나는 고향이 생각을 떨쳐 버렸다.
          다. *나는 고향을 생각을 떨쳐 버렸다.

    지금까지 우리는 기능동사 구문에서도 목적어 기능이 기본적으로 영형 후치사 'Ø₁'에 의해 실현된다는 사실과 이 목적어가 서술어의 의미적 속성과 기능동사의 타동성/자동성 자질에 따라 '를형'과 '가형'으로 나타난다는 사실을 확인하였다. 이는 4장의 소유 구문과 5장의 심리 구문에서 살펴본 약성 타동사의 기본 문형 [주어 + 가형 목적어 + 서술어] 구문 및 강성 타동사의 기본 문형 [주어 + 를형 목적어 + 서술어] 구문과 평행함을 보여준다.[169]

---

[169] 목정수(2018)는 '서술절' 개념을 비판하고 한국어의 소위 '이중 주어 구문'을 '가형 목적어'를 취하는 일종의 타동 구문으로 분석했다. 그는 더 나아가 한국어를 '를형 목적어'와 '가형 목적어'를 갖는 '쪼개진 목적어(split-O)'를 갖는 주격-대격형 언어로 규정하고자 하였다.

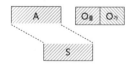

(17) 가. 코끼리는 코가 길다.

　　나. 나는 코끼리가 싫다.

(18) 가. 코끼리는 긴 코를 가지고 있다.

　　나. 민수는 코끼리를 싫어한다.

(17)은 (18)과 마찬가지로 한국어의 기본 문형이며, 더 기본이 되는 다른 심층구조로부터 도출되거나 복문으로 분석되지 않는 단문이다(목정수 2018a, 목정수·조서희 2021, 조서희·목정수 2022). 목정수(2003) 및 그의 입장을 수용한 이후의 연구들은 (17)과 같은 문장을 분석하기 위해 서술절을 상정하려는 논리는 일반언어학적으로 타당성을 얻기 힘든 임시방편에 불과하며, 오히려 한국어의 구조를 구명하는 데에 방해가 됨을 강하게 주장해 왔다. 그리고 (17)의 두 번째 논항 NP2는 주어가 아님을 논증하며 기존의 서술절 가설을 뒤엎는 '가형 목적어' 개념을 도입하였다.

한편, 유현경 외(2018: 424)는 서술명사와 기능동사의 결합을 '보어 + 서술어'의 복합서술어(complex predicate)로 보았다. (19)의 예문을 보자.

(19) 가. 그 설명은 수긍이 간다.

　　나. 그는 그제야 멋진 생각이 났는지 무릎을 쳤다.

유현경 외(2018: 424)는 (19가, 나)를 '수긍, 생각'이라는 서술명사가 보어 자리에 오고 서술어인 '가다, 나다' 등이 기능동사처럼 쓰인 문장이라고 보았다. 즉, '수긍이 가다'가 '이해가 되다, 공부를 하다'와 같은 복합서술어를 이룬다고 보고, 각 문장에는 주어가 '그 설명은'과 '그는' 하나씩만 있다고 판단하였다. 그런데 이러한 분석에도 모순이 존재한다. (19가, 나)의 주어

'그 설명은'과 '그는'이 계열관계(paradigmatic relation)[170]에 놓여 있다고 말할 수 없기 때문이다. 이 둘의 자리/위상은 결코 서로 같을 수 없다. 아래의 (20)에서 (20가)의 '나는'과 (20나)의 '그가'는 평행 관계에 놓이는 성분이고, (20가)의 '그 설명은'은 (20나)의 '엄마가'와 평행 관계에 놓이는 성분이다.

(20) 가. 나는 그 설명은 수긍이 가지만 동의는 할 수 없어.
　　　나. 그가 엄마가 생각이 났는지 눈물을 보였다.

우리는 유현경(2018)이 (20가, 나)의 문장에서 '수긍'과 '생각'을 비주어 성분이라고 본 것에는 동의할 수 있다. 그러나 '수긍'과 '생각'이라는 서술명사는 '수긍'과 '생각'을 하는 주체(subject)와 객체(object)를 논항으로 요구한다.

---

170 한국어를 다루는 생성문법 계열의 논의에서 범하는 가장 큰 실수는 바로 구성 요소들의 통합관계(syntagmatic relation)와 계열관계(paradigmatic relation)를 살피지 않고 자신들의 이론 틀에만 맞춰 논의를 추상적으로 그리고 자의적으로 전개해 나간다는 것이다. 이는 한국어 문법에 대한 구조적/기술주의적 논의가 충분히 이루어지지 못하거나 생략된 채 곧바로 생성문법이 한국어 문법을 다루는 이론적 틀로 사용되었기 때문일 것이다. 예를 들어, 생성문법에서는 '학교는 죽었다'라는 문장의 주제어 '학교는'의 속 구조가 [학교-가-는]이고 거기서 '가'가 생략됨으로써 '학교는'이 도출된다고 설명했다. 그러나 조사 '이/가'와 '은/는'은 통합관계를 맺을 수 없는 계열관계 요소이므로, 이는 무리한 가정이다. 또한 자동사 문장인 '학교는 죽었다'와 '소년이 왔다'에서도 '학교는'과 '소년이'가 계열 축을 형성하고 있다고 볼 수 있는 것처럼, '코끼리가 과자를 먹는다고?'와 '코끼리는 코가 길다'에서 '코끼리가'와 '코끼리는'이 계열관계에 있고 '과자를'과 '코가'가 계열관계에 있다고 분석하는 것이 우리의 직관에 잘 부합한다. 통사론에서는 '이/가'라는 조사에 이끌려 '코가' 성분을 '코끼리가'라는 주어에 대등한 주어로 보아 이들 '코끼리가'와 '코가' 사이에 계열관계를 설정함으로써 '코끼리는'을 주제어 또는 대주어 등으로 분석하는데, 이러한 입장은 재고의 여지가 크다(이선웅 2012, 2019).
　　한편, 한국어에서는 '를형 목적어'와 '가형 목적어'가 계열관계(paradigmatic relation)를 맺는 구성의 복문이 매우 자연스럽고 빈번하다.
　　(1) 나는 머리도 나쁘고 공부도 잘 못하고 아니 잘 안 하고 노는 것만 좋아한다.
　　(2) 호랑이가 무섭기도 하고 밤을 안 좋아하기도 하고 해서 나는 외출을 삼가기로 했다.

그렇다면 '수긍', '생각'이 지닌 비행위적(=인식) 의미로 말미암아 주체는 '행위주'보다는 '경험주' 또는 '인식주' 정도의 의미역을 부여받을 수 있을 것이고, 객체는 '대상'의 의미역을 부여받을 수 있을 것이다. 그러므로 (20가)의 '그 설명은' 성분은 주체로 해석할 수 없다. 오히려 (20가)의 주체는 복원할 수 있는 '나는'이다. 이는 (20나)에서 '그가'가 '생각'의 주체가 되고 '엄마가'가 객체가 되는 이치와 동일하다. 또한 (20나)의 문장을 '그는주어 + 생각이 나다서술어/기능동사'로 분석했을 때 서술명사 '생각'이 요구하는 성분 '엄마가'의 통사적 기능을 또 다시 보어로 처리하면 '이중 보어 구문'이라는 개념을 상정해야 하는데, 이러한 개념은 불필요하고 부적절하다.

그러나 복합서술어가 '목적어 + 기능동사' 구성에서 유래한다는 언어보편적 사실을 고려하면, '수긍이 가다'나 '생각이 나다' 역시 '주술' 관계가 아니라 '목술' 관계의 복합서술어 구성으로 보아야 자연스럽다. 그리고 그 복합 구성은 다시 목적어를 요구하지만, 해당 복합서술어의 의미 자질에 의해 '가형 목적어'를 요구한다고 설명하면 모든 논리적 모순이 해결된다. 따라서 우리는 보어라는 개념 대신에 '가형 목적어'라는 개념을 도입하여 지금까지 제기된 문제를 해결하고자 한다.[171]

다음과 같은 구성의 짝도 '를형 목적어'와 '가형 목적어'의 대립성을 잘 보여준다.[172]

---

[171] 유현경 외(2018: 436)에서 "보어의 의미역은 대상(Theme)이다. 보어가 공통적으로 가지는 의미역할이 대상으로 규정됨으로써 필수적 부사어의 의미역할인 '처소(Location), 도달점 (Goal), 수혜주(Benefactive)' 등과 구별된다. 보어의 의미역할이 대상이므로 보어가 부사어가 아니라 오히려 목적어와 흡사한 점이 있다고 할 수 있다. 보어와 필수적인 부사어의 공통점은 서술어가 주어, 목적어 이외에 필수적으로 요구하는 성분이라는 사실밖에 없다."라고 서술하고 있다는 점에 주목하자.

[172] 일본어 생성문법 계열의 논의 Koizumi(2008)에서도 본고의 '가형 목적어'와 유사한 논의를

(21) 가. 나는 공산당이 싫어요.
　　　 나. 민수는 공산당이 싫대요.
　　　 다. 민수는 공산당을 싫어해요.

(22) 가. 나는 이 바지가 마음에 듭니다.
　　　 나. 할아버지(께서)는 이 바지가 마음에 드시는가 봅니다.
　　　 다. 할아버지(께서)는 이 바지를 마음에 들어 하십니다.

　또한 유현경(2019: 15)은 조사 '이/가'가 무조건 주어를 표시하지 않는다는 사실을 다음과 같은 예로 보여준다. (23)에서 보듯이, 텍스트의 흐름에서 신정보로 도입된 주어는 '이/가'의 형태로 나타난다. 이후에 이 주어가 구정보가 되면 '은/는'으로 실현되기도 하며 아예 생략되기도 한다.

　다음 문장들에서 (23나)와 (23다)의 밑줄 친 성분은 주어가 아님이 명확하다. 만약 이 밑줄 친 성분에 대해 겉으로 드러난 형태만 보고 이들을 주어로 분석하려 한다면 한국어의 문장 구조를 전체적으로 제대로 파악할 수 없다. 이처럼 조사 '이/가'를 단순히 주어 표지로 보는 문법관에서는 한국어의 복문 구조를 정확히 분석해 낼 수 있는 알고리즘을 개발할 수 없다.

(23) 가. 옛날 깊은 숲속에 할아버지가 살았습니다.
　　　　　 그런데 (그) 할아버지는/?가 나무꾼이었습니다.

찾을 수 있다. 그는 이러한 목적어를 'nominative object'로 명명하고 있다. 유형론적 시각에서 이루어진 角田(2009)의 심리 용언에 대한 분석도 참고할 만하다. 여기에도 이른바 주격조사 'が'가 붙은 목적어, 즉 '가형 목적어'로의 분석이 제시되어 있다.

	太郎が	花子が	好きであること
意味役割	感情の持ち主	対象	
格	主格	主格	
文法機能	主語	目的語	

나. 나는 민수가 좋았다. 그러나 곧 <u>민수가/*는</u> 싫어졌다.
하지만 지금도 <u>민수가/*는</u> 걱정된다.

다. 나는 민수를 좋아했다. 그러나 곧 <u>민수를/*는</u> 싫어하게 되었다.
하지만 지금도 <u>민수를/*는</u> 걱정한다.

(23다)의 '민수를 싫어하게 되었다'는 '나는 민수를 싫어하게 되었다'에서 주어 성분 '나는'이 생략되어서 만들어진 문장이다. 마찬가지로 (23나)의 '민수가 싫어졌다'에 등장하는 '민수가' 성분은 단순히 주어 성분으로 분석할 수 없다. 이 문장의 주어는 선행 문장에서 이어지는 '나는 민수가 싫어졌다'의 주어 '나는'이고, 해당 문장에서는 생략되었다고 분석하여야 전체 텍스트의 흐름이 이어지는 한국어 문장의 연속체를 파악할 수 있다. 물론 '민수가'를 '가형 목적어'로 보는 필자와 달리 유현경(2019)은 이를 '보어'로 분석한다. 그러나 양측 모두 이 성분을 주어로 상정하지 않는다는 사실이 중요하다. 이선웅(2010, 2012, 2019)의 시각에서는 조사 '이/가'를 근거로 이를 문법적 주어로 분석할 것으로 예상되지만, 이러한 방식은 복문 구성의 진짜 주어 찾기 문제에서 커다란 난관에 봉착하게 될 것이다.

8.4. 기능동사 구문의 구조와 진짜 주어

목정수 · 이상희(2016)는 한국어에서 여격 주어를 상정하려는 논의의 맹점을 지적한 바가 있다. 이들은 연재훈(1996), Yoon(2004) 등의 논의를 전면 부정하며, 한국어의 여격형 성분이 진정한 의미의 주어가 아닌 처소어로 해석해야 한다고 주장한다. 다음 (24)를 보아도, 복문 구성에서 이른바 '여격 주어'는 종속절과 주절의 동일 주어로 쓰일 수 없다.

(24) 가. *민수에게는 돈이 많아 미국으로 유학을 갈 수 있었다.
　　　나. *돈이 많아 민수에게는 미국으로 유학을 갈 수 있었다.

(25) 가. 민수는 돈이 많아 미국으로 유학을 갈 수 있었다.
　　　나. 돈이 많아 민수는 미국으로 유학을 갈 수 있었다.

(26) 가. *민수에게는 호랑이가 무서워 오금이 저렸다. 그래서 도망갈 수 없었다.
　　　나. *민수에게는 호랑이가 무서워 오금이 저렸다. 그래서 호랑이가 도망갈 수 없었다.

(27) 가. 민수는 호랑이가 무서워 오금이 저렸다. 그래서 도망갈 수 없었다.
　　　나. 호랑이가 무서워 민수는 오금이 저렸다. 그래서 민수는 도망갈 수 없었다.

이러한 문제는 동일 주어 제약을 요구하는 연결어미 '-고(도)', '-면서(도)' 등에서 똑같이 발생한다.

(28) 가. 나는 소주를 여러 병 마시고도 잠을 이루지 못했다.
　　　나. 나는 소주를 한 병 마시고도 잠이 안 온다.
　　　다. *?나에게 잠이 안 와서 소주를 두 병이나 마시고 잤다.

(29) 가. 나는 소주를 여러 병 마시고도 그녀가 무서워 말을 건네지 못했다.
　　　나. 내가 소주를 여러 병 마신 것은 그녀가 무서웠고 고백을 하고 싶었기

때문이다.

　　다. *?나에게 그녀가 무서워서 소주를 마시고 고백할 수밖에 없었다.

선행절과 후행절의 동일 주어 제약에 의하면 (28)에서 후행절의 주어는 '잠이' 성분이 될 수 없다. (28가, 나)에서 선행절과 후행절의 공통 주어는 '나는' 또는 '내가' 성분이다. '를형 목적어'를 취하는 (29)에서도 선행절과 후행절의 공통 주어는 '나는' 또는 '내가' 성분이며, 이는 (28)과 완전히 평행하다.

따라서 (28)과 같은 자동성 기능동사 구문에서 서술명사는 해당 문장의 주어가 될 수 없으며, 다른 성분이 해당 문장의 주어라고 보아야 한다. 다음 (30)의 기능동사 구문에서 '이해(가) 가다'의 '이해가' 성분이 주어로 분석될 수 있는지를 따져 보면 답은 분명해진다. 이뿐만이 아니다. (30가)에서 후행절의 '이해가' 성분을 주어로 본다면 선행절의 주어는 '민수는'인데, 그러면 연결어미 '-고도'가 요구하는 동일 주어 제약을 위배한다. 그럼에도 우리가 (30가)를 비문으로 여기지 않는 이유는 '민수는'이 후행절의 주어 기능을 담당하기 때문일 것이다. 따라서 (30가)는 동일 주어 제약을 만족시키는 문법적인 문장이다.

　　(30) 가. 민수는 책을 여러 번 읽고도 이해가 가지 않나 보다.

　　　　　나. 민수는 이해가 가지 않자 책을 여러 번 반복해서 읽었다.

　　　　　다. *?책을 여러 번 읽고도 민수에게 이해가 가지 않았다.

연결어미 '-면서(도)'도 '-고도'와 같이 동일 주어 제약을 가진다.[173] 다

---

[173] 학교문법을 중심으로 현행 국어학계 일반에서 '주어'에 대한 인식이 실제로 어떤가를 잘 보여주는

음 (31)에서 '민수는'이나 '민수가' 성분은 선행절과 후행절의 주어 자리를 차지한다. 그러므로 '돈이' 성분은 주어로 분석될 수 없다.

사례를 하나 소개한다. 최근 2022년도 '한국어교원능력검정시험'의 한국어학 과목 시험에 다음과 같은 예문을 제시하고 주어 성분을 찾는 문제가 출제되었었다. 그리고 (1)의 밑줄 친 '말만'이 주어 성분이라고 풀이하였다.

(1) 아무것도 아는 게 없으면서 말만 많더라.

그러나 위 문장에 쓰인 연결어미 '-면서'의 동일 주어 제약을 고려하면 [[A-면서 B]-더라]의 A절과 B절의 주어는 같아야 한다. 따라서 '아무것도 아는 게'와 '말만'이 각각 A절과 B절의 주어라면 위 문장은 '동일 주어 제약'을 어겨 비문이 되어야 하는데, 실제로는 정문으로 판단된다. 따라서 이 복문의 동일 주어는 생략된 제삼자가 되어야 함을 알 수 있다.

(2) 가. 민수는 아무것도 아는 게 없으면서 말만 많더라.
    나. 아무것도 아는 게 없으면서 민수는 말만 많더라.

선행절의 서술어가 '를형 목적어'를 요구하는 타동사여도 마찬가지다. 만약 다음 (3가)에서 선행절의 서술어 '모르다'의 주어가 '민수'라면 후행절의 서술어 '많다'의 주어도 '민수'가 되어야 한다. 이는 (3나, 다)를 통하여 입증된다. 따라서 '말만' 성분은 '많다'의 단순한 주어가 아님을 알 수 있다. 이때의 '많다'도 존재동사 '있다1'의 의미가 아니라 약성 타동사 소유동사 '있다2'의 의미이다.

(3) 가. 아무 것도 모르면서 말만 많더라.
    나. 민수는 아무것도 모르면서 말만 많더라.
    다. 아무것도 모르면서 민수는 말만 많더라.

논의를 더 명확히 하기 위해 후행절의 서술어 또한 타동사인 경우를 예로 제시해도 마찬가지로 '동일 주어 제약'이 유지된다. 아래의 (4)에서 '아무것도 모르고' 그리고 '헛소리만 지껄이는' 사람은 동일인이어야 한다.

(4) 가. 아무것도 모르면서 헛소리만 지껄이더라.
    나. 민수는 아무것도 모르면서 헛소리만 지껄이더라.
    다. 아무것도 모르면서 민수는 헛소리만 지껄이더라.
    라. *민수가 아무것도 모르면서 영미가 헛소리만 지껄이더라.

기술동사(=성상형용사) '좋다/나쁘다'가 사용된 선행절이 '-면서'에 의해 후행절에 연결될 때에도 마찬가지로 '동일 주어 제약'이 발생한다.

(5) 가. 머리도 나쁘면서 수학 문제는 잘 풀더라.
    나. 민수는 머리도 나쁘면서 수학 문제는 잘 풀더라.
    다. 머리도 나쁘면서 민수가 수학 문제는 잘 풀더라.
    라. *민수가 머리가 좋으면서 영미가 수학 문제는 못 풀더라.

(31) 가. 돈이 없으면서도 민수는 혼자 열심히 공부해서 대학에 들어갔다.

나. 민수가 돈이 진짜 많으면서도 친구들에게는 한 푼 빌려주지 않았다.

다. *?민수에게 돈이 많으면서도 친구들을 도와주는 데 인색했다.

따라서 동일 주어 제약을 준수하는 다음 (32가, 나)와 달리 외현적으로 다른 두 주어가 나타난 것처럼 보이는 문장 (33가)가 성립한다는 사실은 여기서의 '비가' 성분이나 '천둥이' 성분이 진짜 주어가 아님을 시사한다. (33나)의 '나는' 성분이 선행절과 후행절의 공통 주어이듯이, (33가)의 공통 주어는 비어 있는 자리의 주어인 [e]라는 분석이 가능해진다. 이 공주어에 대한 서술어는 '비(가) 오다'와 '바람(이) 불다' 구성의 기능동사 구문이다.

(32) 가. 민수는 노래를 부르면서 춤을 췄다.

나. *민수가 춤을 추면서 영미가 노래를 한다.

(33) 가. [e] 비가 오면서 [e] 천둥이 쳤다.

나. 나는 그 책을 읽으면서 비로소 내용이 이해가 가기 시작했다.

이때 이 공주어는 인구어의 비인칭 주어에 대응한다. 비인칭 주어는 영어나 프랑스어에서는 외현적으로 'it'나 'il'로 채워지기도 하며, 스페인어 등에서는 공주어 [e]로 나타나기도 한다.

(34) 가. It is 9 o'clock and it is raining.

나. [e] Llueve y [e] nieva.[174]

다. Il fait froid et il fait du vent.

8.5. 소결

지금까지 우리는 한국어 통사론 논의에 사용되는 각각의 용어가 일반성과 보편성을 확보하는지, 그리고 기존의 한국어 문법 틀이 실제 한국어의 모습을 제대로 포착하고 반영하는지 반성적으로 검토해 보았다.

그 결과 한국어 통사론의 기본 단위 설정에서부터 단문, 복문의 분석에 이르기까지 주어 설정의 문제가 다른 층위의 주제어 문제나, 이중/다중 주어/목적어의 문제, 목적어와 보어의 구분 문제 등과 복잡하게 얽혀 있음을 확인할 수 있었다. 그러나 근시안적 판단으로는 이 엉킨 실타래를 풀 수 없다. 오직 그 엉킴의 시초로 돌아가서 한 올 한 올 풀어나가는 방법만이 있을 뿐이다. 이 점을 마음에 새기면서 우리의 결론을 다음과 같이 요약하고자 한다.

첫째, 한국어의 서술어는 닫힌 집합이며 단일 어근의 동사로 구성되어 있지만, 기능동사 구문의 도움을 바탕으로 열린 집합으로 확장될 수 있다. 기능동사를 정의하는 8.1절에서 언급했듯이, 한국어의 대표적인 기능동사는 '하다'와 '되다'이다.

둘째, 서술명사를 포함하여 서술명사의 대상 논항은 타동성 기능동사 '하다'의 영향을 받으면 한정조사 '을/를'의 영향을 받지만, 자동성 기능동사 '되다'의 영향을 받으면 한정조사 '이/가'의 영향을 받는다. 물론 이들 논항의 고유한 문법적 실현은 '을/를'이나 '이/가'가 아닌, 영형 후치사 'ø$_1$'에 의해 이루어진다는 점을 항상 인식해야 한다.

---

174 스페인어 'llueve'는 'llover'의 3인칭 단수 활용형이고 'nieva'는 'nevar'의 3인칭 단수 활용형이다.

(35) 가. 민수는 수학(을) 공부(를) 했다. ⇒ [수학$-\emptyset_1-$(을)]

　　나. 나는 동생(이) 걱정(이) 되었다. ⇒ [동생$-\emptyset_1-$(이)]

셋째, 한국어 타동성 기능동사 구문의 전형은 다음 (36)의 구조가 아니라 (37)의 구조이다.

(36) 가. *?민수는 영어의 공부를 했다.

　　나. (?)민수는 영어를 공부를 했다.

(37) 가. 민수는 영어 공부를 했다.[175]

　　나. 민수는 영어를 공부했다.

넷째, 한국어 자동성 기능동사 구문의 전형은 다음 (38)의 구조가 아니라 (39)의 구조이다.

(38) 가. *?나는 동생의 걱정이 많이 되었다.

　　나. (?)나는 동생이 걱정이 많이 되었다.

(39) 가. 나는 동생 걱정이 많이 되었다.

　　나. 나는 동생이 많이 걱정되었다.

마지막으로, 한국어의 주어나 목적어 성분은 명시적으로 표현되지 않아도 해당 성분을 표시하는 어미나 여러 문법적인 장치를 통해 얼마든지 복원

---

[175] 다음의 영문법 책 제목도 타동 서술명사의 기능동사 구문의 전형성과 관련하여 시사하는 바가 크다. 〈넌 대체 몇 년째 영어 공부를 하고 있는 거니?〉(김재우 지음, 상상스퀘어, 2022).

될 수 있다. 이것이 한국어에서 성분 생략이 잘 일어나거나 성분의 순서가 자유로운 이유일 것이다. 따라서 서술어에 해당하는 기능동사 구문 또는 서술명사의 의미 구조에 바탕을 두고 설정된 논항 구조 속 논항은 서술어와 어미의 상호작용을 통해 파악해야 할 뿐만 아니라 그렇게 해야 한다. 이런 의미에서 기존처럼 논항 구조를 중심으로 문장의 구조를 분석하던 방식을 보완하거나 극복할 수 있는 방안을 마련하려면 통사 단위로서 필수적으로 요구되는 어미 구조체에 주목해야 한다. 한국어의 문장을 제대로 분석하려면 가장 필수적인 어말어미가 반영하는 인칭성을 중심으로, 그리고 서술어의 의미 특성에 민감하게 작용하는 인칭 제약을 고려해야 하며, 더 구체적으로는 명시적으로 실현된/실현될 수 있는 대명사 인칭을 통해 이루어 나가야 할 것이다.

에필로그

지금까지 한국어 구문을 새롭게 연구해 보고자 유형론적으로 접근을 시도해 보았다. 이를 위해 방법론적으로 후기구조주의의 기조가 된 정신역학론의 동적 언어 모델을 통하여 한국어의 통사 단위를 명확히 함으로써 형태론과 통사론의 질서를 정연하게 갈라 한국어 문법이 적절한 유형론 연구의 대상이 되도록 그 기반을 재정비하였다. 그 과정에서 한국어 구문이 잘못 해석되기도 하고 왜곡되기도 한 점을 바로잡을 수 있었다. 결과적으로 유형론 학계에 잘못 알려진 한국어의 실체를 바로잡아야 한다고 강하게 주장하였고, 한국어 구문 연구의 성과가 유형론 학계의 논의에 다시 반영될 필요성과 당위성을 강하게 피력한 셈이다. 각장의 성과를 요약적으로 제시하는 것으로 본서를 마무리하고자 한다.

제1장은 전통적인 한국어 구문 연구에서 조사와 어미에 대한 인식이 어떻게 반영되어 왔는가를 짚어보고, 한국어 조사와 어미에 대한 새로운 인식이 필요함을 보여주었다. 조사류에 대한 새로운 분류법, 후치사류 조사와 한정사류 조사로 대별하여, 한국어 논항 구조의 실제를 밝히는 작업과 더불어 어미류에 대한 새로운 체계를 세워, 성분의 생략, 프로드롭의 언어 등 한국어의 유형론적 특성들의 상관성을 밝혔다. 아울러 새로운 조사와 어미의 질서에 따라 한국어 문법을 재구성하고 더 나아가 한국어 구문을 새롭게 연구함에 있어 방법론적으로 정신역학론과 유형론적 접근을 통해 검증하는 절차가 본서의 차별점이라는 것을 강조하였다.

제2장은 그동안 세계 유형론 학계에 한국어가 어떻게 알려져 있고, 국어

학계에서 한국어의 특성을 어떻게 알려 왔는가를 재검토해 보았다. 주지하다시피, 한국어는 전통적인 유형 분류법에 따라 '교착어'로 알려져 있고, SOV 어순, 프로드롭의 언어, 고맥락 언어 등의 특성이 한국어의 유형론적 특성으로 많이 거론되었다. 우리는 최근 유형론의 '부분 유형론(partial typology)'의 성과를 반영하여, 한국어는 일방적으로 '교착어'로 기술되는 것을 지양하는 것이 유리하다고 주장하였다. 한국어가 어떤 점에서 '교착어적' 성격이 두드러지고 또 어떤 점에서 '굴절어적' 성격을 갖는가 또 어떤 점에서 '고립어적' 성격이 나타나는가를 하이브리드(hybrid) 관점에서 총체적으로 밝혀 보았다. 한국어의 주요 문법요소인 조사와 어미를 해체하여 새롭게 분류·정의함으로써 통사 단위로서 조사류가 보여주는 교착적 특성을 제시하였고, 마찬가지로 통사 단위로서 어미류가 보여주는 교착·굴절적 특성을 보여주었다. 한국어의 구문을 거시적인 관점에서 다루려면 서술어 중심의 논항 구조(argument structure)에 더하여 어말어미에서 추출되는 인칭 구조(person structure) 정보를 고려해야 한다는 사실을 실증적으로 보여주고 그 중요성을 재천명하였다. 이는 한국어 구문의 핵심 키를 통사 단위로서의 어말어미가 쥐고 있다는 점을 시사한다.

제3장은 그야말로 기존 전통 문법의 질서를 정면에서 무너뜨리기 위해 시도한 문법 담론이다. '이중 주어문', '주격 중출 구문' 등으로 불리며 한국어의 가장 특징적인 면으로 부상되어 왔던, 그리고 그 해결을 위해 가장 많은 논의가 창출되었던 구문을 전면 해체하고자 한 논의이기 때문이다. 그 출발은 프롤로그에서 이미 언급했듯이, 조사 '이/가'의 본질을 주격조사(nominative case marker)나 주어 표지(subject marker)로 규정짓지 않고, 정보 구조(information structure)를 조절하는 '한정사(determiner)'로 재정의한 데서 시작되었다. 조사 '이/가'가 붙은 두 개 이상의 성분이 나란히 통합

관계를 이루고 동일 기능인 주어가 둘 이상이 통합 관계를 이룬다는 것은 역으로 그 자체로서 조사 '이/가'가 격 패러다임의 어미, 더 나아가 격 표지가 아닐 수 있음을 강력하게 증거하는 것으로 볼 수 있다. 조사들의 분포 관계를 통해서도 명확히 드러난다. 조사 '이/가'와 '은/는'이 하나는 격조사이고 다른 하나는 보조사라면 이들의 결합, 즉 '격조사 + 보조사'의 결합이 가능해야 하는데, '*공원이는', '*학교가는'처럼 그렇지 않다는 것은 바로 이들이 하나의 부류에 속하는 성원임을 말해 준다. 바로 이 점에 착안하여 '코끼리는 코가 길다'류 문장의 성분 '코끼리는', '코가'와 서술어 '길다'의 관계를 통사적으로 분석했을 때, 첫 번째 명사구 NP1 '코끼리는'이 주어로, 두 번째 명사구 NP2 '코가'가 비주어, 즉 일종의 목적어로 분석하는 것이 한국어 문법을 정합적으로 설명하는 데 더 효과적이라는 사실이 드러났다. 이러한 분석법이 성분의 통사적 기능의 관점에서도 그렇고 정보 구조에 따른 성분의 뒤섞기 (scrambling)를 지배하는 원리를 설명하는 데도 더 타당성이 있다. 더불어 주어와 주제어(topic)의 개념의 혼동 양상도 말끔히 해소될 수 있는 장점이 있다. '코끼리는 코가 길다'는 서술어 '길-'이 소유주 논항(=주어) '코끼리'와 대상 논항(=목적어) '코'를 요구하여 실현된 기본 문형이고, '코는 코끼리가 길지'는 가형 목적어 '코'가 주제화되어 문두로 나간 유표적 도치 구문이다. 전형적인 타동사 구문 '민수는 영화를 좋아한다'가 서술어 '좋아하-'의 주어 논항 '민수'와 를형 목적어 '영화'가 실현된 기본 문형이고 '영화는 민수가 좋아하지'는 목적어 '영화'가 문두로 주제화되어 나간 유표적 도치 구문과 평행하며, 이는 우리의 직관에도 잘 부합한다.

제4장은 한국어의 소유 구문이 소유동사 '있다2'의 두 논항, 즉 소유주 논항과 대상 논항이 실현된 기본 문형임을 주장한다. 기존 한국어의 소유 구문은 존재동사 '있다1'을 통해 여격 주어로 표현되거나 여격어가 주제화

된 구문이 기본이라고 주장되어 온 것을 여러 가지 논거를 통해 전격 부정하였다. 소유 구문과 존재 구문은 형식적인 면이나 의미적인 면이나 구분된다는 것이다. 소유 구문의 전형은 [NP1-(은) NP2-(가) 있다]의 형식으로 실현되고, 존재 구문의 전형은 [NP1-에게(는) NP2-(가) 있다]의 형식으로 실현된다. 예를 들어 '철수가 그리 큰 돈이 있을까?'와 '철수에게 그리 큰 돈이 있을까?' 두 구문은 형식적으로 구별되고, 의미 해석도 다르게 이루어진다. 두 구문의 의미는 서로 관련은 되지만, 동일하지 않다. 선어말어미 '-시-'와의 호응성, 논항의 관계화의 위계성, 존대표현 '있으시다'와 '계시다'의 관계 등을 고려하면 이 두 구문이 별개임을 명확히 입증할 수 있다.

제5장은 심리 구문의 기본 문형에 대한 논의였다. 기존 유형론 학계에 심리 구문의 주어가 여격형으로 나타나는 언어군이 많이 소개된 것과 마찬가지로 한국어 심리 구문의 기본 문형이 [NP1-에게(는) NP2-(가) 심리동사]로 제시되어 있다. 우리는 이를 바로잡고 한국어의 심리 구문은 [NP1-(은) NP2-(가) 심리동사-어미]의 형식으로 실현된다는 것과 심리 술어의 특성상 NP1 자리에 나타나는 논항, 즉 주어 논항에 인칭 제약이 있다는 것을 심리 구문의 특징으로 정리하였다. '나는 호랑이가 무서워 죽겠어요', '철수는 호랑이가 무섭대요', '나는 바나나가 좋아요/싫어요' 등이 심리 구문이고, '철수에게는 호랑이가 무서워요', '호랑이는 나한테도 무섭다', '철수는 눈매가 무섭다', '내 몸에는/나에게는 바나나가 좋아요/나빠요' 등은 심리 구문(psychological construction)이 아니라 객관 사태를 묘사하는 기술 구문(descriptive construction)이라는 것을 명확히 하였다. 심리 구문으로서 'I like/dislike football'을 의미하는 구문 '*나에게 축구가 좋다/싫다'는 절대로 성립되지 않는, 비문이라는 점도 천명하였다.

제6장은 피동사 형식의 서술어가 쓰인 구문 가운데, 단순히 일반적인 피동

구문으로 해석되지 않는 구문으로서 [NP1-(은) NP2-(가) 피동사-어미]의 형식으로 실현된 구문에 대한 논의이다. 우리는 이러한 구문을 '가능 피동 구문'으로 명명하고, 가능 피동 구문의 유형론을 세웠다. 접사 파생에 의한 '보이다', '들리다', '믿기다' 등의 논항 구조와 의미 해석 구조를 통하여 이러한 구문도 앞서의 심리 구문에서와 마찬가지의 인칭 제약 현상이 나타난다는 점, 그리고 이 구문에 의해 양태(modality) 관련 의미 해석이 동반된다는 점을 밝혔다. '가능 양태', 즉 영어의 조동사 'can'의 역할이 이러한 가능 피동 구문을 통해 실현된다는 점을 제시하였다. '생각(이) 나다', '이해(가) 되다', '납득(이) 가다', '잠(이) 오다' 등의 기능동사 구문도 가능 피동 구문, 심리 구문과 그 특성을 공유하고 있어 자연부류(natural class)를 형성하고 있다는 점이 자연스럽게 드러났다.

제7장은 비인칭 구문에 대한 논의로서 Eriksen et al.(2010)의 날씨 표현(meteorological expressions)의 유형 분류 체계를 기준으로 한국어의 날씨 표현 '비(가) 오다' 구성의 위상을 가늠해 보고, 언어학적 논의를 통해 '비(가) 오다' 구성으로 제기되는 여러 문제를 설명하고자 시도했다. 기존에 '비(가) 오다' 구성을 단순히 '주어 논항 + 자동사 서술어' 구성인 것으로 여겨 왔지만 이러한 분석에는 한계가 있음을 한국어의 전반적인 구문, 특히 '학생(이) 오다', '잠(이) 오다' 구성과의 비교를 통하여 분명히 보여주었다. 종합하자면, '비(가)' 성분은 서술어 '오다'의 고유 참여자(participant)가 아닌, 기능동사 '오다'의 서술명사(predicative noun)로서 기능한다는 것이다. 따라서 '비(가) 오다'는 하나의 복합서술어(complex predicate)로서 서술절이 아닌 vP=서술구로 파악해야 한다. 그리고 복합서술어에 진성 주어가 참여할 수 없다는 범언어적 현상을 받아들이면, 자동적으로 이 '비(가) 오다' 구성의 주어 문제가 발생한다. 우리는 복합서술어 '비(가) 오다'의 주

어 자리는 비어 있는 무주어(subjectless) 구문이며, 더 나아가 이것은 주어 자리가 명시적으로 채워지지 않거나 벙어리 대명사(dummy pronoun)로 실현되는 인구어의 비인칭 구문에 대응되는 것으로 해석했다.

마지막으로 8장에서는 복합서술어를 형성하는 기제로서 기능동사 구문에 대해 종합적으로 논의했다. 주어와 목적어의 두 논항을 요구하는 서술명사가 어떤 기능동사와 결합하여 복합서술어를 구성하느냐에 따라 '를형 목적어'와 '가형 목적어'가 어떻게 분리되는지의 기제가 세밀하게 기술되었다. 또한 기능동사 구문의 논항이 실현되는 양식 가운데 가장 전형적인 것과 주변적인 것을 명확히 하였다. 기존 논의와 다르게 '철수는 철학을 연구를 하였다'나 '나는 엄마의 생각이 났다'보다 '철수는 철학 연구를 하였다'나 '나는 엄마 생각이 났다'가 더 전형적인 기능동사 구문이라는 점, 서술명사의 목적어 논항이 속격 $\varnothing_1$에 의해서 실현되지, 결코 속격한정조사 '의'에 의해서 실현되지 않는다는 점을 적시한 것은 본 연구의 커다란 성과인 동시에 기존 기능동사 구문에 대한 많은 논의에 대해 던지는 문제 제기가 될 것이다.

지금까지 우리는 기존 구문에 대한 논의를 근본적으로 새로운 시각에서 접근했다. 한국어 조사 '이/가'와 '을/를'에 대한 변혁적인 관점의 전환과 한국어의 복잡한 종결어미의 유형론적 특성에 대한 재분류가 동기(motivation)가 되었다. 조사 '이/가'는 단순히 격조사가 아니라, 정보 구조를 조율하는 한정사 역할이 그 본질이라는 깨달음, 한국어의 어미는 단순히 교착적인 성격만이 있는 것이 아니라 부분적으로 굴절적 성격이 있기 때문에 논항 구조로 이루어지는 명제 차원을 넘어서서 통사·화용적인 차원에서 인칭 구조를 결정한다는 깨달음, 그밖의 여러 깨달음이 있은 뒤부터는 한국어의 모든 문법 질서가 새롭게 보이기 시작했다. 따라서 기존 논의를 때로는 전면 부정하기도 하였고, 그 과정에서 이상한 예문 더 나아가 우리의 눈에 비문으로 보이는 예문—'철수가 호랑이가 무섭다', '철수가 영희가 마음에 든다', '철수에게 음악이 싫다', '코끼리의 코가 길다', '나의 머리가 아프다', '할아버지께 돈이 있으시다', '철수가 영어의 공부를 했다' 등등—이 한국어의 정체를 규명하는 논의에 적극적으로 쓰인 이유를 밝혀 그런 문제에 대한 반성과 재고를 요구하기도 하였다. 아무튼 근본적으로 기존 논의에 대해 상당 부분 부정을 한 셈이고 동시에 커다란 도전과 함께 이를 입증하기 위한 나름의 시도를 한 셈이다. 이제 우리의 도전에 대한 또 다른 응전을 기다리는 시점이 되었다. 기대가 된다.

참고문헌

강민하(2022), 「만주어 문어 날씨 표현의 구조」, 서울대학교 대학원 언어학과 2022년 2학기 '언어유형론연구' 수업(강사: 목정수) 기말보고서.

강은국(1993), 『조선어 문형연구』, 박이정 영인본.

강창석(1987), 「국어경어법의 본질적 의미」, 『울산어문논집』 3, 31–54.

강창석(2008), 「국어의 문장구조에 대하여」, 『인문학지』 37, 충북대학교 인문학연구소, 1–26.

강창석(2011), 「국어 문법과 主語」, 『개신어문연구』 33, 47–77.

고광모(2000), 「일부 방언들의 주체 높임법에 나타나는 '-겨-'의 역사(1): 과거 시제 어미 '-어겼-'의 형성」, 『한글』 250, 189–225.

고광모(2002), 「'-겠-'의 형성 과정과 그 의미의 발달」, 『국어학』 39, 27–47.

고광모(2009), 「'이시-/잇- 〉 있-, -어시-/-엇- 〉 -었-, -게시-/-겟- 〉 -겠-'의 변화」, 『언어학』 53, 115–140.

고광주(2001), 『국어의 능격성 연구』, 월인.

고석주(2001), 『한국어 조사의 연구: '가'와 '를'을 중심으로』, 연세대학교 박사학위논문.

고영근(1983), 『국어문법의 연구: 그 어제와 오늘』, 탑출판사.

고영근(1986/1991/1995), 「서법과 양태의 상관관계」, 『국어학신연구 I』, 탑출판사.

고영근(1989/1999), 『국어형태론연구』, 서울대학교출판부.

고영근(1993), 『우리말의 총체서술과 문법체계』, 일지사.

고영근(2004), 『한국어의 시제 서법 동작상』, 태학사.

고영근(2011), 「현행 학교 문법의 "높임법"에 대한 비판과 그 대안」, 『형태론』 13(1), 147–154.

고영근(2013), 「민족어 의존·결합가 문법과 그 유형론적 접근: 언어 유형론 노트 (4)」, 『2013형태론 가을 집담회 자료』.

고영근(2015), 「한자어 형성에 있어서의 구성소와 형성소 -언어 유형론 노트 (6)-」, 『한글』 308, 5-30.

고영근(2018a), 『한국어와 언어 유형론』, 월인.

고영근(2018b), 『우리말 문법, 그 총체적 모습』, 집문당.

고영근·구본관(2008), 『우리말 문법론』, 집문당.

고영근·구본관(2018), 『(개정판) 우리말 문법론』, 집문당.

고창수(1992), 「국어의 통사적 어형성」, 『국어학』 22, 259-269.

곽숙영(2009), 「주체높임 '-시-'의 사용 실태 조사를 통한 문법적 의미 고찰」, 『국어 높임법 표현의 발달』, 31-65.

국립국어원(2005), 『외국인을 위한 한국어 문법 1: 체계 편』, 커뮤니케이션북스.

국립국어원(2005), 『외국인을 위한 한국어 문법 2: 용법 편』, 커뮤니케이션북스.

권재일(1992/2000), 『한국어 통사론』, 민음사.

권재일(1998), 『한국어 문법사』, 태학사.

권재일(2004), 『구어 한국어의 의향법 실현방법』, 서울대학교출판부.

권재일(2012), 『한국어 문법론』, 태학사.

권재일(2013), 『세계 언어의 이모저모』, 박이정.

김건희(2003), 「형용사의 주격 중출 구문과 여격 주어 구문에 대하여」, 『한말연구』 13, 1-37.

김건희(2017), 「서술절에 대한 재고찰: 내포절 체계 내의 다른 절과의 변별을 중심으로」, 『한말연구』 43, 29-63.

김귀화(1994), 『국어의 격 연구』, 한국문화사.

김민국(2013), 「부사격 조사 '로서' 주어에 대한 연구」, 『한국어학』 60, 111-142.

김민국(2016), 『한국어 주어의 격표지 연구』, 연세대학교 박사학위 논문.

김영주(1995), 「주어 탈락 현상의 언어간 비교와 이론적 모색」, 『한글 및 한국어정보처리』 264-280.

김영희(1974), 「한국어 조사류어의 연구: 분포와 기능을 중심으로」, 『문법연구』 1, 271-311.

김용범(2004), 「초점과 주제의 음성학적 관련성」, 『언어와 정보』 8(1), 27-52.

김용하(2014), 『한국어 조사의 분포와 통합체계』, 경진출판.

김일규(2016), 「한국어에 서술절이 존재하는가?」, 『언어와 정보』 20(3), 27-40.

김정남(2005), 『한국어 형용사의 연구』, 역락.

김지은(1998), 『우리말 양태용언 구문 연구』, 한국문화사.

김창섭(1997), 「'하다' 동사 형성의 몇 문제」, 『관악어문연구』 22, 247-267.

김창섭(2005), 「소구(小句)의 설정을 위하여」, 『우리말 연구 서른아홉 마당』, 태학사, 109-127.

김천학(2012), 「소유 관계와 소유 구성」, 『한국어 의미학』 39, 125-148.

김충실(2010), 「한중목적어 구문의 어순대조」, 『언어와 문화』 6-1, (강은국 외(2015), 『한국 언어학 연구와 한국어 교육』에 재수록, 도서출판 하우, 384-399).

남경완(2017), 「국어 전통문법에서의 관형사 범주 설정」, 『한국어학』 74, 25-52.

남기심(1986), 「'서술절'의 설정은 타당한가?」, 『국어학신연구 1』(유목상 편), 탑출판사, 191-198.

남기심·고영근(1985), 「표준 국어 문법론」, 탑출판사.

남기심·고영근(1993/2009), 『표준 국어문법론』(개정판), 탑출판사.

남승호(2000), 「한국어 이동동사의 논항구조와 사건구조」, 『의미구조의 표상과 실현』, 소화, 229-281.

남승호(2009), 「기점과 착점 논항의 통사: 의미 구조에 대한 유형론적 연구」, 『언어』 34(3), 473-528.

노마 히데키(1996), 「한국어 문장의 계층 구조」, 『언어학』 19, 133-180.

노마 히데키(2002), 『한국어 어휘와 문법의 상관구조』, 태학사.

노용균(1989), "Existential Quantification of Experiencer: Person Constraint on Emotion Verbs and Zero Anaphora", Harvard Studies in Korean Linguistics III, Harvard University.

리근영(1985), 『조선어리론문법』, 과학, 백과사전출판사, 탑출판사에서 북한자료 총서로 영인.

멜축(Mel'čuk, I.)(2015), "'Multiple Subjects' and 'Multiple Direct Objects' in Korean", *Language Research* (어학연구) 51(3), 서울대학교 언어교육원, 485-516.

목정수(1989), 「불어의 영형관사 연구: 심리역학론적 관점을 중심으로」, 서울대 언어학과 석사학위논문.

목정수(1991), 「현대불어의 새로운 영형관사를 찾아서: 접합 층위의 'V + N' 구성을 중심으로」, 『언어연구』 4, 59-86.

목정수(1998), 「한국어 격조사와 특수조사의 지위와 그 의미: 유형론적 접근」, 『언어학』 23, 47-78.

목정수(1998a), 「기능동사 '이다' 구성의 쟁점」, 『언어학』 22, 245-290.

목정수(1998b), 「격조사 교체 현상에 대한 통사·의미적 논의의 재검토: 조사류의 새로운 질서를 토대로」, 『언어정보』 2, 27-81.

목정수(1999), 「정감적 의미와 형태 분석: 청자지시 요소 {아}의 분석을 위하여」, 『한국어학』 10, 91-117.

목정수(2000), 「선어말어미의 문법적 지위 정립을 위한 형태·통사적 고찰: {었}, {겠}, {더}를 중심으로」, 『언어학』 26, 137-165.

목정수(2002), 「한국어 관형사와 형용사 범주에 대한 연구: 체계적 품사론을 위하여」, 『언어학』 31, 71-99.

목정수(2002a), 「숨겨진 (보)조동사를 찾아서: '의무'의 '(어)야-'를 중심으로」, 『형태론』 4(2), 215-237.

목정수(2003), 『한국어 문법론: 비교론적 시각에서 본 조사와 어미의 형태·통사론』, 월인.

목정수(2003a), 「한국어-불어 대조 번역을 통한 구문 분석 시론: 종결어미의 인칭 정보를 중심으로」, 『불어불문학연구』 55(2), 719-758.

목정수(2004), 「기술동사와 주관동사 앞의 '가형 성분'의 통사적 기능: 단일주어설 정립을 위하여」, 『어문연구』 124, 37-62.

목정수(2005), 「국어 이중 주어 구문의 새로운 해석」, 『언어학』 41, 75-99.

목정수(2006), A Continuity of Adjectives in Korean: from a prototypical perspective, 『언어학』 45, 87-111.

목정수(2007), 「'이다'를 기능동사로 분석해야 하는 이유 몇 가지」, 『어문연구』 136, 7-27.

목정수(2007a), 「형태론과 통사론 사이에: 통사론적 단위 설정을 중심으로」, 『한국어학』 37, 127-147.

목정수(2008), 「일본어 형용사와 형용동사의 유형론적 함의: 한국어 형용사 어근 등의 품사 분류와 관련하여」, 『언어연구』 25(3), 23-37.

목정수(2009), 『한국어, 문법 그리고 사유』, 태학사.

목정수(2009a), 「한국어학에서의 소쉬르 수용의 문제: 기욤을 매개로」, 『언어학』 53, 27-53.

목정수(2009b), 「한국어 명사성 형용사의 설정 문제」, 『국어교육』 128, 387-418.

목정수(2009c), 「수상한 수식 구조에 대하여」, 『어문논집』 40, 5-38.

목정수(2010), 「계사 유형론의 관점에서 본 한국어 '(시적)이다/(유명)하다'의 정체」, 『시학과 언어학』 19, 99-125.

목정수(2011), 「한국어 '명사성 형용사' 단어 부류의 정립: 그 유형론과 부사 파생」, 『언어학』 61, 131-159.

목정수(2011a), 「한국어 구어 문법의 정립: 구어와 문어의 통합 문법을 지향하며」, 『우리말글』 28, 57-98.

목정수(2013), 『한국어, 보편과 특수 사이』, 태학사.

목정수(2013a), 「선어말어미 '-시-'의 기능과 주어 존대」, 『국어학』 67, 국어학회, 63-105.

목정수(2013b), 「한국어 방향격 표시의 세분화 기제: 보조동사 '-(어)가다/오다'를 중심으로」, 『한국문화』 63, 161-188.

목정수(2013c), 「한국어의 핵심을 꿰뚫어 본 교육 문법서: Yeon & Brown (2011), Korean: A Comprehensive Grammar를 중심으로」, 『형태론』 16(1), 55-81.

목정수(2013d), 「한국어의 진짜주어 찾기 가짜주어 가려내기」, 『한국언어학회 2013년 가을학술대회 논문집』, 105-124.

목정수(2014), 『한국어, 그 인칭의 비밀』, 태학사.

목정수(2014a), 「허웅 선생의 일반언어학 이론: 그 성과와 한계, 그리고 계승을 위한 제언」,『허웅 선생 학문 새롭게 보기』(권재일 엮음), 박이정, 33-82.

목정수(2014b), 「한국어 서술절 비판: 통사 단위 설정을 중심으로」,『현대문법연구』76, 101-124.

목정수(2014c), 「언어유형론과 국어학: 그 빛과 그늘」,『언어유형론 연구』1(1), 1-34.

목정수(2014d), 「통사론에서의 융합의 몇 가지 유형: 조사와 종결어미의 분류를 중심으로」,『제58회 국어국문학회 전국학술대회: 21세기 국어국문학의 창조적 융합과 발전』, 105-124.

목정수(2015), 『목정수 교수의 색다른 한국어 문법 강의』, 한국문화사.

목정수(2015a), 「알타이제어의 구문 유형론적 친연성 연구: 한국어의 타동 구문을 중심으로」,『한글』307, 75-124.

목정수(2015b), 「한국어 통사론에서의 융합의 길: 조사와 어미의 신질서를 찾아서」, 『국어국문학』170, 71-115.

목정수(2016), 「유형론과 정신역학론의 관점에서 본 한국어 서법과 양태」,『한국어학』171, 55-108.

목정수(2016a), 「한국어의 진성 주어를 찾아서」,『어문연구』44(3) 171호, 7-46.

목정수(2016b), 「비인칭 구문의 유형론」,『사단법인 한국언어학회 창립 60주년 기념 여름학술대회: 한국의 언어학, 현재의 관점에서 미래를 전망하다』, 193-215.

목정수(2017), 「자동성 기능동사 구문과 논항의 격 실현 양상: 여격 주어설 비판을 위하여」,『한민족어문학』76, 105-142.

목정수(2017a), 「높임말을 다시 생각한다: 이른바 '사물 존대' 현상에 대한 상념」, 『새국어생활』27(1), 31-50.

목정수(2018a), 「서술절 설정에 대한 재론: '서술절 개념 비판에서 '쪼개진 목적어' 유형 정립까지」,『국어학』87, 39-83.

목정수(2018b), 「한국어 품사 체계의 몇 가지 문제: 통사 단위 설정을 토대로」, 『송철의 선생 퇴임기념논총』, 325-380.

목정수(2022a), 「국어학 문법 용어에 대한 지식고고학적 탐사: 국어학과 일반언어학의 대화」,『어문연구』193, 5-48.

목정수(2022b), 「유형론과 한국어 연구의 상관관계: 한국어 구문 유형론에서 경계해야 할 것들」,『국어학』101, 383-437.

목정수·문경진(2020), 「한국어 인칭 구조 보론: 이선웅(2019)의 비판에 대한 반박」, 『형태론』 22-2, 149-184.

목정수·연재훈(2000), 「상징부사(의성·의태어)의 서술성과 기능동사」, 『한국어학』 12, 89-118.

목정수·이상희(2016), 「문두 여격어 구문의 정체: 여격주어 설정은 타당한가?」, 『형태론』 18(2), 217-241.

목정수·조서희(2021), 「이중 주어 구문 새로 보기: 기본문형 설정과 관련하여」, 『국어국문학』 196, 5-48.

몽토(Montaut, A.)(1991), "Constructions objectives, subjectives et déterminatives en hindi/urdu: où les paramètres sémantiques croisent les paramètres discursifs", *LINX* 24, Université Paris X – Nanterre, 111-132.

문창학·목정수(2015), 「일한 '이중 주어 구문'에 대한 대조 연구」, 『日本學研究』 45, 349-368.

박석준(2011), 「여격어를 존대하는 것처럼 보이는 '-시-' 문장의 통사 구조」, 『한국어 통사론의 전망』, 394-411.

박소영(2019), 「한국어 문법 연구와 통사 이론: 종결어미 결합형 접속어미 새로 보기」, 『537돌 한글날·한글학회 창립 111돌 기념 전국 국어학 학술대회 발표 자료집』, 131-169.

박양규(1975), 「所有와 所在」, 『국어학』 3, 93-117.

박용배(2015), 「동사 '나다'의 선행명사 분석 -서술성 판별을 중심으로」, 『형태론』 17(1), 42-68.

박용배(2016), 『'나다' 기능동사 구문의 통사와 의미』, 서울시립대학교 박사학위 논문.

박재연(2004), 『한국어 양태 어미 연구』, 서울대학교 박사학위 논문.

박재희(2012), 「여격 주어 구문의 갈래와 형성」, 『어문론총』 56, 42-70.

박진호(1994), 「통사적 결합 관계와 논항구조」, 『국어연구』 123.

박진호(2012), 「의미지도를 이용한 한국어 어휘 요소와 문법 요소의 의미 기술」, 『국어학』 63, 459-519.

박진호(2014), 「언어유형론의 관점에서 본 한국어의 문법적 특징: 지역유형론에 초점을 맞추어」, 『언어유형론 연구』 1(1), 36-62.

박진호(2016), 「속격에서 주격으로」, 『한국사전학회·한국언어유형론학회 2016 여름 학술대회 언어적 다양성과 다문화시대의 사전』, 95-108.

박진호(2017), 「한·중·일 세 언어의 존재구문에 대한 대조 분석: 언어유형론의 관점에서」, 『언어와 정보 사회』 30, 311-340.

박철우(2003), 『한국어 정보구조에서의 화제와 초점』, 역락.

박철우(2014), 「한국어에는 주어가 없는가」, 『현대문법연구』 76, 149-172.

박철우·김종명(2005), 「한국어 용언사전 기술을 위한 의미역 설정의 기본문제들」, 『어학연구』 41(3), 서울대학교 어학연구소, 543-567.

박형달(1973), 「현대 국어 동사의 동작참여요소의 통사론: 기능통사론 시론」, 『어학연구』 9(2), 183-197.

박형달(1976), 「현대한국어의 보조동사의 연구-기능적 언어분석의 시론-」, 『언어학』 1, 43-72.

박형달(1996), 『이론언어학의 비교 연구』, 서울대학교출판부.

백봉자(2006), 『외국어로서의 한국어 문법 사전』, 하우.

백은희(2023), 『세계 언어 속의 중국어: 언어유형론적 관점에서 본 중국어의 좌표』, 한국문화사.

백춘범(1992), 『단어결합과 어울림연구』, 사회과학출판사, 한국문화사에서 영인.

변광수 편저(2003), 『세계 주요 언어』, 도서출판 역락.

서울대학교 국어연구회 편(1990), 『국어연구 어디까지 왔나』, 동아출판사.

서정수(1994), 『국어 문법』, 뿌리깊은나무.

서정수(1996), 『현대 한국어 문법 연구의 개관』(개정판), 한국문화사.

서태룡(2000), 「국어형태론에 기초한 통사론을 위하여」, 『국어학』 35, 국어학회, 251-285.

서태룡(2006), 「국어 품사 통용은 이제 그만」, 『이병근 선생 퇴임 기념 국어학논총』, 태학사, 359-389.

선우용(1994), 「국어조사 '이/가', '을/를'에 대한 연구: 그 특수조사적 성격을 중심으로」, 『국어연구』 124.

손호민(2008), 「한국어의 유형적 특징」, 『한글』 282, 61-95.

송경안·이기갑 외(2008), 『언어유형론: 격 / 부치사 / 재귀구문 / 접속표현』, 월인.

송재목(2014), 「증거성과 인칭의 상호작용: 비동일주어제약과 1인칭효과를 중심으로」, 『(사)한국언어학회 겨울학술대회 발표논문집』, 117-126.

시정곤(1994), 「'X를 하다'와 'X하다'의 상관성」, 『국어학』 24, 231-258.

신서인(2006), 『구문 분석 말뭉치를 이용한 한국어 문형 연구』, 서울대학교 박사학위 논문.

신선경(2002), 『'있다'의 어휘 의미와 통사』, 태학사.

심유경(2015), 「한국어 문두 여격어 연구」, 이화여자대학교 석사학위 논문.

아사리 마코토(浅利誠) (2008), 『일본어와 일본사상: 일본어를 통해 본 일본인의 사고』 (박양순 옮김), 한울.

안명철(2001), 「이중 주어구문과 구-동사」, 『국어학』 38, 181-207.

안명철(2003), 「주어존대법과 구동사 구문」, 『우리말글』 29, 129-154.

안명철(2011), 「주격 중출 구문과 귀속역」, 『어문연구』 152, 81-111.

안희돈(1991), *Light verbs, VP-movement, Negation and Clausal Architecture in Korean and English*, Ph.D. 위스콘신대학 박사학위논문.

양수경·김건희(2022), 「〈조선어문장성분론〉의 맞물린성분에 대하여」, 『한글』 338, 1191-1230.

양인석(1972), *Korean Syntax : Case Markers, Delimiters, Complementation, and Relativization*, 백합사.

엄홍준(2010), 「구조격 조사도 핵인가: 임동훈(1991, 2008)을 중심으로」, 『시학과 언어학』 19. 127-143.

엄홍준(2014), 「예외적 격 표시 구문을 다시 생각함」, 『현대문법연구』 76, 219-231.

엄홍준·김용하(2009), 「주어 인상 구문과 예외적 겨표시 구문에 대한 비교언어학적 고찰」, 『언어』 34(3), 583-602.

연재훈(1989), 「국어의 중립동사 구문에 대한 연구」, 『한글』 203, 165-188.

연재훈(1996), 「국어 여격주어 구문에 대한 범언어적 관점의 연구」, 『국어학』 28, 241-275.

연재훈(1997), 「타동성의 정의를 위한 원형이론적 접근」, 『언어』 22(1), 107-132.

연재훈(2003), *Korean Grammatical Constructions: their form and meaning*, Saffron Books, London.

연재훈(2008), 「한국어에 능격성이 존재하는가: 능격의 개념과 그 오용」, 『한글』 282, 124-154.

연재훈(2011), 『한국어 구문 유형론』, 태학사.

연재훈(2021), 『언어유형론 강의』, 한국문화사.

오충연(2019), 「대용술어와 국어의 구문구조: '그리하-/그러하-'의 대용 범위를 중심으로」, 『국어학』 90, 111-138.

우순조(1995), 「내포문과 평가구문」, 『국어학』 26, 59-98.

우순조(1997), 「국어 어미의 통사적 지위」, 『국어학』 30, 225-256.

우순조(2022), 「교착과 단어」, 『한글』 338, 1153-1189.

우형식(1998), 『국어 동사 구문의 분석』, 태학사.

유민호(2008), 「여격 조사의 형성과 변천」, 고려대학교 석사학위 논문.

유하라(2005), 『현대국어 조사의 배열 양상』, 성균관대학교 박사학위 논문.

유현경(1997), 「심리형용사 구문에 대한 연구」, 『외국어로서의 한국어교육』 22, 연세대학교 한국어학당, 87-119.

유현경(2005), 「형용사 구문의 주어에 대한 연구」, 『배달말』 37, 177-211.

유현경(2013), 「'있다'의 품사론」, 『어문론총』 59, 187-210.

이관규(2004), 『(개정판) 학교 문법론』, 월인.

이기갑(2014), 「한국어의 고쳐 말하기(Repair)와 격 중출 구문」, 『국어학』 72.

이남순(1988), 『국어의 부정격과 격표지 생략』, 탑출판사.

이남순(1998), 『격과 격표지』, 월인.

이병규(2009), 『한국어 술어명사문 문법』, 한국문화사.

이선웅(2005), 『국어 명사의 논항구조 연구』, 월인.

이선웅(2008), 「국어 명사구의 유형에 대하여」, 『어문연구』 56, 33-59.

이선웅(2012), 『한국어 문법론의 개념어 연구』, 월인.

이선웅(2015), 「통사 단위 '절'에 대하여」, 『배달말』 56, 77-104.

이성우(2019), 「중세 한국어의 '있다' 구문 연구」, 한양대학교 박사학위 논문.

이영민(1999), 「처격 주어 연구」, 『서강어문』 15, 5-27.

이윤미(2013), 「한국어의 비주격 주어에 대한 연구」, 연세대학교 석사학위 논문.

이익섭·이상억·채완(1997), 『한국의 언어』, 신구문화사.

이익환·이민행(2005), 『심리동사의 의미론』, 역락.

이정민(1976), "Cases for psychological verbs in Korea", 『언어』 1-1, 61-73.

이정복(2006), 「국어 경어법에 대한 사회언어학적 접근」, 『국어학』 47, 407-448.

이정복(2006), 「상황 주체 높임 '-시-'의 확산과 배경」, 『언어과학연구』 55, 217-246.

이춘숙·노용균(1998), 「한국어 영형 대명사의 식별 알고리듬」, 『한글 및 한국어정보처리』, 353-357.

이필영(2005), 「인용구문의 의미 특성 연구」, 『언어』 30(3), 479-493.

이현희(1986), 「중세국어 내적 화법의 성격」, 『한신논문집』(한신대학교) 3, 191-227.

이현희(1994), 『중세국어 구문연구』, 신구문화사.

이호승(2003), 『국어 복합서술어 연구: [명사+조사+동사] 구성의 경우』, 서울대학교 박사학위 논문.

이호승(2007), 「복합서술어의 특성과 범위」, 『어문연구』 55, 51-72.

이홍식(1996), 『국어 문장의 주성분 연구』, 서울대학교 박사학위 논문.

이홍식(2014), 「주어에 관련된 몇 문제에 대하여」, 『어문연구』 42(4) 164호, 7-34.

임근석(2012), 「유형론적 관점의 한국어 소유 서술구문 연구를 위한 기초적 논의」, 『우리말글』 55, 45-76.

임근석(2016), 「한국어 소유 서술구문의 유형과 분포」, 『한국어학』 70, 155-184.

임동훈(1991), 「격조사는 핵인가」, 『주시경학보』 8, 119-129.

임동훈(1997), 「이중 주어문의 통사 구조」, 『한국문화』 19, 31-66.

임동훈(2000), 『한국어 어미 '-시-'의 문법』, 태학사.

임동훈(2004), 「한국어 조사의 하위 부류와 결합 유형」, 『국어학』 43, 119-154.

임동훈(2008), 「다시 격조사는 핵이다」, 『형태론』 10(2), 287-297.

임동훈(2011), 「한국어의 문장 유형과 용법」, 『국어학』 60, 323-359.

임동훈(2012), 「은/는과 종횡의 의미 관계」, 『국어학』 64, 217-271.

임동훈(2015), 「보조사의 의미론」, 『국어학』 73, 335-373.

임동훈(2022), 「서술어에 절이 오는 이유」, 『국어학』 102, 37-60.

임홍빈(1972), 「국어의 주제화 연구」, 『국어연구』 28.

임홍빈(1974), 「주격 중출론을 찾아서」, 『문법연구』 1, 111-148.

임홍빈(1997), 「국어 굴절의 원리적 성격과 재구조화: '교착소'와 '교착법'의 설정을 제안하며」, 『관악어문연구』 22, 93-163.

임홍빈(1998), 『국어문법의 심층 1: 문장 범주와 굴절』, 태학사.

임홍빈(1998), 『국어문법의 심층 2:』, 태학사.

임홍빈(1998), 『국어문법의 심층 3:』, 태학사.

임홍빈(2006), 「예외적 격표시 구문은 존재하는가」, 『관악어문연구』 31, 95-155.

임홍빈(2007), 『한국어의 주제와 통사 분석: 주제 개념의 새로운 전개』, 서울대학교출판부.

장경희(1985), 『현대국어의 양태범주연구』, 탑출판사.

장경희(1995), 「국어의 양태범주의 설정과 그 체계」, 『언어』 20(3), 191-205.

장석진 외(1986), 『영문법개론(II): 생성문법』, 신아사.

장소원(2011), 「한국어 문법론」, 『서울대학교 온라인 한국어교원 양성과정』, 서울대학교 평생교육원, 언어교육원, 한국어문학연구소, 국어교육연구소, 46-112.

전경자(1990), 「한국어에서의 한정성 효과」, 『언어연구』 1, 27-39.

전성기(1983), 「Gustave Guillaume의 언어학 이론」, 『한글』 182, 145-172.

전성기(2002), 『의미 번역 문법』, 고려대학교 출판부.

전성기(2003), 「번역과 이중어사전」, 『한국사전학』 1, 57-86.

전성기(2016), 『어린 왕자의 번역문법: 문법·작품·번역의 회통적 탐구』, 고려대학교출판문화원.

전영철(2000), 「한국어 존재문의 구성」, 『언어학』 27, 261-280.

전영철(2005), 「한국어의 대조초점」, 『언어학』 43, 215-237.

전영철(2006), 「대조 화제와 대조 초점의 표지 '는'」, 『한글』 274, 171-200.

전영철(2009), 「'이/가' 주제설에 대하여」, 『담화와인지』 16(3), 217-238.

전영철(2013a), 『한국어 명사구의 의미론: 한정성/특정성, 총칭성, 복수성』, 서울대학교출판문화원.

전영철(2013b), 「한국어의 제언문/정언문 구별과 정보구조」, 『국어학』 68, 99-133.

전태현·목정수(2005), 「인도네시아어 피동 구문 연구: 대조 유형론적 관점에서」, 『이중언어학』 27, 161-184.

정연주(2011), 「형용사의 경험주 논항 처리 방안」, 『한국사전학』 17, 209-238.

정연주(2015), 『'하다'의 기능에 대한 구문 기반 연구』, 고려대학교 박사학위 논문.

정인상(1990), 「주어」, 『국어연구 어디까지 왔나』, 동아출판사, 241-247.

정하경(2013), 「The development of oblique subjects in (North) Russian」, 『(사)한국언어학회 2013년 여름학술대회 발표논문집』, 67-80.

정해권(2020ㄱ), 「한국어 자향성에 대한 탐색적 연구」, 『언어』 45-2, 351-372.

정해권(2020ㄴ), 「한국어 주변적 피동에 대한 재검토: '속이-, 빼앗기-' 등을 중심으로」, 『형태론』 22-2, 312-333.

정해권·정경아(2021), 「한국어 종결어미 '-다'의 자향성 분석」, 『국어학』 99, 107-135.

조서희·목정수(2022), 「심리 형용사 구문의 NP2 성분의 처리 문제: 학교문법의 틀에서」, 『한글』 83-2, 335-373.

조의성(1997), 「현대한국어의 단어결합에 대하여」, 『조선학보』 163.

조의성(2001), 「북한 단어결합론과 옛 소련 단어결합론 -60 문법을 중심으로-」, 『국어학』 38, 305-327.

채숙희(2013), 『현대 한국어 인용구문 연구』, 국어학총서 68, 태학사.

채희락(1996), 「"하-"의 특성과 경술어구문」, 『어학연구』 32(3), 409-476.

채희락(2007), 「접어와 한국어 품사 분류: 품사 재정립 및 띄어쓰기 재고」, 『언어』 32(4), 803-826.

최기용(1998), 「'있-'의 범주, 논항 구조 그리고 능격성」, 『국어학』 32, 107-134.

최성호(2009), 「한국어 '교착' 현상에 대한 연구: 러시아어 굴절과 비교하여」, 『언어학』 55, 169-195.

최성호(2012), 「형태론에서의 교착현상 연구: 문법범주 설정의 문제와 관련하여」, 『인문학지』 44, 충북대학교 인문학연구소, 237-259.

최성호(2013), 「교착 통사론: 생략과 부가」, 『언어학』 65, 3-37.

최용호(2008), 「『일반언어학 노트』와 소쉬르의 언어기호학 사상: 인지주의 혹은 반인지주의?」, 『불어불문학연구』 76, 469-506.

최윤지(2016), 『한국어 정보구조 연구』, 서울대학교 박사학위 논문.

최현배(1937/1983), 『우리말본』, 정음문화사.

최형강(2012), 「연어의 논항과 의미역 '명사+부리다' 연어 구성을 중심으로」, 『언어학』 57, 357-382.

학여회(2009), 『학여와 함께하는 국어학』, 태학사.

한정한(2003), 「격조사는 핵이 아니다」, 『한글』 260, 149-182.

한정한(2013), 「명사 논항의 자릿수와 이중 주어 구문의 주어」, 『한국어학』 61, 369-402.

허웅(1963), 『언어학 개론』, 정음사.

허웅(1973), 『표준문법』, 신구문화사.

허웅(1981), 『언어학, 그 대상과 방법』, 샘문화사.

허웅(1983), 『국어학 ―우리말의 오늘·어제―』, 샘문화사.

허웅(1995), 『20세기 우리말의 형태론』, 샘문화사.

허웅(1999), 『20세기 우리말의 통어론』, 샘문화사.

홍기선(1994), "Subjecthood Tests in Korean", 『어학연구』 30(1), 서울대학교 어학연구소, 99-136.

홍기선(2014), 「한국어의 격중출구문과 담화구조」, 『언어』 39(3), 677-699.

홍사만(1989), 「現代韓國語の特殊助詞の研究 ―日本語の副助詞との比を中心に―」, 筑波大學 文藝·語學系 博士學位論文.

홍사만(2009), 「한·일어 이중주격론의 대조 분석: 三上 章설을 중심으로」, 『어문론총』 50, 33-71.

홍윤표(1969), 「15세기 국어의 격 연구」, 『국어연구』 21.

홍재성 외(1997), 『한국어 동사구문 사전』, 두산동아.

홍재성(1987), 『현대 한국어 동사 구문의 연구』, 탑출판사.

홍재성(1995), 「어휘함수에 의한 한국어 어휘기술과 사전편찬」, 『세계 속의 한국학』, 인하대학교 한국학연구소, 211-245.

홍재성(1999), 「기능동사 구문 연구의 한 시각: 어휘적 접근」, 『인문논총』 41, 서울대학교 인문학연구소, 135-173.

홍재성(1999), 「한국어의 구조: 유형론적 특성」, 『외국인을 위한 한국어 교육의 방법과 실제』, 한국방송대학교출판부, 163-187.

홍재성·박만규(2004), 「자동사적 기능동사의 통사·의미적 분석」, 『비교문화연구』
7, 경희대학교 비교문화연구소, 265-283.

히로세 유키오(広瀬幸生)·하세가와 요코(長谷川葉子)(2015), 『일본어로부터 본
일본인: 주체성의 언어학』(채성식 역), 역락.

金谷武洋(2002), 『日本語に主語はいらない』, 講談社.

金谷武洋(2006), 『主語を抹殺した男評伝三上章』, 講談社.

尾上圭介(2004), 「主語と述語をめぐる文法」朝倉日本語講座第6巻」, 『文法Ⅱ』,
朝倉書店.

角田 太作(2009), 『世界の言語と日本語 (改訂版): 言語類型論から見た日本
語』, くろしお出版.

岡智之(2013), 「「主語不要論」と「主語必要論」」, 『場所の言語学』, ひつじ書房.

菊地康人(2010a), 「日本語を教えることで見えてくる日本語の文法-「XはYがZ」
文と「YがZ」句」, 『日本語文法』10巻2号, 日本語文法学会.

菊地康人(2010b), 「日本語の2種類の「文構成原理」と「が」の文構成上の機能」,
『日本語研究の 12章』, 上野善道監修, 明治書院.

久野暲(1973), 『日本文法研究』, 大修館書店.

久野暲(1983), 『新日本文法研究』, 大修館書店.

大野晋(1978), 『日本語の文法を考える』, 岩波書店.

藤岡勝二(1908), 日本語の位置, 『国学院雑誌』 第14巻 第8, 10, 11号.

服部四郎(1958), アルタイ諸言語の構造, 『コトパの科学 1』(=『日本語の系統』),
pp. 255-274.

山崎紀美子(2003), 『日本語基礎講座-三上文法入門』, ちくま新書.

杉本武(1986), 「格助詞」, 『いわゆる日本語助詞の研究』, 凡人社.

三上章(1953)(1972復刊), 『現代語法序説-シンタクスの試みー』, くろしお出版.

三上章(1959)(1972復刊), 『続現代語法序説-主語廃止論ー』, くろしお出版.

三上章(1960), 『象は鼻が長い』, くろしお出版.

松本克己(2007), 『世界言語のなかの日本語: 日本語系統論の新たな地平』, 東

京: 三省堂. (박종후 역(2014), 『언어유형지리론과 환태평양 언어권: 유형
지리론으로 탐구하는 언어의 친족 관계』, 역락.)

松本克己, 『世界言語への視座 歴史言語学と言語類型論』, 東京: 三省堂, 2006.
(박종후 역(2016), 『역사언어학과 언어유형론』, 역락.)

柴谷方良(1978), 『日本語の分析』, 大修館書店.

柴谷方良(1985), 「主語プロトタイプ論」『日本語学』, 4–10, 明治書院.

柴谷方良・影山太郎・田守育啓(1982), 『言語の構造−理論 と分析− 意味・統語編』,
くろしお出版.

野田尚史(2002), 「単文・複文とテキスト」, 『日本語の文法4 複文と談話』, くろ
しお出版.

益岡隆志(1987), 「総主文の文法」『命題の文法』, くろしお出版.

竹林一志(2004), 『現代日本語における主部の本質と諸相』, くろしお出版.

中野 研一郎(2017), 『認知言語類型論原理:「主体化」と「客体化」の認知メカニズム』,
京都大学学術出版会(Kyoto University Press).

天野みどり(2002), 「多主格文」『文の理解と意味の創造』, 笠間書院.

草野清民(1899)(1978復刊), 「国語ノ特有セル語法−総主」, 『日本の言語学3文法 I』,
服部他(編), 大修館 書店.

八亀裕美(2008), 『日本語形容詞の記述的研究−類型論的視点から−』, 明治書院.

Aikhenvald, A. Y. & R. M. W. Dixon. (2003), *Studies in Evidentiality*,
Amsterdam: John Benjamins.

Aikhenvald, A. Y. (2004), *Evidentiality*, Oxford: Oxford University Press.

Anderson, S. R. (1985), Typological Distinctions in Word Formation,
In T. Shopen (ed.) (1985), 3–56.

Benveniste, E. (1966), *Problèmes de linguistique générale 1*, Edition
Gallimard.

Binnick, R. I. (2012), *The Oxford Handbook of TENSE and ASPECT*,
Oxford University Press.

Blake, B. J. (2004), *Case*, second edition, Cambridge University Press.

Blanchaud, P. (2013), LE SIGNIFIÉ DE PUISSANCE DU FUTUR HYPOTHÉTIQUE, *EXPOSÉ DU 29 NOVEMBRE 2013 A CADIX Xe CONGRÈS INTERNATIONAL DE LINGUISTIQUE FRANÇAISE*, RWTH Aachen, Sprachenzentrum der philosophischen.

Blanche-Benveniste, C. et al. (1984), *Pronom et Syntaxe: L'approche pronominale et son application au français*, Société d'Etudes Linguistiques et Anthropologiques de France.

Blanche-Benveniste, C. et al. (1990), *Le Français Parlé: Etudes grammaticales*, Centre National de la recherche Scientifique, Paris.

Bloomfield, L. (1933), *Language*, Holt, New York.

Bolinger, D. (1977), *Meaning and Form*, Longman.

Boone, A. et A. Joly (1996), *Dictionnaire terminologique de la systématique du langage*, L'Harmattan.

Brown, D., M. Chumakina, G. G. Corbett (2012), *Canonical Morphology and Syntax*, Oxford University Press.

Bubenik, V., J. Hewson & S. Rose (eds.) (2009), *Grammatical Change in Indo-European Languages*, John Benjamins Publishing Company.

Bybee et al. (eds.) (1994), *The Evolution of Grammar: Tense, Aspect, and Modality in the Languages of the World*, The University of Chicago Press.

Bybee, J. and S. Fleischman. (eds.) (1995), *Modality in Grammar and Discourse*, John Benjamins Publishing Company.

Chae, Heerak (2020), Korean Morphsyntax: Focusing on Clitics and Their Roles in Syntax, Routledge.

Chafe, W. (1976), "Givenness, Contrastiveness, Definiteness, Subjects, Topics, and Point of View", In C. N. Li (ed.), *Subject and Topic*, 25-55, New York: Academic Press.

Choi-Jonin (2008), "Particles and postpositions in Korean", In Kurzon & Adler (eds.) (2008), pp.133-170.

Clarke, S. et R. Sheen (1975), "Comments on Guillaume's Langue-discours in the light of Chomsky's Competence-performance dichotomy", *Grammaire générative transformationnelle et psychomécanique du langage*, Publications de l'Université de Lille III.

Comrie, B, S. Matthews and M. Polinsky (1996), *The Atlas of languages*, Facts On File, Inc.

Comrie, B. (1976), *Aspect*, Cambridge University Press.

Comrie, B. (1985), *Tense*, Cambridge University Press.

Comrie, B. (1989), *Language Universals and Linguistic Typology*, second ed., The University of Chicago Press.

Comrie, B. (2003), Recipient Person Suppletion in the verb "give", in M. R. Wise, T. N. Headland and R. M. Brend (eds.), *Language and Life: Essays in Memory of Kenneth L. Pike*, SIL International, 265-281.

Comrie, B. (2010), Japanese and the Other Languages of the World, *NINJAL Project Review* No. 1, 29-45.

Comrie, B. (ed.) (1987), *The World's Major Languages*, Croom Helm.

Corbett, G. G. et al (ed.) (1993), *Heads in grammatical theory*, Cambridge University Press.

Croft, W. (1990), *Typology and universals*, Cambridge University Press.

Croft, W. (1991), *Syntactic categories and grammatical relations: The cognitive organization of information*, Chicago IL: The University of Chicago Press.

Croft, W. (1993), "Case marking and the semantics of mental verbs", In *Semantics and the lexicon*, James Pustejovsky (ed.), Dordrecht: Kluwer, 55-72.

Croft, W. (2001), *Radical Construction Grammar: Syntactic theory in*

Typological perspective, Oxford University Press.

Curat, H. (1982), *La Locution verbale en français moderne: Essai d'expli-cation psycho-systématique*, Les Presses de l'Université Laval, Québec.

Davidse, K and B. Lamiroy (eds.) (2002), *The nominative & accusative and their counterparts*, John Benjamins Company.

Dickinson, C. (2001), "Mirativity, evidentiality and epistemics in Tsafiki (Colorado)", *Paper at the International Workshop on Evidentiality*, RCLT, La Trobe University, August.

Dixon, R. M. W. (1994), *Ergativity*, Cambridge University Press.

Dixon, R. M. W. (2010a), *Basic Linguistic Theory Vol. 1: Methodology*, Oxford University Press.

Dixon, R. M. W. (2010b), *Basic Linguistic Theory Vol. 2: Grammatical Topics*, Oxford University Press.

Dixon, R. M. W. and A. Y. Aikhenvald (eds.) (2000), *Changing va-lency: Case studies in transitivity*, Cambridge University Press.

Douay, C. and D. Roulland. (1990), *Vocabulaire technique de la psy-chomécanique du langage*, Presses Universitaires de Rennes 2 et Laboratoire du CERLICO.

Dryer, Matthew S. and Haspelmath, Martin (eds.) (2013), *The World Atlas of Language Structures Online*. Leipzig: Max Planck Institute for Evolutionary Anthropology.

Eriksen, P. K., S. Kittilä, & L. Kolehmainen (2012), Weather and lan-guage, *Language and Linguistics Compass* 6(6), 383-402.

Eriksen, P., S. Kittila and L. Kolehmainen (2010), The linguistics of weather: Cross-linguistic patterns of meteorological expressions, *Studies in Language* 34:3, 565-601.

Féry, C. & S. Ishihara (eds.) (2016), *The Oxford Handbook of INFORMATION STRUCTURE*, Oxford University Press.

Garry, J. & C. Rubino (eds.) (2001), *Facts about the World's Languages*, A new England Publishing Associates Book.

Gerdts, K. & Youn, C. (1990), "Non-nominative Subjects in Korean", In Kuno et al. (eds.), *Harvard Studies in Korean Linguistics III: Proceedings of the 1989 Workshop on Korean Linguistics*, Hanshin Publishing Company, 235-248.

Givon, T. (1984), *Syntax: A Functional-Typological Introduction*, vol. 1 & 2, Amsterdam: J. Benjamin.

Greenberg, J. H. (1963), "Some universals of grammar with particular reference to the order of meaningful elements", *Universals of Language*, 73-113.

Greenberg, J. H. (ed.) (1978), *Universals of Language*, second ed., The MIT Press.

Gross, M. (1975), *Méthode en syntaxe*, Paris: Hermann.

Guillaume, G. (1919), *Le problème de l'article et sa solution dans la langue française*, Paris, Hachette.

Guillaume, G. (1929), *Temps et Verbe. Théorie des aspects, des modes et des temps*, Champion.

Guillaume, G. (1933), "Immanence et transcendance dans la catégorie du verbe: Esquisse d'une théorie psychologique de l'aspect", *Langage et science du langage*. 46-58.

Guillaume, G. (1945), *Architectonique du temps dans les langues classiques*, Copenhagen: Munsksgard.

Guillaume, G. (1964), *Langage et science du langage*, Librairie A.-G. Nizet & Presses de l'Université Laval.

Guillaume, G. (1971), *Leçons de linguistique 1948-1949. Série B, Psychosystématique du langage: Principes, méthodes et applications (I)*, Québec, Presses de l'Université Laval et Lille; Paris, Klincksieck.

Guillaume, G. (1973), *Principes de linguistique théorique de Gustave Guillaume*, Les Presses de l'Université Laval et Librairie C. Klincksieck.

Guillaume, G. (1974), *Leçons de linguistique 1949–1950*, Série A, Structure sémiologique et structure psychique de la langue française II, publiées par R. Valin, Québec: Presses de l'Université Laval et Paris, Klincksieck.

Guillaume, G. (1984), *Foundations for a Science of language*, John Benjamins Publishing Company.

Guillaume, G. (1987), *Leçons de linguistique 1947–1948*, Grammaire particulière du français et grammaire générale III, publiées par R. Valin, Walter Hirtle et André Joly, Québec: Presses de l'Université Laval et Lille, Presses universitaires de Lille.

Guillaume, G. (1997), *Leçons de linguistique 1951–1952*, Série A. Psychosystématique du langage, Principes, méthodes et applications (IV), Québec: Presses de l'Université Laval et Lille; Paris: Klincksieck.

Guillaume, G. (2003), *Essais et mémoires de Gustave Guillaume*, vol. 1. Prolégomènes à la linguistique structurale I, Québec: Presses de l'Université Laval.

Guillaume, G. (2004), *Essais et mémoires de Gustave Guillaume*, vol. 2. Prolégomènes à la linguistique structurale II. Discussion et continuation psychomécanique de la théorie saussurienne de la diachronie et la synchronie, Québec: Presses de l'Université Laval.

Guillaume, G. (2007), *Essai de mécanique intuitionnelle: espace et temps en pensée et dans les structures de langues*, Québec: Presses de l'Université Laval.

Hagège, C. (2010), *Adpositions*, Oxford University Press.

Hall, E. T. (1976), *Beyond Culture*, Anchor Books Editions.

Harris, Zellig. (1965), "Transformational Theory", *Language* 41:3, 363–401.

Haspelmath, M. (2003), "The geometry of grammatical meaning: Semantic maps and cross–linguistic comparison", In Michael Tomasello (ed.), *The new psychology of language, vol. 2*, Lawrence Erlbaum, pp. 211–242.

Haspelmath, M. (2010a), "Comparative concepts and descriptive categories in cross–linguistic studies", *Language* 86–3, pp. 663–687.

Haspelmath, M. (2010b), "The interplay between comparative concepts and descriptive categories (Reply to Newmeyer)", *Language* 86–3, pp. 696–699.

Haspelmath, M. et al. (eds.) (2005), *The World Atlas of Language Structure*, Oxford University Press.

Haspelmath, Martin, E. König, W. Oesterreicher and W. Raible (eds.) (2001), *Language typology and language universals: An international handbook, vol. 2*, de Gruyter.

Hawkins, J. A. (1983), *Word order universals*, Academic Press.

Hewson, J. & V. Bubenik (1997), *Tense and aspect in Indo–European: Theory, typology, and diachrony*, Amsterdam: Benjamins.

Hewson, J. & V. Bubenik (2006), *From case to adposition: the development of configurational syntax in Indo–European languages*, John Benjamins Publishing Company.

Hewson, J. (1972), *Article and Noun in English*, The Hague, Mouton.

Hewson, J. (1981), "La notion de ≪règle≫ en linguistique", *Modèles linguistiques 3*, Presses Universitaires de Lille.

Hewson, J. (1997), *The Cognitive System of the French Verb*, John Benjamins Publishing Company, Amsterdam/Philadelphia.

Hewson, J. (2012), "Tense", *The Oxford Handbook of TENSE and ASPECT*, Oxford University Press. 507–535.

Hinds, J. (1985), *Situation-focused vs. person-focused*, Kuroshio Publishing.

Hirtle, W. (1973), "Structure du mot et structure syntaxique", *Grammaire générative Transformationnelles et Psychomécaniques du Langage*, Publication de l'Université de Lille.

Hirtle, W. (1975), *Time, Aspect and the Verb*, Cahiers de psychomécanique du langage, Québec, Presses de l'Université Laval.

Hirtle, W. (1982), *Number and Inner Space*, Presses de l'Université Laval.

Hirtle, W. (1994), "Syntax: Autonomous or Meaning Motivated?", *Canadian Journal of Linguistics/Revue canadienne de linguistique* 39(2), 95-111

Hirtle, W. (1996), "Aspect, Tense and The Missing Link", *Kalimat Al-Balamand Numéro 3: Linguistique*, University of Balamand. 51-64

Hirtle, W. (2007a), *Language in the Mind, An Introduction to Guillaume's Theory*, McGill-Queen's University Press.

Hirtle, W. (2007b), *Lessons on the English Verb: No Expression without Representation*, McGill-Queen's University Press.

Hirtle, W. (2009), *Lessons on the Noun Phrase in English*, McGill-Queen's University Press.

Holt, J. (1943), *Etude d'aspect*, Acta ZJutlandica 15(2).

Hopper, P. & S. Thompson. (1980), Transitivity in Grammar and Discourse, *Language* 56:2, 251-299.

Jacobsen, Wesley M. (2018), Argument Structure in a Pro-drop Language: the Case of Japanese, 서강대학교 언어정보연구소 7월 월례발표회 발표자료. [2018년 7월 9일(월) 오후 3시~4시, 서강대학교 정하상관 602호(J602호)]

Jespersen, O. (1924), *The Philosophy of Grammar*, Allen and Unwin LTD.

Joly, A. & D. O'kelly (1990), *Grammaire Systématique de l'anglais*,

Nathan.

Joly, A. (1973), Sur le système de la personne, *Revue des Langues Romanes LXXXX, fasc. 1.*

Joly, A. (1994), Eléments pour une théorie générale de la personne, *Faits de Langues*, numéro 3, 45–54.

Joly, A. (éd.) (1988), *La linguistique génétique: Histoire et Théories*, Lille, P.U.L.

Joly, A. et D. Roulland (1981), "Pour une approche psychomécanique de l'énonciation", *Langage et psychomécanique du langage Pour Roch Valin*, d. par A. Joly et W. Hirtle, Presses de l'Université de Lille, Presses de l'Université Laval.

Jung, Hakyung (2009), "Possessive subjects, nominalization, and ergativity in North Russian", Bubenik et al. (eds.) (2009), *Grammatical Change in Indo-European Languages*, John Benjamins Publishing Company, pp.207–220.

Katzner, K. (1975), *The Languages of the World*, Routledge & Kegan Paul, London.

Keenan, E. L. (1976), "Towards a Universal Definition of 'Subject'", In C. N. Li (ed.). *Subject and Topic*, 303–333, New York: Academic Press.

Kibrik, A. E. (2001), "Subject-oriented vs. Subjectless Languages", In M. Haspelmath, E. König, W. Oesterreicher and W. Raible (eds.). *Language Typology and Language Universals -An International Handbook*, 1413–1423, Berlin: Walter de Gruyter.

Kim, Kyumin. (2017), Non-oblique syntax for a dative experiencer in Korean, *Linguistic Research* 34(1), 77–106.

Kittilä, S. (2006), The anomaly of the verb 'give' explained by its high (formal and semantic) transitivity, *Linguistics* 44: 569–612.

Kittila, Seppo. (2002a), *Transitivity: Towards a comprehensive typol-*

ogy, Turku: Abo Akademis Tryckeri.

Kittila, Seppo. (2002b), "Remarks on the basic transitive sentence", *Language Sciences* 24(2): 107−130.

Koizumi, M. (2008), "Nominative Object", *The Oxford Handbook of Japanese Linguistics*, Miyagawa & Saito (eds.), Oxford University Press, pp.141−164.

Kurzon, D. & S. Adler (eds.) (2008), *Adpositions: pragmatic, semantic and syntactic perspectives*, John Benjamains Publishing Company.

Levin, B. & Rappaport, H., (2005), *Argument Realization*, Cambridge University Press.

Li, C. N. (ed.) (1976), *Subject and Topic*, New York: Academic Press.

Li, C. N. and S. A. Thompson (1976), "Subject and Topic: A New Typology of Language", In C. N. Li (ed.), *Subject and Topic*, Academic Press, 457−489.

Lim, Joon−Seo (1996), Verbe Support (Vsup) et Nom Prédicatif (Npréd) en Position Sujet, *Language Research* 32−3, 567−595.

Lowe, R. (1993), Introduction à la psychomécanique du langage (Notes de cours sous préparation de publication), Fonds Gustave Guillaume, Université Laval.

Lowe, R. (2003), Avis au Lecteur (G. Guillaume, Essais et mémoires de Gustave Guillaume, vol. 1. Prolégomènes à la linguistique structurale I)

Lowe, R. (2004), Avis au Lecteur (G. Guillaume, Essais et mémoires de Gustave Guillaume, vol. 2. Prolégomènes à la linguistique structurale II. Discussion et continuation psychomécanique de la théorie saussurienne de la diachronie et la synchronie)

Makino Seiichi and Michio Tsutsui (1986), *A Dictionary of Basic Japanese Grammar*, The Japan Teimes, Tokyo.

Makino Seiichi and Michio Tsutsui (1995), *A Dictionary of*

Intermediate Japanese Grammar, The Japan Teimes, Tokyo.

Malchukov, A. & A. Ogawa (2011), Towards a typology of impersonal constructions: A semantic map approach, Malchukov & Siewierska (eds) (2011), 19-56.

Malchukov, A. & A. Siewierska (eds.) (2011), *Impersonal Constructions: A cross-linguistic perspective*, John Benjamins Publishing Company.

Malengreau, Marjolaine (1995), *La correspondance scientifique de Gustave Guillaume*, Presses universitaires du Septentrion.

Martin, Samuel E. (1992), *A Reference Grammar of Korean*, Tuttle.

Martinet, A. (1970), *Eléments de linguistique générale*, Paris: Librairie Armand Colin.

Martinet, A. (1971), "Cas ou fonctions? à propos de l'article "The Case for Case" de Charles J. Fillmore", *La linguistique 8*.

Montaut, A. (1991), "Constructions objectives, subjectives et déterminatives en hindi/urdu: où les paramètres sémantiques croisent les paramètres discursifs", *Sur la transitivité dans les langues*, LINX nr. 24, pp.111-132.

Moseley, C. and E. Asher (1994), *Atlas of the world's languages*, Routledge.

Næss, Åshild (2007), *Prototypical Transitivity*, John Benjamins Publishing Company.

Newmeyer, F. J. (2010), "On comparative concepts and descriptive categories: A reply to Haspelmath", *Language 86-3*, pp.688-695.

Nurse, R. and J. Hewson (2010), *Verbal categories in Niger-Congo languages*. (www.mun.ca/linguistics/NICO/).

Nuyts, J. and J. van der Auwera (2016), *The Oxford Handbook of Mood and Modality*, Oxford University Press.

Ogawa, A. (2006), Meteorological and Chronological Expressions in

Japanese and some other languages, *Studia Philologia Universitatis Babeş-Bolyai* 12, 33-45.

Perlmutter, D. (1978), "Impersonal passives and the unaccusative hypothesis", *Berkeley Linguistic Society 4*, 157-189.

Plank, F. (ed.) (1979), *Ergativity: Towards a theory of grammatical relations*, Academic Press.

Radford, A. (1981), *Transformational Syntax*, Cambridge University Press.

Radford, A. (1988), *Transformational Grammar*, Cambridge University Press.

Radford, A. (1997), *Syntactic theory and the structure of English : A minimalist approach*, Cambridge University Press.

Ramat, P. (1986), "Is a holistic typology possible?", *Folia linguistica* 20, 3-14.

Rivas, J. (2004), *Clause Structure Typology: Grammatical Relations in cross-linguistic perspective*, TrisTram.

Ruhlen, M. (1987), *A Guide to the World's Languages, vol. 1,2,3*, Stanford University Press.

Sasse, J.-J. (2001), Scales between nouniness and verbiness. In: Haspelmath, M., E. König & W. Österreicher (eds.), 2001. *Language Typology and Language Universals*. Mouton de Gruyter.

Saussure, F. de (1972), *Cours de linguistique générale*, Ed. critique par T. de Mauro, Paris, Payot.

Saussure, F. de (2002), *Ecrits de linguistique générale*, Etablis et dits par Simon Bouquet et Rudolf Engler avec la collaboration d'Antoinette Weil, Gallimard. 김현권·최용호 옮김(2007), 『일반언어학 노트』, 인간사랑.

Shibatani M. (2001), "Non-canonical constructions in Japanese",

Aikhenvald, Dixon and Onishi (eds.), *Non-canonical Marking of Subjects and Objects*, John Benjamins Publishing Company, 307-354.

Shibatani, M. (1982), "Japanese grammar and universal grammar", *Lingua* 57(2-4): 103-123.

Shibatani, M. (ed.) (1988), *Passive and voice*, John Benjamins Publishing Company.

Shopen, T. (ed.) (1985), *Language Typology and Syntactic Description Volume III: Grammatical Categories and the lexicon*, Cambridge University Press.

Sohn, H-M. (1999), *The Korean Language*, Cambridge University Press.

Tesnière, L. (1959), *Eléments de syntaxe structurale*, Paris: Klincksieck.

The World Atlas of Language Structures (WALS), http://wals.info/

Tollis, Francis (ed.) (1996), *The Psychomechanics of Language and Guillaumism*, LynX' 5, Valencia, Spain: Departament de Teoria des Llenguages.

Tsunoda, T. (1983), "A re-definition of 'ergative' and 'accusative'", In Hattori and Inoue (eds.) *Proceedings of the VIIIth International Congress of linguists (Tokyo 1982)*, Sanseidoo, 962-966.

Tsunoda, Tasaku. (1985), "Remarks on transitivity", *Journal of Linguistics* 21(2): 385-396.

Valenzuela, P. (2003), "Evidentiality in Shipibo-Konibo, with a comparative overview of the category in Panoan", in Aikhenvald and Dixon (eds.) 33-62

Valin, R. (1964), *La méthode comparative en linguistique historique et en psychomécanique du langage*, Presses de l'Université Laval.

Valin, R. (1965), "Les aspects du verbe français", *Mélanges Rossetti*, Bucarest. (영역되어 Hirtle 1975에 부록으로 실림).

Valin, R. (1975), Préface (G. Guillaume, *Le problème de l'article et sa solution dans la langue française*)

Valin, R. (1981), *Perspectives Psychomécaniques sur la Syntaxe*, (Cahiers de Psychomécanique du langage), Québec: Presses de l'Université Laval.

Valin, R. (1994), *L'envers des mot*, Presses de l'Université Laval et Klincksieck.

Whaley, L. (1997), *Introduction to Typology*, SAGE Publications.

Yeon, J.-H. (2003), *Korean Grammatical Constructions: their form and meaning*, Saffron Books, London.

Yeon, J-H. & L. Brown (2011), *Korean: A Comprehensive Grammar*, Routledge.

Yoon, James H. (2004), "Non-nominative (major) subjects and case stacking in Korean", Bhaskararao & Subbarao (eds.), *Non-nominative Subjects vol. 2*, John Benjamins Publishing Company, pp.265-314.

찾아보기